rororo

rororo

Lena Gorelik, 1981 in Sankt Petersburg geboren, kam 1992 mit ihren Eltern nach Deutschland. Nach ihrem Debüt «Meine weißen Nächte» (2004) war sie mit «Hochzeit in Jerusalem» (2007) für den Deutschen Buchpreis nominiert. «Die Listensammlerin» (2013) wurde mit dem Buchpreis der Stiftung Ravensburger Verlag ausgezeichnet. 2015 erschien «Null bis unendlich». «Mehr Schwarz als Lila» (2017) war für den Deutschen Jugendbuchpreis nominiert. Lena Gorelik lebt mit ihrer Familie in München.

«Lena Gorelik geht mutig und offen an ihre Schmerzstellen, erkundet in wunderbarer Sprache ihre Selbstwerdung, eine sehr persönliche und doch ungemein politische Geschichte.»
3SAT KULTURZEIT

«Ein herrlich poetisches Werk.»
NORA GANTENBRINK, SPIEGEL PLUS

«Eine Liebeserklärung an ein Leben zwischen zwei Sprachen – und jede von ihnen ist mit anderen Gefühlen besetzt.»
SÜDDEUTSCHE ZEITUNG

«Man hat das Gefühl, dabei gewesen zu sein, so knisternd beschreibt Lena Gorelik Familienszenen.»
NDR KULTUR «NEUE BÜCHER»

«Eine herausragende Romanautorin ... ‹Wer wir sind› ist Lena Goreliks Geschichte. Sie schenkt sie uns.»
SR2 KULTURRADIO

LENA GORELIK

WER WIR SIND

ROMAN

ROWOHLT TASCHENBUCH VERLAG

Die Arbeit der Autorin an diesem Buch
wurde vom Deutschen Literaturfonds gefördert.

4. Auflage August 2025

Veröffentlicht im Rowohlt Taschenbuch Verlag,
Rowohlt Verlag GmbH, Kirchenallee 19,
20099 Hamburg, September 2022

Covergestaltung any.way, Barbara Hanke / Cordula Schmidt,
nach einem Entwurf von Anzinger und Rasp, München
Coverabbildung Unsplash
Satz aus der Warnock Pro
bei Pinkuin Satz und Datentechnik, Berlin
Druck und Bindung CPI books GmbH, Leck
ISBN 978-3-499-00528-2

Kontaktadresse nach EU-Produktsicherheitsverordnung:
produktsicherheit@rowohlt.de

FSC
www.fsc.org
MIX
Papier | Fördert
gute Waldnutzung
FSC® C083411

Маме и папе.

Спасибо Вам. За абсолютно всё.

Каждый пишет, что он слышит,
Каждый слышит, как он дышит,
Как он дышит, так и пишет,
Не стараясь угодить.
Булат Окуджава

Jeder schreibt, wie er hört,
Jeder hört, wie er atmet,
Wie er atmet, so schreibt er,
Versucht nicht, zu gefallen dabei.

Bulat Okudzhava

Я

Я heißt: ich. Ausgesprochen: ja.
Ich heißt auf Russisch Я, ein Buchstabe nur. Der letzte im Alphabet. So wurden wir auch groß und erzogen:

«Я – последняя буква в алфавите.»

«Ich ist der letzte Buchstabe im Alphabet.»

Das hat dann jedes

ich will

ich mag

ich muss

ichichich

mit einer Faust erschlagen. Die Ordnung der Buchstaben, die uns Kindern den Egoismus austrieb, in aller Seelenruhe.

Ich erinnere mich, meistens leise.

«Ich will aber …»

«Ich ist der letzte Buchstabe im Alphabet.»

Ich will aber: diese Geschichte erzählen. Ich wünsche, dass diese Geschichte mir gehört.

Heute bin ich für diesen Satz dankbar, natürlich. Dankbar, aber danke sage ich nicht. Hoffe wahrscheinlich, dass meine Eltern einfach wissen, oder aber ich denke zu wenig an sie. Jetzt versuche ich, es den Kindern weiterzugeben. Nur diesen Satz,

«Я – последняя буква в алфавите»,

den lasse ich weg. Wir sprechen meist eine andere Sprache. Wir haben keine gemeinsame Muttersprache, meine Kinder und ich. Wenn sie weinen oder wenn sie schlafen, flüstere ich ihnen auf Russisch zu, streichelnde Worte. Es gibt mehr Platz für Zärtlichkeit in der russischen Sprache. Auf Deutsch bringe ich ihnen bei, die Stimme auch für sich selbst zu erheben.

Я heißt: ich.

Wie die Erinnerung manchmal das Jetzt übertönt. Wie sie sich über alles legt, wie ein Dickicht aus Verletzungen, Mustern und Fragen. Wie ich nicht mehr weiß, wer ich wurde und wann. Und ich dennoch beginne zu erzählen. Und mich erinnere, an diesen Satz,

«Я ist der letzte Buchstabe im Alphabet»,

wie ich mich erinnere, leise, an alles.

«Ich habe im Internet gelesen», sagt mein Vater, die Arme vor der Brust verschränkt, «dass du ein neues Buch schreibst.»

Er sitzt im Schreibtischstuhl, ein schwarzer Chefsessel aus Kunstleder. Ich besuche meine Eltern, liege auf dem Bett, auf der synthetischen Tagesdecke, auf dem Rücken, die Knie angewinkelt. Habe die Arme ebenfalls verschränkt, unter dem Kopf. Zwischen uns versuchen Erwartungen, die Stille zwischen Frage und Antwort auszufüllen. Schwirren zischend.

«Was hast du wo gelesen?»

Ich wackle mit den Zehen, die Socken gestreift. Minuten ticken davon.

«Dass du ein neues Buch schreibst. Dass du irgendwo aus dem neuen Buch gelesen hast. Weiß nicht mehr, wo genau ich das gelesen habe, aber generell weiß ich genau, dass ich es gelesen habe.»

«Ich weiß auch nicht, wo du das gelesen hast.»

«Wo, das ist auch nicht wichtig. Wichtig ist: Schreibst du?»

«Nein, ich schreibe nichts. Wann soll ich denn schreiben, du siehst doch, wie mein Leben ist.»

Ich wackle mit allen Zehen. Mein Vater sieht nichts von meinem Leben.

Seit ein paar Jahren macht mein Vater Kunst. Aus Urlauben, in die er alleine fährt, ohne meine Mutter, im späten Herbst, im frühen Frühling, immer dann, wenn die Sonne nicht mehr oder noch nicht brennt, ans Meer, für eine Woche, nach Portugal am liebsten, und manchmal an die Nordsee, bringt er Muscheln, Steine, Seesterne, getrocknete Algen mit. Alles, was das Meer zu geben hat. Wickelt die Stücke in Kleidung, damit sie im Koffer nicht brechen, die Hände zittern dabei. Ich stelle ihn mir vor, wie er ein Hemd auf dem Hotelbett ausbreitet und eine Muschel nach der anderen vorsichtig darauflegt, es dann so zusammenrollt, dass sie nicht aneinanderknallen können. Wie er das Hemd in den offenen Koffer legt, obenauf. Mein Vater ist es, der mir das Packen beibrachte, unten die schweren Dinge, Platz sparend, klug. Alles muss klug sein bei meinem Vater, с умом, «mit Bedacht. Wozu hast du denn einen Kopf?»

Nur, dass da kein Zweifel aufkommt: zum Denken. Mein Vater packt die Muscheln und die Seesterne und alles andere mit Bedacht ein, nimmt sich Zeit, er hat sie. Er muss pünktlich zum Mittag- und Abendessen im Hotelrestaurant sein, sonst ist da nichts, kein Zeitdruck. Er möchte eigentlich gar nicht nach Hause zurück, möchte hier bleiben, am Meer.

Zu Hause macht er aus diesen Mitbringseln Kunst. Ich stelle ihn mir vor, meinen Vater. Wie er den Strand entlangläuft, in seinen Turnschuhen. Er spürt nicht die Sandkörner an den Fußsohlen, will sie gar nicht spüren. Weiß nicht, dass seine Tochter, sobald sie das Meer sieht, bei jedem Wetter die Schuhe auszieht, um die Füße in den Sand zu graben, dass sie auch im Winter barfuß ins Meer läuft, bis die Jeans nass ist und klebt, bis der feuchte Sand zwischen den Zehen steckt. Mein Vater läuft nur. Blickt vielleicht manchmal hinaus aufs brodelnde Meer, braunschmutzige Gischt, Schiffe. Geht nicht ins Wasser, schwimmt nicht. Denkt vielleicht, wenn er aufs Meer blickt, rückwärts, an die Zeit, als er auf einem sowjetischen U-Boot stationiert war, unter Wasser arbeitete und lebte und Sehnsüchte nach Zuhause beiseitewischte, er denkt, meine ich zu wissen, nicht im Leben nach vorn. Meistens aber zielt der Blick nach unten, vor die Füße. Auf den Strand, er sucht Muscheln, Seesterne, Steine. So denke ich ihn mir, meinen Vater. Zu kleinen Wunderwerken verbogene Muscheln, Steine mit Mustern, die das Meer gezaubert hat, er beugt sich hinunter, obwohl ihm das nicht so leicht fällt, das Hinunterbeugen, hebt eine Muschel auf, begutachtet sie von allen Seiten. Steckt sie, wenn sie wundersam genug ist, in eine Plastiktüte. Die Tüte wird immer schwerer; der Wind, der ihm in den Nacken weht. Das Meer rauscht geschäftig. Hat er Kopfhörer im Ohr, hört er Musik, dieses eine Lied des russischen Sängers, den er so mag. Der Sänger ist vermutlich in seinem Alter, er hat graue Haare und einen georgischen Akzent.

«Мои года, моё богатство.»

«Meine Jahre, mein Reichtum»,

hört er, und dann denkt er über seine Jahre nach, alles, was sich angesammelt hat an Erfahrungen, Wissen, Entbehren. So denke ich ihn mir. Denkt er vielleicht an mich, seine Tochter, denkt er mich, wie ich ihn denke? Wir denken uns, aber kennen uns zu wenig, lieben uns, ohne uns kennen zu müssen, endlos.

Ich muss diese Worte schreiben, um mir zu wünschen, mit meinem Vater an den Strand zu gehen, schöne Muscheln für ihn zu suchen. Ich wäre nach wenigen Minuten vermutlich gelangweilt.

Wenn er den Blick vom Meer abwendet, sieht er die Hotelklötze an der Promenade, und sein Hirn fängt sofort an zu rechnen, wie viele Stockwerke, wie viele Fenster, wie viele Zimmer, wie viel Euros pro Zimmer, wie viele Menschen. Eine Woche lang ist mein Vater meist fort, sieben Tage, an denen er Muscheln sucht und sich an der Vielfalt der Hotelbuffets erfreut und daran, einfach zu essen: keine Cholesterinwerte, kein krankes Herz, keine Jahre, die man an den grauen Haaren abzählen könnte, niemand, der ihn ermahnt. Stille; manchmal ruft meine Mutter ihn an. Er spricht in diesen Tagen mit niemandem, muss mit niemandem sprechen. Den Kellnern nickt er zu, brummig. Auf dem Hotelzimmer löst er Sudokus, er mag die schwierigsten Hefte. Oder er liest. Wie viele Jahre war ich nicht mehr mit meinem Vater am Strand, wie viele Jahre bin ich nicht mehr neben ihm im Zug gesessen, habe mit ihm Karten gespielt, Schach, Spiele, die einen zum Denken zwingen. Alles andere wäre ja Zeitverschwendung.

«Muss man da denken?»

So wurden Spiele für mich als Kind ausgesucht.

«Hast du gut nachgedacht über diesen Zug?»

Bei jedem Spiel, jedem Zug diese Frage. Heute hat er nur noch eine Frage an mich:

«Ну, какие задания тебя ждут?»

«Nu, welche Aufgaben warten auf dich?»

Wir spielen keine Spiele mehr, und meine Kinder beschweren sich, dass Opa die Spiele zu ernst nimmt, die er mit ihnen spielt, er kann nicht verlieren. Ich will nicht, dass immerzu Aufgaben auf mich warten, aber ich weiß nicht, wie ich das meinem Vater erklären soll.

Zu Hause setzt er sich an den Tisch in seinem Zimmer, der mit einer bunten Plastikdecke bedeckt ist. Legt noch eine Schicht Zeitungspapier drauf, breitet seine mitgebrachten Schätze aus. Muscheln, Steine, Wurzeln, Holz, Seesterne, Algen, alles, was er gefunden hat. Ordnet sie, setzt sie zu Mustern zusammen, klebt sie auf Kartonpapier fest. In vergoldeten Rahmen, die er auf Flohmärkten kauft, hängen sie dann später an der Wand seines Zimmers.

«Das gefällt mir sehr», sage ich.

«Wenn du willst, kannst du es mitnehmen.»

Ich muss beginnen, diese Worte zu schreiben, um zu denken, beim nächsten Besuch nehme ich tatsächlich eins mit. Muss ihn aufschreiben, meinen Vater, um mich nicht mehr zu fragen, wohin dieses Bild in meiner Wohnung passen soll.

An der Wand in der Küche hängen Kalender, die ich jährlich für meine Eltern gestalte: mit Bildern und lustigen Zitaten der Kinder. Da hängt auch eine Küchenschürze, mit kleinen Nadeln an die Wand gepinnt, die habe ich ebenfalls mit Bildern der Enkel bedrucken lassen. Er verwendet sie nicht beim Kochen: Da sind doch die Enkel abgebildet. Die Tür zur Speisekammer steht offen. An der Innenseite hängt ein Zettel, auf den mein Vater mit seinen ordentlichen, eckigen Buchstaben «Gorelik» und «Keller» geschrieben hat, darunter sind Daten notiert. Verblichenes Papier, die Zahlen mit geraden Strichen gezeichnet. Wie geometrische Formen hängen sie an unsichtbaren, linealgeraden Fäden, obwohl das Papier blank ist.

«Was sind denn das für Daten? Kehrwoche?», frage ich.

«Nein, das sind die Tage, in denen wir dran sind und den unteren Keller zum Wäscheaufhängen benutzen dürfen. Seit fünfzehn Jahren wohnen wir hier, aber den haben wir noch nie genutzt.» Er bestreicht eine weiße Brotscheibe mit Butter.

«Und warum nicht?»

«Ach, die hängen ihre Sachen so ordentlich, so gefaltet auf.» Er meint die Deutschen, die anderen Hausbewohner. «Wir nicht. Wir machen es irgendwie, wie es gerade kommt. Peinlich. Wir hängen alles hier auf, in der Wohnung.»

«Ist doch egal, was die über euch denken», sage ich. Erwarte von ihm keine Antwort. Es kommt auch keine. Er nimmt sich die nächste Brotscheibe und bestreicht sie mit Butter. Später kommen rote Fischeier darauf, eine Spezialität, die auf Russisch «roter Kaviar» heißt. Es gab ihn früher an Feiertagen, Geburtstagen, Jahrestagen, Silvester. Heute bin der Feiertag ich, weil ich meine Eltern besuche. Ich stibitze so eine Brotscheibe.

«Warte, bis wir uns an den Tisch setzen», sagt mein Vater. Seit fünfzehn Jahren wohnen meine Eltern in dieser Wohnung, und jedes Jahr schreibt mein Vater ordentlichst auf, wann sie an der Reihe sind, die Waschküche, deren Namen er nicht kennt, zu benutzen, obwohl sie das kein einziges Mal tun. Die Liste pinnt er an den Ecken mit bunten Reißnägeln fest. Zwei rote, ein grüner, ein gelber. Ich schließe, bevor ich die Küche verlasse, die Speisekammertür.

«Wenn wir uns an den Tisch setzen, esse ich einfach noch eins.»

Heute hat mein Vater zwei Fragen an mich.

«Du kannst mir auch zweiundzwanzig stellen oder auch zweihundertzweiundzwanzig», antworte ich. Er steht an der Spüle und schält Kartoffeln mit einem kleinen Messer. Im Nacken weicher, grauer Flaum, während die Augenbrauen buschig sind, wütend. Ich gieße Teewasser in die große rote Tasse, die ich meiner Großmutter einmal aus Kanada mitbrachte, weil sie sich beschwerte, dass die deutschen Tassen zu klein seien für Tee. Im weißen Porzellan an den Innenseiten Teespuren, gräuliche Kratzer, die die Spülmaschine nicht mehr wegbekommt. Sie fallen nur mir auf, wie mir auch sonst zu viel hier auffällt. Den anderen falle nur ich auf.

«Als Erstes», beginnt mein Vater, «wie steht es mit deinen Messern?»

«Meinen Messern geht es gut.»

Vor einem Jahr hat mir mein Vater ein Messer geschenkt, extrascharf. Nach dem ersten Einsatz rief ich ihn begeistert an, um mich zu bedanken. Daran erinnert er sich, wie seine Tochter ihn anrief, um danke für ein Messer zu sagen.

«Sind sie scharf?»

Ich habe nicht darüber nachgedacht, über den Schärfegrad meiner Messer.

«Wahrscheinlich nicht», beantwortet er seine eigene Frage, er weiß, es ist kein Mann im Haus, um die Messer der Tochter zu schärfen, und er legt die Kartoffel auf die Spülablage und wischt sich die Hände an einem Küchenhandtuch ab. Öffnet eine der Küchenschranktüren. Holt ein nagelneues, noch verpacktes Messer hervor.

«Hier, nimm, das ist scharf», er streckt es mir entgegen, «aber die Kinder müssen damit aufpassen.» Dann greift er wieder zu der halb geschälten Kartoffel.

«Oh, vielen Dank, das ist toll», sage ich. «Die Kinder wissen, dass sie nicht an die scharfen Messer dürfen.» Ich ziehe den Teebeutel aus dem Tee und öffne die Schublade mit der Zuckerdose.

«Und die zweite Frage?»

«Die zweite Frage ist: Was für Aufgaben stehen dir bevor?»

Heute ist ein Tag, an dem mein Vater zwei Fragen an mich hat.

Wenn ich auf der Couch meiner Eltern sitze, deren Farbe man wahrscheinlich aprikosenfarben nennt, wenn ich die Füße auf den mahagonibraunen Couchtisch lege, was ich vermutlich nicht darf, aber keiner sagt etwas, weil ich da bin, und weil ich so selten da bin, ist es still im Kopf, endlich. Immer wieder erhebt sich jemand, um mir einen Tee oder etwas zu essen zu bringen, um Obst für mich zu waschen, in kleine Stücke zu schneiden, während ich wiederholt sage, dass ich kein Obst will. Wenn ich durch die russischen Fernsehprogramme zappe, amüsiert, verwundert, fasziniert, wenn mein Vater mir etwas erklärt, was ich nur mit einem Ohr höre. Wenn meine Mutter, die sich nun endlich neben mich setzt, nachdem sie die Schale mit dem kleingeschnittenen Obst und den Teller mit dem großen

Kuchenstück – «Nimm nicht so viel, lass das doch für sie, es ist ihre Lieblingstorte», sagte sie vorhin zu meinem Vater – und die große rote Canada-Teetasse vor mir abgesetzt hat.

«Und was ist mit meiner Lieblingstorte?», hatte mein Vater gekontert. Wenn meine Mutter mich fragt, ob ich die Person kenne, die da auf dem Bildschirm im russischen Programm etwas erzählt.

«Nein.»

«Kennst du nicht? War ganz berühmt, war sehr wichtig zu unserer Zeit.» Sie unterscheiden sich, meine Zeiten und die meiner Eltern. Und die Personen, die wir im Fernsehen erkennen, ebenfalls. Ich nehme mir noch ein Stück Torte. Über dem Fernseher Bilder von Kindern und Enkeln. Meine Mutter wechselt die Bilder immer wieder aus, ersetzt sie durch neue, achtet stets darauf, gerecht zu sein: von jedem gleich viele. Ich zähle nach, versuche, sie bei einem Fehler zu erwischen.

«Bleib sitzen», sagen sie zu mir, wenn ich aufstehen will, um etwas zu holen. Ich bleibe sitzen. Sitze zwischen meinen Eltern, und ein Sänger, der schon in meiner Kindheit alt wirkte, erzählt aus dem Fernsehen Erinnerungen ins Zimmer hinein, die sich mit den Erinnerungen meiner Eltern decken. Ich esse jetzt doch ein paar Obststücke, es schadet ja nicht.

«Willst du noch mehr Aprikosen?», fragt meine Mutter.

«Nein, danke. Das reicht mir.»

«Hol ihr noch mehr Aprikosen.»

«Sie will doch nicht.»

«Vielleicht nimmt sie ja doch noch ein paar.»

Ich sitze immer noch zwischen meinen Eltern.

«Hast du Pläne, ein Buch zu schreiben?», fragt mein Vater. Ich schreibe nichts. Ich schreibe über dich, über uns. Ich schreibe uns auf, ich erzähle von mir, ich kann dich nicht weglassen, ich bin, weil ihr seid, und wir sind, auch wenn du die Arme verschränkst und ich mit den Zehen wackle. Was schreibe ich, wenn ich versuche, nicht zu viel zu erzählen?

«Ich weiß nicht, was für Pläne ich habe.»

DIE SCHÖNEN DINGE

An der Wand rechts von meinem Schreibtisch hängt ein schmaler Schrank. Eine Art Regal mit verglasten Türen. Ein Schränkchen, könnte man sagen. Ich habe ihn in Amsterdam, im Regen gekauft.

Es regnete geradezu überall: an diesem Nachmittag, in jenen Tagen, in uns auch. Trostlose, wortlose Zeit. Ein hundert Jahre alter Arzneischrank aus England, irgend so eine Kolonialgeschichte, die ich vergessen habe, wahrscheinlich, weil ich mir vornahm, sie mir auf jeden Fall zu merken. Die erste Antiquität, die ich mir jemals geleistet habe. Die einzige bisher. Vierhundert Euro, ich hatte das Geld eigentlich gar nicht. Meinen Eltern sagte ich zweihundert, sie hätten das Doppelte nicht verstanden, die vier, die Nullen. Für einen Schrank, in den man nichts reinstellen kann, so schmal ist der. Zweihundert für so einen Schmuckschrank, verstehe da einer die Tochter.

«Wozu braucht sie ihn?», sagt mein Vater vielleicht zu meiner Mutter, er sagt es so, dass die Frage eine Aussage ist.

«Er ist wirklich schön. Er passt zu dir», erklärt meine Mutter. Gibt sich wie immer solche Mühe zu verstehen, wer ihre Tochter ist. Ich habe keine Worte dafür, wie leid es mir tut, dass es sie Mühe kostet.

Meine Eltern haben recht, in den Schrank passt wirklich nicht viel. Ein paar Bilder, ein paar Bücher mit dem Cover nach vorn aufgestellt, so schmal ist der Schrank. Briefe, Steinchen, ein kleiner Elefant, der noch mit ein paar letzten Mosaikperlen besetzt ist, die anderen sind ihm in einem anderen Land verloren gegangen. Wir haben so viel auf dem Weg verloren, da zählen die Mosaiksteinchen nicht. Meine Mutter denkt, vielleicht auch uns. Die Familie haben wir verloren, alles, was wir einmal waren an Gefühl. Den Zusammenhalt, dieses Gefühl:

Мы вместе.

Wir, gemeinsam. Ich renne vor diesem Gefühl davon, schreie ein Ich in den Wind hinter mir.

Ein gefalteter Papierkranich im Schrank, ein Origami-Kunstwerk, das mir eine hundertjährige Teilnehmerin einer Schreibwerkstatt einmal schenkte, sie faltete diese Kraniche, um ihre Hände zu bewegen, an die fünfhundert Stück im Jahr. Ein golden bemalter Buddha, den mir mein Vater aus China mitbrachte. Eine kaputte sowjetische Spielkonsole, früher mein Stolz. Ein alter Messingbecher für Shabbes-Wein, Marke Erbstück, dein Urgroßvater im Schtetl, sagte meine Mutter, als sie ihn mir übergab. Eine alte Holzkiste aus der Zeit des Zweiten Weltkriegs, in die ein kyrillischer Text eingeritzt ist. Drei Ls aus Playmais, gelb, grün, rosa, das rosafarbene bereits zerbrochen, eine Papierblume und ein gebasteltes Eis, Dinge der Kinder. Die abgelegten Eheringe. Was macht man sonst mit denen, man schmeißt sie nicht einfach in den Müll. Eine mit Füller und in ordentlicher Schreibschrift auf Linienpapier notierte Geschichte, eine der ersten, die ich auf Deutsch schrieb. Sie handelt von Zwillingen, die aus einer sehr reichen Familie kommen. Auf den ersten Seiten Beschreibungen des Hauspersonals, des Chauffeurs. Sie erzählen mehr über meine kindlichen Wünsche als über mögliches Talent. Im Asylantenwohnheim geschrieben, am Tisch zwischen den Wörterbüchern, mit deren Hilfe meine Eltern Deutsch erlernten, und den Resten vom Mittagessen.

Die Tochter, ohne richtige Arbeit, aber mit Schrank an der Wand. Das ist vermutlich, was mein Vater denkt. Also ja, sie schreibt Bücher, aber was ist denn mit richtiger Arbeit, und was ist denn mit den Notwendigkeiten des Lebens, dem Geld. Sie hat noch nichts über die Pflichten im Leben verstanden und dass das Leben kein Spaß ist, diese Tochter, die im schlimmsten Fall sogar Bücher schreibt, in denen sie vorkommen, die Eltern. Sie hat immer noch nicht gelernt, im richtigen Moment zu schweigen.

Ich tue meinen Eltern, wahrscheinlich wie häufig, vielleicht wie immer, mit dieser Vorstellung unrecht.

«Willst du nicht mal einen schwedischen Krimi schreiben, die verkaufen sich so gut», fragte einmal mein Vater.

«Kauf dir lieber einen Schrank mit Stauraum, es kommen doch immer wieder Sachen dazu. Du kaufst doch immer wieder irgendwelchen Krams, wo willst du das denn alles lagern?», sagt mein Vater. Er hat Angst um mich. Deshalb die Frage: «Welche Aufgabe steht dir als Nächstes bevor?»

Es ist nie eine Frage nach mir. Persönliche Fragen, die Frage nach Träumen, sind ein Privileg, das steht uns nicht zu. Für so etwas sind wir nicht die richtigen Leute.

Ich schreibe lange Zeit nichts, suche nicht nach Worten. Passe auf, dass ich keine Sätze bilde.

Die Bezahlung des Antiquitätenschranks mit Karte, die Lieferung hundert Euro extra, darauf kommt es dann auch nicht mehr an. Während ich mir äußerste Mühe gebe, in jeden Tastenzifferdruck bei dieser Kartenzahlung den Anschein zu legen, als wäre es eine Alltäglichkeit für mich, im Regen ein Antiquitätengeschäft in Amsterdam betreten, einen antiken Hängeschrank mit Kolonialgeschichte erwerben, nur mal so, weil er mir gefällt, mich nach den Lieferbedingungen erkundigen, Spedition, eines dieser erwachsenen Worte, steht sie draußen. Im Regen. Die zwei Verkäufer, mit denen ich scherze, als täte ich ständig auch das, mit Antiquitätenverkäufern scherzen, zwei, die ich mir als Marokkaner merke, obwohl sie mit großer Sicherheit genau das nicht sind, freuen sich, ein gutes Geschäft gemacht zu haben; was weiß denn ich, ob und wie man mit Antiquitätenverkäufern in Amsterdam handelt und was so ein Schrank kosten darf. Was ich auch nicht weiß, nicht wissen will: wie sie im Regen weint, haltlos vielleicht.

Das Antiquitätengeschäft verlasse ich mit zusammengetackerten Papieren. Die Lieferbedingungen, die Rechnung, eine Visitenkarte der beiden, die keine Marokkaner sind. Im Regen sehen die weißen Buden, die sich in die Straße reihen, Poffertjes verkaufen und Filterkaffee in Pappbechern und gehäkelte Mützen und Ledergürtel, irgendwie verloren aus, als wüssten sie nicht, warum sie hier stehen. Wie Kinder, die nicht abgeholt worden sind. Die zusammengetackerten Papiere stecke ich in den Rucksack, sonst werden sie naß.

Mir fällt Weinen schwer. Das kommt mir wie ein eingebauter Fehler vor, all die ungeweinten Worte.

In so einem hippen Amsterdamer Laden, der Hummus

cremig und weich, kleine Tische aus unlackiertem Holz, handbemalte Schalen für den Tee. Ein Typ mit Wollmütze und eine junge Schöne mit kahlgeschorenem Kopf hinter der Bar, da sehen die Augen gleich viel dunkler aus. Egal, welche Augenfarbe man hat, das macht das Fehlen von Haaren, diese minikleinen Stoppeln machen das.

Sie mag den Hummus genau so, weich und cremig, mir ist er nicht knoblauchscharf genug. Sie fragt mich, ob ich die kahlgeschorene Frau sexy finde, ich antworte, na, den Typ mit Wollmütze sicherlich nicht. Wir bleiben noch ein bisschen sitzen, nachdem wir die Falafel aufgegessen haben. Beobachten die Leute, am Nebentisch zwei hübsche junge Mädchen, sie sprechen aufgeregt miteinander, lachend. Wir sprechen über sie, über diese Mädchen, wir sprechen über nichts. Verhindern die Stille. Es regnet, wir wissen nicht, wohin, lassen uns nicht einmal treiben. Ich kaufe diesen schmalen, alten Schrank. Wir warten einfach, irgendwann ist Sonntag.

Später versuchen wir im viel zu schönen Hotelzimmer mein iPad an den Fernseher anzuschließen, um Netflix auf dem großen Bildschirm gucken zu können. So ist das, an diesem Wochenende, alles ist trostlos. Das mit dem Fernseher klappt natürlich auch nicht. Die Amsterdamer Kanäle wie immer schön, diese Fäden, die das Wasser durch die Stadt zieht. Und auch die schmalen, romantischen Brücken, auf denen wir manchmal stehen bleiben, ohne zu sprechen.

«Weißt du schon, was du in diesen Schrank stellst?», fragt sie einmal.

Ich sage nichts. Sage dieses Wort nicht: Erinnerungen, das wäre irgendwie zu einfach.

Der antike Hängeschrank, den ich für vierhundert Euro in Amsterdam im Regen erwerbe, wird drei Wochen später geliefert. Es klappt nicht gut mit der Spedition. Mehrmals kündigen sie an, den Hängeschrank morgen, übermorgen, heute Nachmittag bringen zu wollen, tauchen aber zu den vereinbarten Zeiten nicht auf. Ich telefoniere erst den Fahrern, dann der Spedition selbst hinterher, um einen neuen Liefertermin zu vereinbaren. Die Frau, mit der ich spreche, hat einen Akzent, den ich nicht einordnen kann. Sie findet, es sei meine Schuld, dass das mit der Lieferung nicht klappt.

Nun hängt er da, dieser Schrank, rechts vom Schreibtisch. Ich musste jemanden bezahlen, der ihn anbringt, es war gar nicht so einfach. Altes Holz, das genau deshalb schön ist, weil alt, wie meiner Großmutter Falten. Sie hatte am Ende so viele, eigentlich nur noch.

Бабуля. Babulja. Die Koseform von Großmutter. Oma ist als Rufname ein Dreck dagegen.

Бабуля.

Der Schrank: zwei Türen, beide verglast. Drei schmale Regalböden aus Glas darin und dann noch der Boden, also vier Stockwerke quasi. An einer der Türen ein Griff, bronzefarben, angenagelt. Ganz oben, das Zierlichste an diesem Schrank, so herrlich fragil: ein winziges, gezacktes, dunkel gewordenes Blättchen aus Metall, das die Türen geschlossen hält. Vom Baum gefallen, so zart. Oder eben so stark. Allen, die mich besuchen, fällt das Blättchen zuerst auf, sie loben es in vielen Worten.

Es ärgert mich ungemein, dass mir selbst das Blättchen erst später aufgefallen ist. Dabei meinte ich, über die schönen Dinge etwas gelernt zu haben.

Der Schrank hängt rechts vom Schreibtisch. Ein Altar, der mein Leben erzählt. Erinnerung, in Gegenstände gequetscht, als ließe Erinnerung sich zähmen.

Meine Mutter weint, als sie den Schrank sieht, des Inhalts wegen. Die alten Schwarz-Weiß-Bilder, Briefe, der mosaikbesetzte Elefant, der meinem Onkel, und der Messingbecher, der meinem Urgroßvater gehörte. Vielleicht hat sie doch noch einen Sinn für die Familie, die Tochter, vielleicht weiß sie doch, was Vergangenheit ist, vielleicht kann sie deren herrliche Schwere spüren. Sie weint noch einmal, als sie den Schrank stolz der Freundin des Vaters meiner Kinder präsentiert, der Freundin ihres ehemaligen Schwiegersohnes also. Es ist ein wenig kompliziert bei uns mit dem, was wir als Familie verstehen. Ich sehe meiner Mutter zu, wie sie sich von Herzen Mühe gibt, all das zu begreifen. Es muss einsam sein, ihren Freunden, der Verwandtschaft nichts über die Familie der Tochter erzählen zu können. Immer häufiger legt sie sich auf das Sofa und schließt die Augen erschöpft. Es ist das Alter, aber irgendetwas in mir flüstert, dass ich das bin. Den Schrank präsentiert sie, als hätte sie ihn selbst konstruiert, gebaut, die Bretter zurechtgesägt, zusammengenagelt, geschliffen, lackiert, was man so machen muss, wenn man einen Schrank baut. Für die Dinge unserer Familie.

Beinahe alle Gegenstände in diesem Schrank sind schwarz-weiß, es gibt wenig Farbe. Die meisten habe ich aus meiner Kindheit mitgebracht. Als sei danach nichts mehr viel passiert. Alles, was später kommt, ist ein Danach, ein Daraus.

Die schönen Dinge im Leben muss ich mir selbst beibringen. Einen alten Flohmarktstuhl von einem schönen alten Flohmarktstuhl zu unterscheiden, zum Beispiel. Details zu sehen, das bronzene Blättchen an der Verriegelung des Hängeschranks, überhaupt den Hängeschrank unter den Antiquitäten, ein Antiquitätengeschäft in einer Stadt. Da, wo ich herkomme, kennen wir keine Details und von Dingen nicht die Schönheit, wissen aber, wie man der Bedeutung hässlicher Dinge hinterherweint. Wir suchen in Dingen dieselben Gefühle, die wir auch in Menschen suchen, sie müssen groß sein, erfühlbar. In Wohnzimmervitrinen stellen wir sie aus, zwischen gekauftes Vorzeigeleben: der Eiffelturm aus Plastik, ich war schon mal in Paris, ein Buddha, den mir jemand aus China mitbrachte. China, kommt Buddha nicht aus – egal, den hat jemand mitgebracht, deshalb steht da der chinesische Buddha. Zwischen dem Eiffelturm und dem Buddha Bilder: verstorbene Eltern, verlorene Brüder, schwarz-weiße Erinnerungen, Medaillen aus dem Krieg, lächelnde, aber immer ordentlich frisierte Kinder, Zukunft. Russische Schränke: Ansammlungen von mit Bedeutung beladenen Dingen, kleine Museen des Seins. Sie sammeln Staub, sammeln Leben. Und ich kaufe mir einen Hängeschrank aus der Kolonialzeit, in Amsterdam. Lasse jemanden kommen, der ihn an der Wand anbringt. Das erkenne ich inzwischen, dass der Schrank schön ist. Stelle Erinnerungen hinein, Gegenstände, die nicht schön sein müssen, um hineingestellt zu werden. Wie all jene, mit denen ich aufgewachsen bin.

Die deutsche Sprache habe ich mit den Ohren aufgesaugt, ein Wort nach dem anderen, auf der Zunge gekostet, geschmeckt, gefaltet, abgelegt, zum sorgfältig ausgesuchten

Zeitpunkt hervorgeholt wie ein schönes Kleidungsstück zu Feiertagen. Nun, da die Sache mit der Sprache erledigt ist, sauge ich mit den Augen auf, lerne, schön von nicht schön zu unterscheiden, lerne, mich schwarz und dunkelblau zu kleiden, bis meine Mutter sich beschwert, wenn sie meine Sachen bügelt:

«Da ist überhaupt keine Farbe in deinem Schrank. Als wärest du traurig, irgendwie.»

Ich weiß nicht, ob ich traurig bin; ich bin jetzt elegant, sagte man mir. Ich sage meiner Mutter, dass mir das so gefällt, sage nicht, dass ich versuche zu gefallen. Weiß nicht mehr, wem ich gefallen wollte, schaue mich in meiner Wohnung um. Kaufe einen antiken Hängeschrank aus der Kolonialzeit.

Was ich mir nicht selbst beibringen muss, was sie mir gezeigt haben: die Liebe zu lieben.

Russische Liebe. Ich liebe: mich zu wenig oder nur an manchen Tagen. Die Kinder liebe ich selbstverständlich und leicht, wenn wir in den Sommerregen hinausrennen, um nass zu werden und «Sommerdusche» zu rufen, und wenn ich zusehen darf, dass sie Menschen sind, dass sie eigen sind. Genauso selbstverständlich schmerzt diese Liebe.

Meine Eltern, aber sie können meine Liebe nicht lesen. Glaube ich, befürchte ich, meine ich zu wissen. Meine Familie, auch wenn es meinen Eltern manchmal schwerfällt, sie zu verstehen.

Alles, was noch kommt, genau deshalb, weil noch.

Ich liebe immerzu, aber ich mag nicht viel. Es scheint mir beinahe bedeutungslos, zu mögen. Eine westliche Zeitverschwendung.

VEILCHEN UND WEISSAGUNGEN

Ich grüße dich, Ritotschka!

Ich gratuliere dir zum glücklichen Ereignis. Wie sehr ich doch die Nase voll habe von diesen primitiven, gefühllosen Bauerntölpeln. Und wie sehr sehnt sich die Seele doch nach etwas Zartem, Feinem, Gutem, Leichfüßigem und Kokettem, Klugem von Natur aus – als Gegensatz zu sinnierend! –, Lebensfrohem, Naivem bis zur Unschuldigkeit, nach etwas, das die platten Gesetze des vulgären, gräulichen Spießertums noch nicht angenommen hat.

Und das ist deine Tochter. (Dieser Satz ist nachträglich zwischen die Zeilen eingefügt.)

Wie einfach und wundervoll doch die naive Kindheit der Menschen ist. Dir steht bevor, ihre wichtigste Begleiterin in dieser frühen, antiken Stunde zu werden. Soll ihr Leben süß werden wie diese Pralinen (die der Verfasser dieser Zeilen der jungen Mutter ins Krankenhaus schickte), *aber auch nicht ohne eine zitronige Bitterkeit. Soll dieser bittere Samen als ein ranker Lotus aus Schmerz, Mitgefühl, Kraft, Poesie ersprießen. Auf dass sie sich vor nichts fürchtet: nicht vor starken Menschen, nicht vor starken Stürmen, nicht vor heimtückischer Zugluft. Die Götter werden sie begleiten.*

Und dann wehen ins offene Fenster – nicht Wind, sondern eine Brise, nicht Zugluft, sondern der frische Hauch der Veränderungen und zur richtigen Stunde gute Schutzengel, die immer die frohe Botschaft bringen … heute überbringe ich die frohe Botschaft.
Soll sie Poetin werden, für sie ist es noch nicht zu spät. Soll sie glücklicher werden als wir alle. Wir werden ihr ein winziges bisschen helfen, sie anstupsen. Aber wir stören sie nicht. Soll sie Veilchen und Gänseblümchen lieben, um sich herum und in sich, denn Nelken und Tulpen wurden schon von Menschenhand berührt, gezüchtet. Freiheit, Unabhängigkeit, ewige Weiblichkeit.
Ich überbringe die Botschaft von der glücklichen und dankbaren Mutterschaft, die dir vorherbestimmt ist und einzig und allein vor dir erfüllt wird.
Ich erinnere mich an deine Kinderaugen und wünsche ihr die gleichen.
Ich schenke euch einen großen Veilchenstrauß.
Immer bereit zu allen Diensten.
Ich küsse euch.

Euer Ljowa.
Лёва.

So wurde ich im Leben begrüßt, mit diesen Zeilen meines Onkels, einer Packung in einer sowjetischen Fabrik nach einem niemals eingehaltenen Fünfjahresplan hergestellten Pralinen und einem «großen Veilchenstrauß». Die Pralinen wurden gegessen, schmolzen vermutlich auf der wenig verwöhnten Zunge, der Veilchenstrauß wurde nach ein paar Tagen in der Abfallsauganlage des Hochhauses entsorgt, aber die Zeilen, die rennen mir immer noch hinterher. Warten um die Ecke, kennen meinen Namen, kreischen meinen Namen, flüstern Erwartungen, kennen meine Angst.

Das ist meine Geschichte.

Ich schreibe sie auf, in der Sprache, die mir am besten gehorcht. Ich schreibe Worte auf, verletze Menschen, weiß Liebe, spüre Respekt, streiche weg, gehe zurück, bleibe stehen. Murmle Entschuldigung, zwischen die Zeilen hinein. Tippe Buchstaben, sortiere Worte, habe Angst vor Fragen, vor denen, die ich liebe, vor dem, was ich schreiben könnte, ordne Worte an. Die Worte beugen sich ächzend. Das ist meine Geschichte, tippe ich, Buchstabe für Buchstabe, trotzig.

Dieser Brief, der nun in meinem Schrank steht: Gedanken, Erwartungen, Wünsche, Hoffnungen, schwülstige Worte. (Obwohl das Russische weniger schwülstig als seine Übersetzung klingt.)

Und wenn er nicht ins Wasser gegangen wäre, hätte er dann, wäre er dann, wären wir. Er wäre nicht mit nach Deutschland gekommen, wahrscheinlich. Großmutter wäre vermutlich auch geblieben, bei ihm. Ich hätte, wenn wir dort geblieben wären, ich wäre vermutlich, ich weiß nicht, was ich wäre, und ich weiß genau, was ich dort nicht geworden wäre und nicht gelebt hätte; und die Zeilen des Briefes, hätten sie sich zu einer Prophezeiung verzogen? Wahrscheinlich nicht.

Seine dunklen Locken wie Kringelschaum. Augen, die ich mir traurig denke, sehnsuchtsvoll. Obwohl er so viel herrlich lachte.

«Nu, wann wirst du endlich erwachsen?», kennen wir

beide gut, diese Frage. Ich wurde per Brief verdonnert, Veilchen zu lieben. Ich glaube, dass ich Veilchen mag, obwohl ich zum deutschen Namen kein Bild vor Augen habe. Nur die Farbe, Blau.

Veilchen zu lieben – «mögen» gibt es im Russischen nicht. Dieses Verb ist für uns irgendwie zu klein oder zu kleinlich.

Erwartungen an mich: Ich mache Hausaufgaben, alle, alle richtig, alle immer alleine. Brauche keine Hilfe, brauche nichts von meinen Eltern. Packe die Hausaufgaben ordentlich in den Schulranzen und kontrolliere, ob die Stifte gespitzt sind. Die Noten sind nicht gut, sie sind die besten.

«Ich musste mich kein einziges Mal mit ihr hinsetzen, um ihr bei den Hausaufgaben zu helfen», erzählt meine Mutter, und sie streicheln mir über den Kopf, wie toll. Ich mache die Hausaufgaben immer alleine, und es ist irgendwie schade, dass niemand die gemachten Hausaufgaben sehen will, abends. Meine Eltern kommen müde nach Hause, packen die Einkäufe aus, kochen. Ich erinnere mich nicht an diese Alltagsfragen: «Wie war es denn in der Schule?» Erinnere mich daran, dass ich bei jedem Schachzug länger nachdenken sollte, als ich Geduld hatte. Erinnere mich, wie mein Vater mir empfahl, die zweiundzwanzigbändige Enzyklopädie zu lesen, da war ich ungefähr acht. Erinnere mich an all das und endlose Liebe.

In Deutschland fragt mich meine Großmutter, бабушка, babuschka, die nach der Schule mit Bratkartoffeln auf mich wartet, welche ich bis heute so nenne, wenn ich sie zubereite, Bratkartoffeln nach Großmutters Art, картошка по бабушкиному:

«Und was hat Steffi in der Klassenarbeit?», weil Steffi die andere Klassenbeste ist.

«Ah, also bist du besser als Steffi.»

Aber vermutlich muss sie das gar nicht aussprechen, es ist mir auch selbst aufgefallen. Manchmal lüge ich, ziehe Steffi einen Notenpunkt ab, das wird Steffi eh nie erfahren. An den anderen Tagen spricht бабушка das andere aus: «Also ist Steffi besser als du.»

Dann erkundigt sie sich nach dem Klassendurchschnitt, während sie mir die Bratkartoffeln auf einen Teller lädt. Die kleingeschnittenen Zwiebeln sind ganz knusprig gebraten, bräunlich.

«Iss auch die Frikadellen.»

Ich esse nur eine Frikadelle, und eine Zeitlang gebe ich mit Absicht leere Blätter ab, wenn Klassenarbeiten geschrieben werden. Obwohl ich die Antworten kenne. Ich bettle darum, eine Sechs zu bekommen. Das Wort Streberin lässt sich ins Russische nicht übersetzen, bei «Streben» ist es mal andersherum, da ist die russische Sprache zu klein. Ich versuche es noch nicht einmal: meiner Familie zu erklären, dass Streberin ein Schimpfwort ist.

Sie kennen nur Jude als Schimpfwort, da kann ich ihnen nicht mit diesem Kinderkram kommen.

«Wie heißt das?»

«Streberin.»

«Und was heißt das?»

«Dass jemand lernen will.»

«Und was ist schlecht daran? Das ist doch das Wichtigste im Leben, zu lernen.»

Und dann würden sie sich wieder den wichtigen Dingen widmen: Meine Großmutter spült das Geschirr mit ihren faltigen Händen selber ab, steckt sie in die Seifenlauge, weil sie der deutschen Spülmaschine nicht vertraut. Meine Mutter guckt «Marienhof» auf dem kleinen Fernseher in der Küche, es ist ihre Art zu vergessen, wie die anderen auf der Arbeit, in der Buchhaltung, Schwäbisch miteinander sprechen, und mit ihr nur wenige Worte. Wir müssen leise sein, wenn meine Mutter «Marienhof» guckt, dürfen kein Wort sagen, sollen am besten nicht in die Küche kommen. Mein Vater, ich weiß auch nicht, mein Vater ist entweder still oder müde in jenen Jahren. Die Zeitarbeitsfirma schickt ihn, den diplomierten Ingenieur, von einer Fabrik in die nächste. Ein paar Wochen hier, ein paar Wochen dort, er wäre so gerne immer an derselben Stelle. Er würde so gerne diese Gedanken verbannen, die lärmend in seinem Kopf kreisen, während er an einer Fabrikmaschine steht: Wo komme ich denn als Nächstes hin? Und was, wenn kein Bus dorthin fährt, wo sie mich als Nächstes hinschicken, und was, wenn ich zu alt für diese Arbeit bin? Er hätte gerne, dass die Was-wenn-Fragen sich nicht so schnell aneinanderreihen. Er hat es satt, diese Wechsel, die Erniedrigung, hat es satt, sagt nichts, steht einfach mit der Sonne auf. Nimmt einen Überlandbus in die schwäbische Kleinstadt, in der er gerade eingesetzt wird. Er fährt nicht gerne Auto, es macht ihm Angst, das Autofahren. Er hat seinen Führerschein kurz vor der Ausreise gemacht, «für Deutschland», wie wir sagten, ist aber in Russland nie Auto gefahren. Für Deutschland, dort soll die Tochter lernen, sich deutsche Diplome holen, die etwas gelten, Diplome, die man an die Wand hängen kann. Diplome, die einen davor bewahren, jeden Morgen in aller Herrgottsfrühe mit dem Bus, dann der S-Bahn, dann einem anderen Bus irgendwohin fahren zu müssen, um Arbeit zu verrichten, die zu anstrengend für den alternden Körper ist und den Kopf nicht anstrengt. Die von deutschen Behörden niemals anerkannten Diplome meiner Eltern werden in dem gelben Aktenkoffer gelagert, in dem wir alle unsere Dokumente mit nach Deutschland brachten. Der Koffer liegt oben im Schrank im Schlafzimmer meiner Eltern, an wichtigen Tagen wird er heruntergeholt, mein Vater muss hierfür auf einen Stuhl steigen. Die wichtigen Tage: an denen man zum Amt muss, zum Beispiel.

«Streberin? Ist doch gut. Dass sie sagen, dass du eine Streberin bist.»

Lernen soll sie, die Tochter. Anstatt darüber nachzudenken, was die anderen von ihr halten, die deutschen Kinder. In Russland zeigten sie mich vor, meine Tanten besonders gerne, Lenotschka, sagten sie, liebevoll, aber eben auch mit einem erhobenen Zeigefinger. Zu meinen Cousinen und Cousins sagten sie: «Kannst du nicht ein bisschen so sein wie sie?»

Ich gab mir Mühe, so zu sein, wie sie mich sahen. Dann gab ich mir Mühe, so zu sein, wie ich nicht war, jetzt bin ich zu müde, um mir Mühe zu geben.

Diese Vorhersage, noch bevor der Verfasser des Briefes mein zerknautschtes, rot gepunktetes Gesicht erblicken konnte. Wie das Mädchen zu einer Erwartung wächst. Ich hatte nach der Geburt diese Krankheit, an deren Namen ich mich nicht erinnern kann, die man aus dem Biologieunterricht kennt, wenn es um Blutgruppen geht, den negativen Rhesusfaktor. Wenn man auf das Blut der Mutter allergisch reagiert oder so ähnlich. Mir wurde jedenfalls ständig Blut abgenommen nach der Geburt. Wenn mich die Krankenschwestern meiner Mutter zum Stillen gaben, war ich mit Stichen übersät, wie von großen Mücken zerstochen.

Meine Mutter weinte. Wann eigentlich? Weinte sie, wenn sie mich so erblickte, mit den roten, hässlichen Punkten, oder erst wenn sie mich ihr wieder wegnahmen, nach dem Stillen? Und mich wegbrachten, irgendwohin, um mir noch mehr Blut abzunehmen? Oder gab es diesen einen Zeitpunkt nicht, weil sie gar nicht mehr aufhörte zu weinen? Was sie in den Punkten sah, die Summe ihrer Angst von nun an: wenn diesem Wesen etwas geschieht. Diese Angst, mit der Mütter immer leben, schlafen, sein müssen. So ein armes, kleines, zu beweinendes Ding war ich, rote Male wie Makel an den dünnen Ärmchen und Füßchen, unter deren Haut noch blaue Adern schimmern. Die Neugeborenen ließ man damals, in der Sowjetunion, vielleicht auch hier, noch nicht bei der Mutter liegen. Man hatte noch nichts von der Bedeutung der Bindung zwischen Mutter und Kind gehört, die entsteht, wenn der winzige Mensch der Mutter auf die nackte, nährende Brust gelegt wird, für Tage und Nächte. Oder man hatte das abgetan als Sentimentalität, der die Wissenschaft mit ihren Fakten über Bakterien und Viren entgegenstand. Meine Mutter habe ich also in meinen ersten Tagen, wegen des Rhesusfaktors, nur zum Essen gesehen.

Die Bindung, die also nicht entstanden sein dürfte, haftet und reißt jetzt seit Jahrzehnten an mir. Ich renne, ich bin schon ganz außer Atem. Aber die Nabelschnur ist endlos.

Mein Bruder ist neun Jahre älter als ich. Beinahe auf den Tag genau. Die Wehen, die ich auslöste, weil ich nun endlich loslegen wollte mit dem Leben, setzten auf seiner

Geburtstagsfeier ein. Ich ließ mir immerhin Zeit bis zum nächsten Tag, um das Licht der Welt zu erblicken. Würde ich schreiben über mich als Figur, könnte ich daran herum-interpretieren: So also wollte ich im Leben erscheinen, auf einer fremden Geburtstagsfeier. Wir haben so viele Familiengeschichten, aber keine darüber, wie mein neunjähriger Bruder das fand, dass ich seine Geburtstagsfeier störte.

Meinem Bruder hat nie jemand vorhergesagt, welche Blumen er eines Tages mögen würde. Ich weiß nicht, ob das ein Glück ist oder ein Unglück. Oder ob es weder das eine noch das andere ist, wie die meisten Dinge im Leben. Einfach eine Tatsache. Den Frauen, in die sich mein Bruder verliebt, schenkt er gerne große Sträuße roter Rosen.

Mein Onkel Лёва hat diese Zeilen über mich geschrieben, nun stehen diese Zeilen in meinem Schrank, handeln von mir. Der sie schrieb, lebt nicht mehr. Ins Meer gegangen, das kalt war an jenem Tag.

Mit jedem Tag, den er nicht lebt, wiegen seine Zeilen ein Stückchen schwerer. Meine Mutter erinnert mich daran: Was ich schreibe, liebe, bin, leide, bin nicht nur ich. Ist mehr als nur ich.

«Das hat dir alles Лёва vorhergesagt.»

Ich bin nicht flink genug, einer Vorhersage zu entwischen. Das eingehämmerte Wissen, wie ich sein werde, bevor ich etwas sein konnte.

ЛЁВА. LJOWA

Ljowa. So weich, dieser Name.
Neuneinhalb Jahre und acht Tage nachdem er diesen Brief verfasst hatte, der den Pralinen beilag und den Veilchen und der nun in meinem antiquarischen Hängeschrank steht, ging Лёва ins Wasser. Das Meer wütete an jenem Tag. Ein Mann, der im Sand lag und fröstelte, beobachtete erst das Meer, dann Лёва dabei, wie er sich in dieses Meer wagte, geradewegs in die Wut. Es lagen nicht viele Urlauber am Strand an diesem windigen Tag, im Wasser sei er der Einzige gewesen, erzählte der Mann ein paar Tage später den Frauen, die bis eben Mutter eines Sohnes, Schwester eines Bruders gewesen waren und die jetzt nur noch weinten und wimmerten und Gott anklagten und sich selbst und die Stille nicht ertrugen, keine Tage, keine Nächte, kein Essen, keine Menschen. Am wenigsten ertrugen sie das Wissen, dass das Leben weitergehen muss. Meine Großmutter, meine Mutter, ans Schwarze Meer gereist, um die Leiche des Sohnes, des Bruders abzuholen. Einen Menschen im Sarg, keinen Menschen.

Es war unangenehm kühl und windig an jenem Tag, an dem Лёва ins Wasser gegangen war. So ein Tag, an dem das Meer die Menschen nicht um sich, nicht in sich haben wollte. Komm mir nicht zu nahe, sagt das Meer, wie ein knurrender Hund, warnend. Deshalb habe er überhaupt so genau hingeschaut, er habe sich schon gefragt, was das soll, erzählte der Mann. Warum der ins Meer geht an einem Tag wie diesem. Entschlossen, erzählte er, was meine Mutter später weitergab, nicht an mich natürlich, ich war ja erst neun, aber hatte gute Ohren. Лёва habe nicht innegehalten. Spinnt der, dachte der Mann, aber er ging ihm nicht hinterher. Nicht innegehalten, um sich an die Kälte zu gewöhnen, um die Kraft der Wellen einzuschätzen, sich umzusehen, in den Horizont zu blicken. Schwimmen konnte er, schwimmen konnte er gut. Das wiederholt meine Mutter bis heute. Und sie macht sich Sorgen, ob ich wohl gut schwimmen kann, oder ihre Enkel.

Лёва war alleine im Urlaub gewesen, wie immer. Er hatte am Strand gelesen. Er war ein Leser, las Bücher, die man in der Sowjetunion nicht zu lesen hatte. Heimlich fotokopierte, in Selbstverlagen herausgegebene, weil verbotene Bücher, fernöstliche Philosophie, Psychologie, viel Lyrik. Einige davon stehen nun in meinem Bücherregal. In seinem Zimmer bei den Eltern, wo er nie ausgezogen war, weil er sich geweigert hatte, das zu tun, was in der Sowjetunion zu tun war, wenn man die Chance auf eine eigene Wohnung wollte, heiraten nämlich, lag eine Wolldecke auf dem Bett. Gelb-braun kariert, sie liegt jetzt in einem Kasten meiner IKEA-Couch. Ich weiß nicht, wohin damit, sie kratzt zu sehr, um sich beim Lesen in sie zu schmiegen. Ich werde sie niemals benutzen und für immer behalten, diese Decke aus gelben und braunen Quadraten. Ich saß auf seinem Bett, wartete, bis er nach Hause kam:

«Wie lange willst du denn hier sitzen? Wer soll denn wissen, wann Лёва nach Hause kommt?», fragte mein Großvater, wenn er mich beim Warten erwischte. Ich konnte ewig da sitzen, in diesem halbdunklen Zimmer, voller Bücher, voller Geheimnisse, voller Platten, aber vielleicht dichte ich die Platten nur hinein. Voller Eigensinn, ein Mensch, von dem man nicht weiß, wann er nach Hause kommt. So ein Mensch wollte ich werden.

Eine Zeitlang hatte Лёва ein Auto besessen, ein weißes. Das gab es selten in der Sowjetzeit, dass man ein Auto besaß, zumindest in unserem Umkreis. Vielleicht hatte er es auch nur geliehen, das weiß ich nicht mehr. Das Gefühl weiß ich, wenn das weiße Auto des Onkels durch die Datscha-Siedlung donnert, über Feldwege und Wurzeln und Steine, die vor den Rädern davonhüpfen in Angst, einen Hügel hinauf, zwischen Tannen hindurch und um Birken herum und noch einmal, immer im Zickzack. Ich kreische. Kreische, eingezwängt zwischen Freunden, alle auf die Rückbank gestopft, und ich weiß, dass ich das damals schon dachte, dass Glück portioniert ist, weshalb ich noch lauter kreischte, bettelnd fast, es möge noch bleiben, wir mögen für immer weiterfahren im Zickzack, ein Leben lang. Wollte und wusste, dass es nicht geht. Dass wir geradeaus marschieren müssen,

вперёд к победе коммунизма.

Nach vorne zum Sieg des Kommunismus, wie sie zu wiederholen nicht müde wurden.

«Bitte, bitte, bitte, noch einmal!»

Babuschka schüttelte erst den Kopf, die Arme tadelnd ineinander verschränkt, als wir an ihr vorbeifuhren, einen Wendekreis und noch einmal, zwischen den Tannen den Hügel herunter, das Auto holperte, wir quietschten, später kreischte sie auch.

«Лёва, du bist doch kein Kind!»

Ich hörte oben auf der Treppe zu, wo sie mich nicht sitzen wähnten.

«Was bist du denn für ein Beispiel für die Kinder, kannst du dich nicht wie ein Erwachsener benehmen?»

Лёва hielt mich so an den Füßen, dass mein Kopf nach unten hing. Ich schaukelte und fühlte, dass die Welt verkehrt herum eine bessere war.

«Wann wirst du endlich erwachsen?»

Seine Haare eine herrliche, dunkle Lockenpracht, ein wenig wie Puschkin.

Sie sagten, dass er ertrunken sei, damals, als er ins Wasser ging.

Bis heute sagen sie das:

«Он утонул.»

«Er ist ertrunken.» Das passive Verb trägt diese Unwiederbringlichkeit in sich und fragt weder nach Verantwortung noch nach Schuld. Wie eine simple Tatsache, dabei hat sie alles geändert.

«Sonne und Mond / Liebe» – so heißt das Bild, das in meinem Wohnzimmer hängt. Лёва hatte eine Freundin, eine einsame Malerin, die viel älter war als er, und eigen, wie die Erwachsenen sagten. Besonders, sagten sie, obwohl sie sie mochten. Ich weiß gar nicht, warum, in meiner Erinnerung ist sie wie die anderen Menschen, nur ihre Wohnung ist unordentlicher, überall verteilte Farben, Staffeleien. Sie zeichnete, schraffierte mit entschlossenen Strichen, kubistische Gesichter, verwendete Kugelschreiber mit verschiedenfarbigen Minen. Sie malte meinen Onkel und sich selbst als Paar, die beiden auf einer Brücke, die beiden so abstrakt, dass der Ort keine Rolle spielt. Ich habe das als Kind nicht verstanden, wusste noch nicht, dass das die besten Liebesgeschichten sind und die schlimmsten, die, in denen der Ort keine Rolle spielt. Auf einem Bild sitzt sie selbst mit ausgestreckten Armen in der Hocke, in einem Kreis, der vielleicht aus Vögeln besteht. Лёва steht daneben, blickt zu ihr hinunter, eine Hand auf ihrer Schulter, blickt sie an, man kann seine grünen Augen nicht erkennen. Sie aber sieht an ihm vorbei, geradeaus durch seine Brust hindurch. Sieht ihn nicht, obwohl sie, nach der Anzahl der Bilder zu urteilen, auf denen man ihn findet, sehr oft nur ihn sah. Rote, grüne, schwarze Striche, als hätte sie nur ein paar Kugelschreiber zur Hand gehabt. Sonne, Mond, Liebe. Ich weiß nicht, wer die Sonne sein soll, ich denke sie mir beide als Monde. Einsam da oben, etwas wissend, was anderen verborgen ist. Vielleicht hat sie das Bild in meiner Gegenwart gezeichnet, sie haben oft auf uns Kinder aufgepasst, als Paar. Der kinderlose Onkel, seine Freundin. Das Bild hängt in meinem Wohnzimmer über dem Klavier, ich schaue es nie an. Samstags besuchte ich einen ihrer Kindermalkurse, leicht unwillig, leicht entrüstet, weil es keine Privilegien für mich gab, obwohl sie die Freundin meines Onkels war. Wenn sie doch heiraten würden, dachte ich mir. Meine Großmutter dachte das auch, aber aus anderen Gründen.

«Heiraten will ich nicht», sagte er. «Warum muss jeder heiraten?» Eine Frage, die in der Sowjetunion niemand verstand. Fragen, die mit einem Warum begannen, waren selten.

Es gab noch eine andere Freundin, glaube ich. Sie lebte irgendwo am Schwarzen Meer, aber nicht dort, wo er ins Wasser ging. Niemand wusste von ihr. Dann, ausgerechnet ein paar Tage nach seinem Tod, rief sie an, fragte nach ihm. Er ist ertrunken, und wer sind Sie, wenn ich fragen darf? Ich stelle mir das Telefongespräch vor, die Tränen meiner Mutter. Die Frau reiste nach Petersburg zur Beerdigung an, sie war ebenfalls älter als er. Wurde zum Schlafen in meinem Zimmer einquartiert, in dem zum Bett ausklappbaren Sessel. So was gab es tatsächlich bei uns in der Sowjetunion, der Sessel braun und beige gemustert. Lange hatte ich Angst, alleine einzuschlafen, und in jener Zeit setzte sich mein Vater jeden Abend in diesen Sessel, ungern, er war vom Arbeitstag, vom Stehen in der Metro, der Tram, im Bus erschöpft. Er schlief im Sitzen ein, und ich beobachtete, wie seine Brust sich beim Schlafen hob. Das Flurlicht schien durch die verglaste Tür in mein Zimmer, ich versuchte, das Schnarchen des Hundes im Flur zu erhorchen. Nun saß die Frau, die offensichtlich auch eine Freundin meines Onkels war, auf dem ausgeklappten Sessel, und irgendwo im Dunkeln, vermutlich auf meinem Schreibtischstuhl, wo ich sie nicht erkennen konnte, saß meine Mutter, die gerade nicht meine Mutter sein konnte, weil sie die Schwester eines toten Bruders war. Sie sprachen über ihn, eine Nacht lang, vielleicht waren es zwei oder drei. Glaubten mich schlafend oder hatten mich nur vergessen.

Konnten sie ihn noch ein wenig halten, wenn sie über ihn sprachen, suchten sie ihn? Versuchten alles zu lesen, was sie nicht verstanden hatten, damals, als er mit ihnen sprach und sie oft abwinkten, Лёва und seine Philosophien? Meine Mutter erzählte, was ihr der Mann erzählt hatte, wie Лёва ins Wasser gegangen war, ohne sich umzusehen, ohne anzuhalten. Einfach hinein.

Sie hören nicht auf, über ihn zu sprechen.

«Du musst doch schlafen, ich gehe jetzt», sagt meine Mutter mehrmals, aber sie bleibt sitzen. Ich bewege mich nicht, traue mich nicht, mich auf die andere Seite zu drehen.

«Ich wusste, dass er ein paarmal ans Schwarze Meer gefahren war, aber ich wusste nicht, dass er zu dir gefahren ist», sagt sie. Dann höre ich nur «anders», anders war er gewesen, sonderbar, komisch, wollte nicht heiraten, wollte Bienen züchten, wollte nicht das arbeiten, was er studiert hatte, diese philosophischen Bücher, diese Gedanken, diese Frauen, und mit jedem «anders» dringt die Drohung tiefer in dieses Wort, höre ich, wie sie es fauchen. Bis sich der Schlaf über meine Augen legt, bis das meine Angst wird: anders zu sein. Die Angst vielleicht, weil ich weiß: Ich bin es schon längst geworden. Irgendwann hat die späte Uhrzeit gewonnen, meine Augen fallen zu, aber am Morgen ist die Drohung immer noch da. Bleibt haften, denkt mit. Vermutlich blieb ich am Morgen lesend liegen, um die fremde Frau nicht in ihrem Schlaf zu stören. Die Frau, die ich nach der Beerdigung nie wieder sah, nicht einmal mehr ihren Namen weiß ich.

Es dauert Jahre und braucht eine fremde Sprache, braucht, dass ich das Fremde aus der Sprache verscheuche, bis ich das Wort vom Geruch nach Tod, von dieser Angst gereinigt habe: anders. Bis es keine Gefahr mehr ist: anders zu sein. «Du warst schon immer anders», sagt meine Mutter. Es klingt wie eine Tatsache, ich überhöre, was sie tatsächlich meint, vielleicht ein Kompliment.

Ich liege ganz still, sollen sie doch glauben, dass ich schlafe, denke an seine dunklen Locken, wage es nicht, mich am Bein zu kratzen, diese spätsommerlichen Mücken, Petersburg wurde auf Sumpf erbaut, es ist immerzu feucht. Eine von ihnen weint. Frauen, die erst verzweifeln, dann verschwimmen, dann verschwinden, so merke ich mir den Tod.

In meiner Kindheit kenne ich keine weinenden Männer, so vieles kenne ich nicht. Höre immer nur das Echo der Tränen. Nach der Beerdigung meiner Großmutter väterlicherseits, an der ich nicht teilnahm, weil man die Kinder vor dem Tod beschützte, als sei er eine ansteckende Krankheit (auch zur Beerdigung meines Onkels und meines Großvaters haben sie mich nicht mitgenommen, ich war nur beim Essen danach), belauschte ich meine Mutter, die mit meiner Tante telefonierte, um zu berichten.

«Er hat sehr geweint», sagt sie über meinen Vater. Sie telefoniert im Flur, stehend an den zweiten Kühlschrank gelehnt, den wir so nennen, der zweite, während der erste in der Küche steht. Von der Küche aus höre ich zu. Ich höre zu, zucke zusammen, hoffe, sie hat nicht von meinem Vater gesprochen.

«Wir haben nicht geweint, damals, als Ljowa starb», schreibt mir meine Mutter, als sie meine Erinnerung hört. Sie erinnert sich nicht an Tränen, nicht an die auf ihrem Gesicht. «Ich erinnere mich nur an den Schrei.» Der Schrei, als sie ihrer Mutter sagte, dass ihr Sohn nicht mehr am Leben war. Sie hatten ihr erst das Schlimme verschwiegen, hatten ihr gesagt, sie müsse von der Datscha mit nach Petersburg kommen, weil Ljowa schwer erkrankt war. Ich stelle mir das nicht vor, wie meine Großmutter fragt, was sie vielleicht schon weiß, wie sie diejenige ist, die das Schlimmste in Worte fasst: «Sag mir, dass er noch am Leben ist.» Meine Mutter sagt nichts, welches Verb nimmt sie, welche Worte quält sie auf die Zunge. «Ich weiß noch genau, an welchem Punkt auf dem Moskowskij Prospekt das war, als das geschah», schreibt mir meine Mutter. «Ich habe jede Nacht von diesem Schrei geträumt, ein Jahr lang.» So ist die Erinnerung, hält manchmal Schreie fest, manchmal Tränen, ein anderes Mal nichts.

Ein Wasserstrudel, hatte der Mann erzählt, der Лёва beobachtet hatte. Der Wasserstrudel, der sich den Menschen einfach greift, sein ganzes Leben, alles, was man an Liebe gegeben hat, einem Kind, jede einzelne Träne. Deshalb wird Großmutter so dunkel, so fern. Wir wissen nicht, wie er gegen den Strudel kämpfte. Gegen diese Kraft, die man der Natur zuschreibt, die den Menschen immer besiegt. Wir fragen nicht, ob das Wie ein Ob gewesen sein könnte, sie fragen nicht. Sie fragen damals nicht, ich frage heute nicht, wir trauern, tragen Schwarz. Wir verhängen die Spiegel, das ist bei Juden so üblich, dass man sich in der Trauerzeit nicht im Spiegel erblicken soll. Irgendjemand erklärt mir, dass die Juden sich auch die Kleider einreißen beim Trauern, das Reversjackett beispielsweise.

«Und warum machen wir das dann nicht?»

«Weil wir nicht so viele Anzüge haben.» Wie die Realität des Sozialismus religiöse Bräuche erstickt, wie Religion mit Pragmatismus bedeckt wird. «Das stimmt so nicht», sagt meine Mutter, «du erinnerst dich falsch.». Sie haben alte Unterhemden angezogen und die oben eingerissen, es gab immer einen Ausweg aus dem Nichts, man hat dann etwas erfunden.

Ich darf nicht zur Beerdigung mit, irgendjemand passt auf mich auf. Vor der Beerdigung treffen sich alle in der großelterlichen Wohnung. Meine Cousine und ich sitzen in Ljowas Zimmer, sie erzählt mir eine lustige Geschichte, und ich blicke mich um: Darf man das, heute? Heute trauern wir, und бабушка, die hört nie auf damit.

Klagt um ihr Söhnchen, nennt ihn so, wie sie ihn früher nicht genannt hat, «сынок!», Söhnchen.

Es ist eine Gnade, als sie viele Jahrzehnte später, in einem deutschen Altenheim, in einem seelenlosen Zimmer, die gerahmten Familienbilder auf dem Tisch, die sie von ihrem Bett aus nicht mehr sehen kann, jede Erinnerung verliert. Als Raum und Zeit abgelöst werden durch Leere, in der sie, der Mensch, zu einer zynischen Fußnote seines Lebens wird: Das ist, was am Ende mit uns geschieht.

«Willst du nicht бабушка besuchen?», fragt meine Mutter, als ich mal wieder in Stuttgart bin.

Will ich nicht, aber das darf ich nicht sagen. Will sie nicht sehen, nicht so. Will das nicht sagen, dass ich sie so nicht sehen will, dass ich бабушка brauche, die sich darüber empört, wenn ich im Winter ohne Mütze das Haus verlasse, und auch über meine an den Knien durchlöcherten Jeans.

Wir besuchen бабушка in dem deutschen Altenheim mit Blick auf das Stuttgarter Tal, aber бабушка ist nicht da, es sitzt nur dieser alte, vergangene Mensch im Sessel, dem Krümel in den Falten um den Mund stecken geblieben sind. Beim Füttern. Sie vergisst, einen Sohn gehabt zu haben, ein Söhnchen. Diese Gnade, als sie endlich vergisst, dass sie immer noch eine Mutter ist, dass das Muttersein ein Schmerz werden musste. Nach neunzig Jahren, nach verlorenen Lieben, nach verpassten Tagen, nach Stunden von Glück, möglicherweise, will sie nur noch ihre Mutter. Das sind die Reste eines Menschen.

«Мама, мамочка», Mama, Mamotschka, murmelt sie, bis dem Murmeln die Sprache entweicht. Und selbst als das geschieht, als da nur noch ein Bett ist, im Bett ein Körper, in jenem Körper kein Mensch, dauert es, bis sie hindarf: zu ihrer Mama. Wir warten, wie man in Filmen auf den Tod wartet, um das Bett herum, in Krankenhausfluren, und der Kaffee, so gehört es sich, schmeckt schlecht. Auf dem Flur spreche ich mit meinem Bruder, ich weiß gar nicht, worüber. Der Tod lässt sich Zeit, er hat es nicht eilig. Irgendwann fahre ich wieder, und eines Abends ruft mich meine Mutter an:

«Умерла бабушка.»

Gestorben ist Babuschka. Ich bin bei Freunden, gehe hinaus, gehe spazieren, denke an sie, denke gar nicht, bete plötzlich, drehe wieder um, gehe zurück. Weine nicht, weine nicht um diesen Körper.

Solange sie aber noch denken kann, klagt sie. Klagt um das Söhnchen, um ihren Jungen, «сынок», um «Лёвушка», Ljowuschka, sie seufzt und ächzt und jammert und weint und schluchzt und würgt seinen Namen: Лёвушка.

«Лёвушка, мой», Ljowuschka, meiner.

Ich halte mir die Ohren zu. Bin Kind, will leben, will Trauer nicht hören, nicht riechen, nicht fürchten, drücke mit aller Kraft die Finger auf die Ohren. Ich mag diesen Namen nicht hören, will nicht lernen, was der größte Schmerz von allen ist: noch am Leben zu sein und das Kind nicht.

Vielleicht hat sie das niemals so ausgesprochen, vielleicht erinnere ich mich nur an diesen Satz. Vielleicht ist er gar nicht ertrunken, vielleicht ging er an jenem wütenden Tag einfach ins Wasser.

Лёва heißt Löwe. Sie schimpften viel mit ihm, alle beide. Die Mutter, die Schwester. Ich erinnere mich mehr, wie sie mit ihm schimpften als mit mir, dem Kind. Auch am allerletzten Abend. Ich saß auf der Treppe ganz oben, sodass sie mich nicht sahen. Wir wussten nicht, dass das der allerletzte Abend war, wir hätten sonst – wir wären doch –

Später stachen die Selbstvorwürfe zu: Wie konnten wir nur, am letzten Abend. Irgendwann stieg er ins Auto und fuhr davon. Nicht wütend, sondern einfach nur, weil es Zeit war zu fahren. Wir standen am grünen Zaun, winkten. Wie immer. Das weiße Auto fuhr um die Kurve, davon. Vor dem Zaun standen drei in den Himmel ragende Tannen, und in einem der Stämme hatte ein Specht sein Nest. Zwischen den Tannen hing eine Leine, da wurde die Wäsche zum Trocknen aufgehängt. Der Specht klopfte jeden Morgen seinen Rhythmus, sein Lied. Die meisten russischen Lieder, denke ich, handeln von Abschied.

Du erinnerst dich falsch, sagt meine Mutter. Der letzte Abend war so schön gewesen, so harmonisch. «Warum das so war, ist ein großes Rätsel für mich», sagt sie. Als er fuhr, habe er sie mit einem Lächeln gefragt, warum sie keinen Hirsebrei für ihn gekocht habe, den mochte er so gerne. Fällt mir schwer zu glauben: dass jemand Hirsebrei freiwillig und gern isst. «Ich war immer auf seiner Seite, habe бабушка immer gesagt, dass er sein Leben leben soll, wie er will», sagt meine Mutter, «habe immer versucht, ihn zu verstehen», sagt sie; jetzt tut sie dasselbe mit mir. Versucht, mich zu verstehen, sagt sich, dass ich mein Leben leben soll, wie ich will. Ich presse Erinnerungen in meinen Schrank. Weiß nicht, was ich mir davon erhoffe. Dass sich Staub auf die Erinnerung legt?

Einmal, es muss im Winter nach seinem Tod gewesen sein, sah ich mit бабушка einen Kinderfilm im Kino, in dem sich ein Junge bei einer Autorallye verletzte. Alle um ihn herum machten sich fürchterliche Sorgen, viele russische Tränen flossen, am Ende wurde der Junge natürlich wieder gesund. Es gab diese eine Szene, in der seine Freundin über den Rasen rennt, zu seinem Auto, das auf der Seite liegt und raucht. Ich richtete mich auf, die Augen auf der Leinwand, die Ohren aber nicht. Großmutter fing mitten in der Szene zu stöhnen an und hörte nicht mehr damit auf. Auch nicht, als es dem Jungen wieder gutging und er und das Mädchen sich in den Armen lagen. Ich schämte mich, wollte mich in der Dunkelheit des Kinos verstecken. Das eigene Leid, das in jeder fremden Geschichte steckt. Sie suchte danach, als hätte sie Angst, es zu verlieren.

«Wäre er doch nur verletzt gewesen, wir hätten alles für ihn getan. Alles», sagte sie mitten im Film und wiederholte, «alles, alles, alles», und ich wollte raus aus dem Kino, wollte irgendwohin, wo sie nicht war, irgendwohin, wohin die Trauer mir nicht folgen konnte. Wollte nur einen Kinofilm gesehen haben. Sinnloser Hilfeschrei, ein Wort, alles. Ich weiß, es fiel ihr schwer, morgens aufzustehen, dass sie mich an manchen Morgen vergaß.

Sie schminkte sich, nachdem ihr Sohn ertrunken war, nie wieder die Lippen, diese Frau, die stets aufrecht ging. Meine Großmutter hatte diesen geraden Rücken, den ich nicht geerbt und nicht gelernt hatte. Sie hatte eine Fabrik geleitet, hat immer eine Zahl genannt, wie viele Arbeiterinnen und Arbeiter «unter ihr» waren, und ich habe diese Zahl vergessen, diese eine, ihr so wichtige Zahl. Wie sie vor dem Spiegel steht, der Lippenstift ist rot, die Vorsicht, die

Genauigkeit, mit der die Finger den Lippenstift über die Lippen führen, der Stolz, der am Spiegel hängen bleibt, auch nachdem sie sich ihren Pelzhut auf dem Kopf zurechtgerückt und die Wohnung verlassen hat. Sie war eine gute Kommunistin, folgte der Partei, versuchte, alle Fünfjahrespläne zu erfüllen. Es war eine Textilfabrik, in der sie diese vielen Menschen «unter sich» hatte, und es war vor dem Spiegel, als sie sagte: «Lippen anmalen, das werde ich jetzt nicht mehr. После Лёвы.» Das war unsere Zeitrechnung, nach Ljowa.

Sie setzte sich an jenem Tag den Hut nicht auf, es war Herbst, verließ einfach nur die Wohnung. Fuhr mit der Tram, dann mit der Metro zu sich nach Hause, wo mein Großvater todkrank auf dem Sofa lag, auf sie wartete oder schlief. Ich weiß nicht, ob sie mit Schuld lebte oder nur mit Fragen. Einmal sagte sie: «Gut, dass ich euch habe, dich, deinen Bruder, deine Mutter», und ich verbot ihr, mir das Sonst zu erzählen, indem ich sie sofort unterbrach:

«Asta hast du ja auch noch!»

Ich meinte den Hund. Durfte nicht sagen: Ich kann, ich will das nicht hören. Ich stand auf, um etwas aus der Küche zu holen. Ließ sie sitzen, auf unserem Sofa.

Ein anderes Mal, im darauffolgenden Sommer, den wir zu dritt, sie, ich und Asta, auf der Datscha verbrachten. Ich kam aus dem Wald gerannt, trug Gummistiefel oder Sandalen. Ich wollte, was Kinder von Großeltern wollen, eine Erlaubnis vielleicht, irgendwohin zu radeln, an den See zu gehen, Süßigkeiten vor dem Mittagessen, diese Dinge von großer Bedeutung. Sie arbeitete, bei den Stachelbeersträuchern, hinten im Garten, eine Harke in den erdgefärbten

Händen. Der Hund langweilte sich in der Sonne, sprang an mir hoch, bettelte, wollte mitgenommen werden.

Ich hielt im Rennen inne. Großmutter klagte wieder den Namen ihres Sohnes, klagte ihn zum Himmel hinauf. Sie sah mich nicht, hörte mich nicht, hatte aufgehört zu hören. Klagte ihn bis zu mir, die ich nun den Hund streichelte, wieder wegwollte, zurück in den Wald, zurück zu meinen Freunden, zu deren Großeltern, die nicht die ganze Zeit wimmerten und weinten, in den Sommer zurück. Ich bewegte mich nicht, blieb einfach an derselben Stelle stehen, streichelte den Hund nicht mehr.

«Лёвушка, Лёвушка», Ljowuschka, der Name hatte jede Zärtlichkeit, jedes Leben verloren. Sie blickte gen Himmel und sah den Himmel nicht, sah mich nicht, «сынок мой», Söhnchen, meiner.

Es war heiß, die Stachelbeeren reif und saftig. So zum Herunterzupfen saftig, zum In-den-Mund-Stecken, eine nach der anderen, weil mehrere auf einmal nicht geht, man muss ja erst das kleine Schwänzchen unten wegknipsen. Ich habe nicht gefragt, nichts gesagt. Habe mich einfach umgedreht, einfach weggeschlichen, bin verschwunden, gerannt. Habe sie nicht berührt, nicht über diesen braungebrannten, leicht schwabbeligen Oberarm gestreichelt, der aus dem ärmellosen Kleid hervorguckte.

Sie trug eines dieser Kleider an jenem Tag, senkrechte Streifen, vorne Knöpfe, ärmellos, so ein Putzfrauen-Kleid, diktiert mein Deutsch.

Ich habe bis heute die Angst behalten, unversehens in den Schmerz eines anderen zu rennen.

Seit diesem Tag: «Бабуля!» schreien, sobald ich durch das grüne Gartentor trete. Ich verlangsame die Schritte, gebe ihr die Zeit, Tränen wegzuwischen, mit dem Handrücken, weil an den Fingern Erde klebt. Der Hund freut sich, ich kann ihn in aller Ruhe streicheln, kraulen, mit ihm sprechen, kann zählen, wie die Zeit verstreicht. Wie schnell trocknen Tränen in der Sonne, wie viele Schritte, wie viel Schall, um einen Ruf nach hinten in den Garten zu tragen.

«Бабуля! Babulja, ich bin da!»

«Keine Suschki, bist du verrückt geworden, es gibt bald Mittagessen! Hast du schon die heruntergefallenen Äpfel aufgesammelt?»

Da war sie ja wieder, die Großmutter, die auf meine Ernährung achtete und darauf, dass ich im Garten mithalf, da war sie mehr als nur Schmerz.

Du erinnerst dich falsch, würde meine Mutter vielleicht sagen. Vielleicht hat sie recht, vielleicht hat es doch Suschki vor dem Mittagessen gegeben, ausnahmsweise. Oder wir hatten an dem Tag keine da, weil Mangelwirtschaft in der Sowjetunion war.

Elf Monate später wurde sie nach Deutschland gezerrt, von den Gräbern weg, was schlimmer war, als die Schwester zu verlassen, die Nichten, die Freunde, die ehemaligen Kollegen, die Menschen, die Stadt, in der sie die Leningrader Blockade überlebt hatte, in der sie studiert, gearbeitet, einen Mann verloren, mit einem anderen zwei Kinder und später Enkel großgezogen hatte, den sie dann auch beerdigt hatte, von der Sprache, aus ihrer Wohnung, ihrer Straße, aus allem, was sie als Leben kannte.

«Wie soll ich ohne die Gräber leben, ich kann nicht weg, darf sie nicht verlassen, verraten, wer bin ich denn, was für ein Mensch. Kein Mensch bin ich. Ich lasse ihn hier allein.»

«Du musst mitkommen, wir fahren nicht ohne dich.»

Meine Mutter. Tränen, geschlagene Türen, Verzweiflung, die nicht weicht, auch nicht bei geöffneten Fenstern. Meine Mutter winkt ab. Natürlich wollte бабушка mitkommen, was denn sonst, sie hatte doch niemanden dort, wir waren doch eine Familie.

«Ich verspreche dir, wir fahren einmal im Jahr zurück, um nach den Gräbern zu sehen.» Daran erinnern wir uns beide. «Und dass sie russischsprachiges Fernsehen haben würde, das habe ich ihr auch versprochen», fügt meine Mutter hinzu.

Es verstreicht schnell, so ein erstes Jahr, und noch schneller verstreichen Jahre.

Могила (mogila): das Grab.

So bleibt ein Grab für mich immer ein Ort, an dem man zu bleiben hat, ein Zuhause, eine Sehnsucht, etwas für Rückkehrer. In unserem schwäbischen Städtchen finden meine Mutter und meine Großmutter auf dem jüdischen Friedhof ein Grab, in dem ein Mann und sein Sohn liegen. Sie bringen nun Blumen dorthin, pflegen dieses vergessene, vernachlässigte, fremde Grab. Fremde Namen, hebräische Buchstaben, sie beugen sich hinunter, um Unkraut zu zupfen. Es ist niemand außer ihnen auf diesem jüdischen Friedhof. «Geweint hat sie nie», erinnert sich meine Mutter.

DAS MÄRCHEN-
TELEFON

Дедушка, с большой буквы. Opa, Djeduschka, mit einem Kapitalbuchstaben am Anfang, obwohl man die Substantive im Gegensatz zum Deutschen immer kleinschreibt in der Sprache meiner Mutter, meines Vaters, in der Sprache, in der ich zu lieben lernte.

Opa. Ausgesprochen: Djeduschka. Zart, mit Ehrfurcht gewebt.

Дедушка weiß alles, spricht wenig, schreibt, denkt, hat kräftige Hände, hat rötlich blonde Härchen an den Unterarmen, erklärt mir alles, bringt mir die Reihenfolge der Regenbogenfarben mit einem Merkspruch bei, ist krank, hackt kein Holz mehr auf der Datscha, ist noch kränker, isst nichts mehr, hat grüne Augen wie ich, wie meine Mutter, wie mein Sohn, der nach ihm heißt, grüne Augen wie wir alle. Ist klug, weiß alles, spricht mit mir, geht mit mir hinaus auf den Spielplatz, bringt mich rechtzeitig zum Mittagessen, das бабушка zubereitet hat, drei Gänge, zurück, löst Kreuzworträtsel, immer bis zum letzten Wort, hat Lineale auf seinem Schreibtisch liegen. Es ist der Tisch, der, wenn Gäste da sind, in die Mitte des Zimmers geschoben und dort ausgezogen wird, gequetscht passen dann sicher zwölf Teller drauf. Er ist es, der uns diese Nachricht überbringt:

«Погиб Лёва.»

Umgekommen ist Ljowa.

Дедушка überbringt die Nachricht, obwohl er zu krank ist, Nachrichten zu überbringen. Er hat Krebs, er liegt auf dem blassgrünen Sofa, verlässt die Wohnung nicht mehr. Spricht in den Wochen nach der Beerdigung kaum noch, weint nicht, oder ich sehe ihn nicht weinen, liegt nur noch auf dem blassgrünen Sofa. Liegt im Sterben, stirbt. Es ist kaum ein Jahr vergangen.

Дедушка kaute an Bleistiftenden und Brillengestellen, von denen er etliche Exemplare besaß. Ich habe nichts davon geerbt, meine Eltern haben nur nützliche Dinge mit nach Deutschland genommen. Küchenhandtücher aus gestärktem Leinen, Schulhefte in einem in deutschen DIN-A-Konformitäten undefinierbaren Format, quadratisch, salatgrün, und Seife. Braune Laugenseife in großen Mengen, weil jemand erzählte, dass Seife in Deutschland teuer sei. «Seife», ruft meine Mutter entrüstet. «Seife hatten wir doch nicht mitgenommen! Du erinnerst dich falsch! Das waren die anderen aus dem Wohnheim. Kugelschreiberminen hatten wir ganz viele dabei, weil wir gehört hatten, dass sie so teuer sind, alle haben welche für uns gesammelt.» Also gut, dann eben Küchenhandtücher, Schulhefte, Kugelschreiberminen und nichts, was дедушка gehört.

Im Schrank: Mein Großvater auf dem Bild sieht nachdenkend aus. Nach: denkend. Er lächelt nicht.

In der rechten Hand hält er eine Brille und hat den rechten Bügel im Mund. Die Hemdsärmel sind hochgekrempelt, und als ich das sehe, auf diesem Schwarz-Weiß-Bild, das in meinem Hängeschrank steht, wird mir zum ersten Mal bewusst, jetzt, da ich es zu beschreiben versuche, wie mir jegliche Erinnerung fehlt. An die Kleidung, die mein Großvater trug, an seine Hosen, seine Socken, Schuhe, Jacke, oder war es ein Mantel, am Kragen, wie damals üblich, mit Pelz besetzt, an nichts erinnere ich mich. Was er trug, wie er roch, wie er die Hand ausstreckte, an die Stimme. Aber das Hemd zaubert mein Hirn aus dem Schwarz-Weiß-Foto blau. Auf der Datscha trug er weiße Feinrippunterhemden, wenn er Holz hackte. Aber nein, das ist auch nur ein Foto. Es wurde aufgenommen vor meiner Geburt, mein Bruder, dreijährig, steht daneben.

Ich sehe auf dem Bild das schüttere Haar, die Brille. Was ich noch weiß: seine Bleistifte, die er in einer Metallschachtel aufbewahrte, sein grüner Sessel. Eigentlich waren es zwei, die zusammengehörten. Die Heizung, die Heizung natürlich! Wie er mir beibrachte, mich um die Heizung zu kümmern. An Worte erinnere ich mich, an Sätze, an Gebote.

«Не читай на спине.» Lies nicht, wenn du auf dem Rücken liegst, das macht die Augen kaputt. Das sitzt so tief, dass ich bis heute nicht auf dem Rücken lesen kann. Ich ermahne mich, das nicht an die Kinder weiterzugeben, weil ich weiß, dass es nicht stimmt. Es hilft, den Satz auf Deutsch auszusprechen: «Lies nicht, wenn du auf dem Rücken liegst.»

Ich erinnere mich an die Märchen-Telefonnummer, die ich bei ihm, und nur bei ihm, anrufen durfte, an diesen Hauch von Geheimnis, an Radiergummis, die ebenfalls in der Metallschachtel liegen wie angeknabberte Bissen.

Djeduschka sitzt am Tisch und denkt. Er stützt beim Denken den Kopf auf die Hand, wie Männer auf Schriftstellerfotos das gerne tun. Дедушка schreibt. Seine Buchstaben sind eckig, die geraden Linien werden von Zacken gestört. Seine Hand zittert vermutlich. Er sitzt am Tisch, denkt, schreibt. Das weckt auch in mir sofort den Wunsch zu schreiben, obwohl ich die Buchstaben gerade erst gelernt habe. Ich weiß aber nicht, was ich schreiben soll. Ich schreibe dennoch. Ich bin fünf, sechs, sieben Jahre alt, keine Ahnung, was ich da schreibe, ich ziehe Buchstaben um Buchstaben, bis sich die Seite füllt. Da hat er bereits Krebs, aber er liegt noch nicht nur auf dem blassgrünen Sofa. Das Sofa ist neunzig Zentimeter breit, höchstens, aber die Lehne lässt sich so nach hinten kippen, dass es zu einem Bett mit Ritze wird. Da liegt er bis für immer. Im Krankenhaus liegt er auch monatelang.

Ich habe nie Auf Wiedersehen gesagt, ich habe nie versucht, ein gutes Wort für den Abschied zu finden, habe nie erfahren, ob es ein passendes Wort für Abschied gibt, weil: wiedersehen würden wir uns natürlich nicht. Das wusste дедушка, er liebte Fakten. Bei uns glaubte man nicht an Gott und nicht an den Himmel, und viele sagten, die Hölle, die kennen sie schon, die sei doch genau hier. Ich weiß nicht, was дедушка dachte, was nach dem Tod geschieht. Ob er an seinen Sohn dachte, an ein Wiedersehen mit ihm. Sie ließen mich nicht zu ihm, um Auf Wiedersehen zu sagen, schützten das Kind vor dem Tod. Das Kind war recht froh, hatte Angst, vor den Schläuchen, davor, diese Krankheit zu sehen, deren Name so hinterlistig klang. Wie ein gemeines Tier, das unbemerkt in den Körper kriecht. Und was, wenn ich ihn sehe, und dann Worte fehlen?

Bis heute dieselbe zittrige Angst. Als er starb, war seine Frau bei ihm, seine Nichte. Meine Mutter, die sich Urlaub genommen hatte, um bei ihm zu sein in den letzten Tagen, war kurz nach Hause gefahren. «Papa hat mich davor bewahrt», sagt meine Mutter und meint seinen Tod.

Ich bin das Kind. Ich will so sitzen wie er, am Tisch, denken, schreiben, Bleistiftende im Mund. Einmal nimmt er eine der Zeitschriften vom großen Stapel auf dem Tisch in die Hand und blättert darin, bis er seinen Namen unter einem Artikel findet. Den zeigt er mir, sodass ich nur staunen kann.

И. А. Слуцкий

«Kannst du das lesen?»

Klar.

«I. A. Sluzkij.»

«Und was glaubst du, wofür das I. A. steht?»

«Für deinen Namen. Ilja Aaronowitsch Sluzkij.»

Das will ich auch eines Tages haben, den Namen, der irgendwo steht.

«Kommt Mittag essen!», ruft Großmutter aus der Küche.

Die Fragen kommen erst heute. Was für eine Zeitschrift, was für Artikel? Ich nehme an, technischer Natur. War es Parkinson vielleicht? Die Krankheit, die den Stift so zittern ließ, die die Buchstaben mit Zacken verseuchte. Als Kind sehe ich: Seine Unterarme sind stark und mit blondem, kindlichem Flaum bedeckt. Er denkt gerne. Er spricht wenig, aber vielleicht kommt er auch neben den Frauen in der Familie nicht zu Wort, sie sprechen, streiten, nörgeln, bestimmen. Die Bleistifte sind immer gespitzt. Von Beruf war er Ingenieur.

War er das, oder habe ich mir das nur so gemerkt? Wie kommt es, dass ich Journalistin geworden bin, um die großen Fragen zu stellen, aber die wichtigsten übersehe. Die, woher ich komme. Was mein Großvater von Beruf war, genau. Schreibe meiner Mutter eine Nachricht, erkläre nicht, warum. «Ingenieur für Sanitärtechnik. Er entwarf Heizungen», schreibt sie zurück.

Sie sind alle Ingenieure gewesen in meiner Familie irgendwie. Nur Лёва nicht, der hat Bienen gezüchtet. Und ich nicht.

Er entwarf Heizungen, warum erfahre ich das erst heute, beim Schreiben, warum habe ich nie gefragt? Er entwarf Heizungen, schreibt meine Mutter innerhalb von Sekunden zurück. Gibt meinen Erinnerungen eine Ordnung, dieser ganzen Heizungsgeschichte. Verwirrt mich: Was schrieb er dann in diesen Artikeln?

Er schrieb Ratschläge für die «Zeitschrift der nützlichen Ratschläge». Theoretisches Wissen, er arbeitete nicht gern mit seinen Händen, schreibt meine Mutter. Einen langen Artikel zum Beispiel darüber, wie viele Eierschalen in die Erde um einen Apfelbaum beizumischen waren, damit die Apfelernte eine reichere wurde. Ausgerechnet, genau, und alle im Umfeld sammelten das Jahr über Eierschalen, um sie später auf der Datscha unter die Apfelbäume legen zu können. Die Apfelernte war bis auf drei Jahre sehr mau, fügt meine Mutter hinzu.

Ich antworte «danke».

An seine Finger erinnere ich mich nicht, an die gegerbten, vielleicht verdellten Fingernägel eines alten Mannes. Nicht an die Stimme, ob sie weich war oder kratzte oder nichts davon. Nicht an die Hosen, die Hemden, die Hausschuhe, die er mit Sicherheit in der Wohnung trug. An die Buchstaben erinnere ich mich, die zitternden, aber mit Nachdruck gesetzten. An den Nachdruck, wenn er seinem Sohn etwas erklärte, Лёва. Oder meinem Vater, den Männern eben. Stritten sie sich? Vielleicht. Ich höre die Stimmen. Wahrscheinlich stritten sie sich.

Der Tisch, an dem mein Großvater und ich sonst schreiben, wurde ausgezogen, da stehen nun Salate und eingelegte Feinköstlichkeiten in Kristallschüsseln, ein Fest, irgendjemand hat Geburtstag, da sind all diese Verwandten, die mir über den Kopf streicheln, das kluge, das gute Kind, das bin ich.

«Sie soll für immer so bleiben», sagen sie und blicken zu meiner Mutter. Mit diesen lieben, grünen Augen. Добрый, dobryj, auch ein Wort, das sich nicht übersetzen lässt. Mehr als lieb, mehr als nett, herzensgut vielleicht, vermutlich noch mehr, ehrlich gut, ohne Hintergedanken. Das, was sie alle waren, дедушка, бабушка, Лёва, das, was meine Kinder im besten Fall sein können, das schönste Wort. Streitet sich da, während sie mir über den Kopf streicheln, jemand, im dunklen Flur? Die Erinnerung entschwindet im Dunkeln, дедушка ist tot.

Beim riesengroßen Plastiksack wird die Erinnerung pragmatisch, es geht, immerhin, um die großen Themen der Kindheit. Der riesengroße Plastiksack wurde oben gelagert, im obligatorischen Zwischenboden der sowjetischen, mit Menschen vollgestopften Wohnungen, der direkt über den Türen unter die Decke eingebaut war. Über allen: der Tür zum Bad, der zur Küche, in dem Fall über der Kammertür im Schlafzimmer der Großeltern, in dem die Betten immer gemacht waren, mit seidenen schwarzen, mit rot-gelben Blumen bestickten Tagesdecken verhüllt. Stauraum über den Türen.

Антресоли, antresoli, ein Wort aus einer anderen Zeit, einer verschwundenen Welt, und mit Zwischenboden lässt es sich auch nicht wirklich gut übersetzen. Auch nicht mit einem anderen Wort. Auch nicht in eine andere Sprache. Verwöhnte Sprachen, die nicht geübt sind, Worte zu erfinden für Dinge, die Menschen erfinden, denen das Leben nichts schenkt.

Da ist er, der Ost-West-Konflikt. Er lässt sich buchstäblich in den Zwischenboden quetschen. Von da oben, von den антресоли jedenfalls holte дедушка diesen riesigen durchsichtigen Plastiksack. Darin: Kuscheltiere und Spielzeug. Einer meiner besten Freunde: braunes, schwarzes Fell, riesige Ohren, ein Grinsen im Gesicht. Чебурашка.

Чебурашка, Tscheburaschka: Das ist dieses Tier, das erst keinen Namen hat und dann einen Phantasienamen bekommt, das jedes russische Kind kennt und liebt. Das aus dem Zeichentrickfilm, in dem es Freundschaft besingt. Im Lied erzählt es, wie es im Spielzeugladen steht und niemand es kauft, weil niemand weiß, was das ist: ein bisschen Bärenfell, ein breites Kindergrinsen und die abstehenden Ohren, so groß beinahe wie der Kopf. Dann kommt Gena. Gena ist ein Krokodil, er kauft Чебурашка. Gibt ihm einen Namen, gibt ihm seine Freundschaft, Leben, Sinn, Liebe, was für mich als Kind alles dasselbe ist.

«Jetzt bin ich Tscheburaschka, und jeder Straßenköter reicht mir, wenn er mich sieht, die Pfote. Jetzt bin ich mit Gena, und er ist ein außerordentliches, ja das beste Krokodil der Welt.»

So soll das Leben sein, so klingt die Kindheit.

Чебурашка also, eine Puppe, Bausteine, die Erinnerung ist vage, aber der durchsichtige Plastiksack war groß. Djeduschka musste auf eine Leiter steigen, um ihn aus dem Zwischenboden zu holen, mein Held.

Dass es immer die Großeltern sein müssen, dass die Geborgenheit immer in ihnen steckt. Auf die Eltern sind wir in anderen Dingen angewiesen. Wir brauchen sie, um ihnen als Erwachsene die Schuld zu geben, für das, was wir nicht schaffen zu sein. Großeltern riechen nach Liebe, sie geben jede Strenge und jede Verbitterung für uns auf. Wir wissen, wir sind das letzte Licht, sie müssen es uns nicht sagen. Den Plastiksack leere ich mitten im Wohnzimmer auf dem Teppich aus. Mein Großvater sitzt am Tisch und schreibt.

Neben der Heizung bei meinen Großeltern in Petersburg steht der grüne Sessel. Genau genommen waren es zwei, sie standen sich gegenüber, im Dreißig-Grad-Winkel zur Mitte des Wohnzimmers hin. Sie waren gemustert, in einem giftigen Grün, einem krötengemeinen, ein Muster aus Samt, geschwungene Linien, ich fahre sie mit den Fingern nach. Später fällt mir ein, das stimmt nicht, das waren unsere Sperrmüllsessel in Deutschland. Die erst im Wohnzimmer standen, in unserer «eigenen Wohnung», und dann zu meiner Großmutter ins Zimmer zogen, als meine Eltern richtige Möbel kauften, in einem richtigen, großen Möbelhaus. Die Sessel in der Petersburger Wohnung meiner Großeltern sind einfach nur grün gewesen.

In einem der beiden Sessel sitzt mein Großvater. Augen: geschlossen. Schlummern oder Schmerz, die Krankheit, was eben heute gewinnt. Er schreibt nicht mehr. Die Bleistifte liegen immer noch gespitzt in einer metallenen Schachtel auf dem Tisch. Daneben in weiteren Schachteln und Blistern Tabletten.

Er soll was trinken, verlangt meine Großmutter klagend. Der Klage folgt ein Befehl. Er trinkt zu wenig, erzählt sie meiner Mutter am Telefon abends. Meine Mutter ruft aus einer Telefonzelle an, wir haben noch kein Telefon zu Hause, um nach mir zu fragen. Es geht mir großartig hier, bei Tage. Alle meine Wünsche werden erfüllt, bis auf den, nicht aufessen zu müssen. Nicht die Suppe, nicht den Brei, nicht die Frikadellen. Abends kommt ein schwarzer Ball an Heimweh angerollt. Einmal kauft бабушка mir ein Kaleidoskop, ohne Geburtstag, einfach, weil es das gerade im Kaufzentrum gibt. Man weiß nie, wann es wieder Kaleidoskope gibt oder andere Dinge in der Spielzeugabteilung des lange dahingestreckten Warenhauses. Das Einkaufen folgt in der Mangelwirtschaft nicht dem Wunsch, der Wunsch hat dem Angebot zu folgen.

Es gibt gerade blaue Turnschuhe!

Ah, genau die wollte ich haben!

Wobei, Turnschuhe gab es selten. Sie wurden außerdem an besondere Menschen verteilt, an Familien der Fabrikleiter, der Marktleiter, der Verkäuferinnen, an Menschen, die Beziehungen hatten. Ohne Beziehungen bist du nichts, ohne Beziehungen schaffst du gar nichts. Wir kamen nie dran, hatten, wie man sagte, «niemanden dort», у нас там никого нет. Man kaufte, wenn es etwas gab, um es dann später «zum Fest zu schenken». Hier, probier diese Jacke mal an, die gab es heute, bin zwei Stunden angestanden für sie, ah, sie passt dir, dann bekommst du sie zum Fest.

Ich musste als Kind nicht heimlich in Schränken nach Geschenken suchen.

Das Heimweh kam abends, kam donnernd: Einmal holt mich mein Vater noch spätabends bei den Großeltern ab. Er muss die Trambahn nehmen, dann die Metro, steigt dort um, dann läuft er wieder durch die windige Petersburger Kälte. Es gibt keine Sitzplätze in der Metro, man drängt sich aneinander, hat die Kraft für ein Lächeln bereits zu anderen Zeiten des Tages verbraucht. Meine Großeltern leben am Stadtrand, an der letzten Metrohaltestelle. Architekturbegeisterte deutsche Freunde, mit denen ich Jahrzehnte später die Stadt besuche, wollen unbedingt mit der Metro «da rausfahren», um die stalinistischen Bauten zu sehen. Ich zeige ihnen die Fenster der großelterlichen Wohnung, warte, während sie mein damaliges Leben fotografieren. Will möglichst schnell wieder in die Innenstadt zurück.

Auf der Rückfahrt schweigen mein Vater und ich, er hält, als wir umsteigen, meine Hand, damit ich im abendlichen Gewühl in der Metro nicht verlorengehe. Als ich am nächsten Morgen sage, dass ich zurück zu den Großeltern möchte, ein Rauch aus Empörung.

«Und abends, abends möchtest du dann zu uns zurück? Und dann soll ich dich wieder abholen? Weißt du eigentlich, wie lange ich morgens zur Arbeit fahre, und wie lange nach Hause, und dann noch mal ans andere Ende der Stadt, um dich zu holen? Das musst du dir genau überlegen.»

Ich muss mir alles im Leben genau überlegen, das bleibt.

Babuschka klagt über djeduschka am Telefon bei ihrer Tochter, klagt, er wolle nichts trinken. Nachdem sie über mich Bericht erstattet hat:

«Den Brei wollte sie nicht am Morgen, die Suppe auch nicht, ich weiß nicht, was dieses Kind isst!»

Über дедушка klagt sie, er trinke zu wenig. Дедушка sitzt immer noch im Sessel. Wir hören ihr beide zu, sagen nichts. Das Telefon ist schwarz. Es ist dunkel in der großelterlichen Wohnung, die im Erdgeschoss liegt.

Ich frage бабушка, ob ich die Märchen-Telefonnummer anrufen darf, wie früher. Wie дедушка mir das immer erlaubt hat.

Die Märchen-Telefonnummer: eine Nummer, unter der eine Stimme vom Band den Kindern Märchen erzählt. Ein telefonisches Paradies des Sozialismus. Zu Hause darf ich das nicht, es kostet Geld, sagt mein Vater. Alle anderen Anrufe innerhalb der Stadt kosten nichts, wie gesagt, wir leben im Sozialismus. Später, in Deutschland, klopft mein Vater an die Tür, wenn ich telefoniere, zeigt auf die Armbanduhr. Vielleicht klopft er auch gar nicht, zeigt einfach, ich flüstere, auf Russisch, dass ich gleich fertig bin.

«Das hast du schon vor fünf Minuten gesagt. Weißt du, was dieser Anruf kostet?»

Im Sozialismus gibt es auch noch eine Nummer, da ruft man an, um sich von einer tonlosen Frauenstimme die Uhrzeit sagen zu lassen. Das kostet nichts, da rufe ich sehr gern an. Es ist jetzt genau dreizehn Uhr und neunundfünfzig Minuten.

Ich darf, sagt бабушка. Es ist aber irgendwie nicht mehr dasselbe, seit дедушка im Sessel sitzt. Seit ich ihm das Märchen dann nicht mehr nacherzähle. Seit er mir nicht mehr zusieht, während ich mir das Märchen erzählen lasse. Der Krebs ist eine schweigsame Krankheit.

Wir werden zum Mittagessen gerufen, mein Großvater

und ich. Es gibt Щи, ausgesprochen Schtschi, aber eigentlich kann das niemand aussprechen, der nicht mit dieser Suppe aufgewachsen ist. Die fürchterlichste aller Suppen. Sauer schmeckt sie, nach Kohl. Der Kohl schwimmt darin. Da schwimmen auch kleingeschnittene Kartoffel- und Karottenstückchen, und am allerschlimmsten: Fleisch. Ich lade viel Smetana in den Teller, um den Kohl zu überdecken. Smetana, Sauerrahm, das Zauberwürzmittel für alle osteuropäischen Speisen. Die Suppe wird mit der Smetana fast sofort kalt. Smetana ist wundervoll weiß und cremig.

Mein Großvater kann nicht zum Essen kommen, er bleibt einfach im Sessel sitzen.

«Ein bisschen», sagt meine Großmutter, die, um diesen Satz zu sagen, ins Wohnzimmer läuft. «Du musst doch was essen.»

Ich gehe mir die Hände waschen. Das Badezimmer ist sehr klein und sehr dunkel, die Küche ist auch klein. Kleiner als mein Zuhause, das ich zu vermissen beginne, sobald ich die Suppe im Teller sehe, die dampfend auf mich wartet. Obwohl es zu Hause die gleiche Suppe gibt. Möglicherweise aus den gleichen sowjetischen Tellern, es ging bei den sozialistischen Fünfjahresplänen immerzu darum, Masse zu produzieren, nicht personalisierten Geschmack.

«Ich habe noch nicht einmal das Frühstück verdaut.» Дедушка hält, während er so spricht, die Augen geschlossen.

Abends, der tägliche Anruf, meine Großmutter wiederholt: «Zum Mittagessen sagt er, er hat noch nicht einmal das Frühstück verdaut.»

Den Krebs stelle ich mir wie ein Tier vor, das sich in Großvaters Körper geschraubt hat, in die Arme, die Beine, die Finger. Dass es die Prostata war, werde ich erst in

Deutschland erfahren, ich kenne das russische Wort nicht, sie schützen das Kind. Ich schlage es auch nicht nach, das russische Wort, lasse Prostata auf Deutsch stehen.

Ich löffele die blöde Suppe alleine, und meine Großmutter wacht wie ein Hund darüber, dass ich genug esse von der blöden Suppe.

Bevor mein Großvater sich in den Sessel setzte, bevor er sich auf das grüne Sofa legte, ernannte er mich noch zur Zuständigen für die Heizung. Die Heizung war zentral, das heißt, sie wurde gesteuert, deshalb Zentralheizung. Irgendwo, in einem Amt, in einem Schaltraum, was weiß ich, in einer Zentrale, in der sie wissen, was gut für uns ist, wird die Heizung gesteuert. Die Parteizentrale beschließt, dass es an der Zeit ist, die Heizung aufzudrehen. Die Heizungen aller Häuser, aller Wohnungen, der großen Kommunalkas, in denen sich aufgrund mangelnden Wohnraums mehrere Familien quetschten, Zwang-WG sozusagen, der kleinen Einzimmerwohnungen, in denen mindestens zwei Generationen sich am Zusammenleben zerreiben, aller Büros, aller Fabriken, aller Supermärkte und Bibliotheken, Theater, Museen, Schulen und Krankenhäuser, aller Gebäude der Stadt werden nun aufgedreht. Fünf Millionen Einwohner, eine zentral geschaltete Heizung. Im Spätherbst an, im Frühjahr aus, und nichts dazwischen. Was wunderten wir uns über, was bewunderten wir den Drehknopf an Heizungen in Deutschland. Eins, zwei, drei, vier, fünf und diese feinen schwarzen Striche zwischen den Zahlen. Die Herrlichkeit der Macht, ich will es wärmer, ich. Und genau jetzt. Oder kälter. Oder einfach nur an diesem schönen Rädchen drehen. Mein Vater ließ die Heizung aus und auch die

Fenster gekippt (noch so ein deutsches Wunder, kippende Fenster), meine Großmutter heizte, bis er schimpfte: Hier kostet doch alles Geld, auch die Heizung. Ich drehte an dem schönen Rädchen herum, wir waren zu Menschen mit eigenen Kälteempfindungen geworden. Diese Freuden des Westens. Erst als die Freuden sich in Selbstverständlichkeit verwandelt haben, fängt die Erinnerung an alles Verlorene zu schmerzen an. Für Tränen ist es dann zu spät, es ist irgendwie alles zum eigenen Leben geworden.

Zentralheizung also, damals. Angenommen, der Winter ist eines Herbstes früh dran. Angenommen, die Winde, die von der Ostsee eilen, treffen bereits im Oktober ein und schleichen sich durch die maroden Petersburger Wände. Aber die Heizung bleibt noch aus, sie sind in ihrer Zentrale gerade mit wichtigeren Dingen beschäftigt. Und wenn es andersherum ist, und wenn sich der Frühling bereits Anfang März traut: Die kniehohen Schneehaufen am Straßenrand schmelzen, als hätten sie es eilig, als käme ihnen der eigene Tod zu spät.

Сугробы, sugroby, die Schneewehen auf den Bürgersteigen, durch die wir winters in Filzstiefeln zur Schule stampfen, die Beine kniehoch hineinstecken und wieder herausziehen, wir setzen uns in den Schnee, mal rutschen wir in den Matsch am Rand, wir klopfen uns den Schnee vom nassen Hintern, bevor wir die Schule betreten, zu spät, eben wegen der Schneewehen. Es gibt diese Legende, dass die Inuit besonders viele Worte für Schnee hätten. Ich habe nachgelesen, dass das nicht stimmt. Aber die deutsche Sprache hat eindeutig zu wenig.

Wenn also der Winter weicht, wenn sich die Stadt aus dem Schnee wieder hochkämpft. Die Bürgersteige, die

Straßen grauer, zartweicher Matsch, Flüsse auf den Straßen. Jeder Trolleybus spritzt ihn von sich, uns Kindern bis ins Gesicht, den Erwachsenen vermutlich auch. Die zahlreichen Schlaglöcher gräuliche Seen, aber aus den Resten des Weißschnees auf den bald grünen Flächen kriechen zart die Schneeglöckchen hervor.

Подснежники, podsnezhniki. Schneeglöckchen. Unter-dem-Schnee-lein. Sie klingeln im Russischen nicht, aber wir können sie hervorkrabbeln hören, gegen alle winterliche Schwere.

Der Winter weicht, die Heizungen brüllen aber weiterhin ihre Hitze in die Wohnungen hinein. Der Zentrale sind die Unter-dem-Schnee-lein nicht aufgefallen, oder sie werden ignoriert, weil es nicht in die Pläne passt, dass sie bereits an die Oberfläche sprießen. Meine Großeltern leben im Erdgeschoss, und im russischen Erdgeschoss sind die meisten Fenster von außen vergittert. Der Einbrecher wegen. Sie lassen sich also nicht immer öffnen, und von kippen haben wir noch nie was gehört. Die Wohnung erstickt, wir auch. An der Heizung hängen увлажнители.

Увлажнители, uvlazhniteli: Luftbefeuchter, eine holprige Übersetzung, als würde «Luftbefeuchter» etwas erzählen. Behältnisse, an denen ein Haken hängt, mit dem sie wiederum in die Heizung eingehakt werden, mit Wasser gefüllt. Das Wasser verdunstet nach und nach und sorgt für Luftfeuchtigkeit im Raum. Дедушка erklärt mich zur Zuständigen für die увлажнители: Ich fülle sie nach, ich trage sie, vorsichtig, sodass ich nichts verschütte, zur Heizung. Ich kontrolliere alle drei Zimmer, auch die Küche, jeden Morgen und ungeduldig danach. Dem Wasser beim Verdunsten zusehen: Das hat er mich gelehrt.

Jahrzehnte später, vor ein paar Jahren, um genau zu sein, in einem Hotel in Polen. An der Heizung hängt ein gelber Luftbefeuchter, auf dem Störche abgebildet sind. Er macht keinen Sinn in diesem Hotel in Polen, in dem die Heizung sich mit einem kleinen Rädchen regeln lässt. Ich packe ihn in den Koffer, bevor wir uns am nächsten Tag auf den Weg machen. Ich klaue zum ersten Mal im Leben: einen Luftbefeuchter.

Zu Hause hänge ich ihn im Schlafzimmer an die Heizung. Tue mich schwer, den Kindern zu erklären, wozu es da ist, dieses Ding. Sie sagen dazu: «Das Ding mit den Störchen drauf.» Der Kleine sagt: «Der ist schön, der Storch.»

Ich habe ihn noch nie mit Wasser gefüllt, diesen увлажнитель, aber er hängt da bis heute. Meine Mutter würde sagen: «Дедушке на память.» Dem Großvater zum Angedenken.

Ich gebe dieser Geschichte Worte, dem Tod, der Angst, der Liebe und all jenem, das nicht gesagt worden ist. Ich erzähle mich, und das Wissen, dass es mich nicht ohne uns gibt. Ich kralle sie mir, diese Geschichte, obwohl und weil sie nicht mir gehört. Лёва starb am 9. August und Großvater am 10. September des folgenden Jahres, vor dem 11. Oktober hatte ich im Jahr darauf natürlich Angst. Jahrzehnte später heiratete ich an einem 11. Oktober, hatte vergessen, das Datum mit dem Tod in Verbindung zu bringen. Wie lange hält Erinnerung, wie lange halten wir sie in den Händen, wann weicht der Ekel vor vergrabenen Bildern, wann löst sich die Sehnsucht endlich auf?

БАБУШКА

Babuschka: Oma. Eines der schönsten russischen Worte, eines der schönsten Worte der Welt. So zart und so, so sicher.

Fragen, nicht gestellt: Die drei Monate langen Sommerferien verbrachte бабушка jedes Jahr mit mir auf der Datscha, und дедушка: Wer kümmerte sich um ihn, der an Krebs erkrankt war, wer kochte ihm etwas zu essen? War er alleine, den ganzen Sommer, den ganzen Tag, jede Nacht, alle Schmerzen. Бабушка kümmerte sich statt um den todkranken, geliebten Ehemann um die Datscha, den Garten. Jätete Unkraut, goss Erdbeeren und legte Gurken ein, für den Winter, ermahnte mich.

«Du hast mir noch versprochen, die Äpfel aufzusammeln, im Haus zu kehren, den Hund in den Wald ...», winkte am Ende ab, wenn ich mich jeden Tag aufs Neue vor den Aufgaben davonstahl, erntete Kartoffeln, empörte sich über Raupen, die sich in die Himbeeren fraßen, und über meine ungekämmten Haare gleichermaßen. Kochte Rhabarber zum Kompott, schickte mich mit den anderen Kindern jeden Dienstag grausam früh zum Milchholen, weil der Milchwagen, der einmal die Woche kam, niemals genug Milch für alle brachte und es wichtig war, sich möglichst früh anzustellen. Kochte Mittagessen auf dem gusseisernen schwarzen Ofen, den sie mit Holzscheiten anheizte, die mein Vater am Wochenende hackte, und verlangte, dass ich die von ihr auf dem Ofen gekochte Suppe aufaß, saß neben mir beim Frühstück und sah mir dabei zu, wie ich lustlos und unwillig den Brei Löffel für Löffel in mich hineinzwängte.

«Wenn du wachsen willst, musst du es essen.»

«Du gehst nirgendwohin, bevor der Teller nicht aufgegessen ist.» Ich hasste, wie der Brei wabbelte, und auch die Milchhaut, die sich manchmal über ihn legte.

Verlangte, dass ich eben morgens, bevor ich loszog, Äpfel aufsammelte. Die weißen, kleinen, safttriefenden, Sorte белый налив.

Белый налив, belyj naliw: Weiße Äpfel. Klein, rund, Äpfelchen, möchte man sagen. So weich, empfindliche Prinzessinnen, die braune Stellen bekommen, sobald sie den Boden berühren. Der Boden ist weich, aber die Äpfel sind noch weicher, verletzlich. Schmecken süß, der Saft tropft, er rinnt das Kinn entlang, perlt in die Kuhle am Hals, klebt am T-Shirt-Rand, hinterlässt klebrige Flecken. Der Geschmack ist der Zunge nie vergangen, die Sehnsucht danach. Wie die Kindheit manchmal an Gegenständen hängt, wie mit Seilen geknotet. Alle späteren Äpfel scheinen zu hart, scheinen zu schwer, zu groß. Scheinen keine Äpfel zu sein, obwohl sie wie Äpfel in deutschen Bilderbüchern aussehen, schön rot.

Frage, nicht gestellt: Wie das mit der Liebe war bei ihnen, bei бабушка und дедушка, war die Liebe eine Sorge, eine Pflicht, eine Erinnerung, eine Geschichte, war da Liebe, welche Farbe hatte sie, welchen Geruch? Wer kochte dem todkranken дедушка etwas, während бабушка mich zwang, die Suppe aufzuessen? Wie war das, wenn sie sich nach dem Sommer, nach den drei Monaten wiedersahen? Was sagten sie sich, gab es einen Kuss, zwei, eine Umarmung? Telefone gab es damals in vielen Wohnungen in Petersburg nicht, geschweige denn auf der Datscha.

«Wenn du die Suppe nicht aufisst, gibt es nachher keine Suschki.»

Бабушка guckte nicht so genau hin, wenn ich mich in die Küche schlich, um Zwieback und сушки, ein grandios nach nichts schmeckendes Kringelgebäck, für meine Freunde zu stibitzen. Ich stellte mich dafür auf einen Stuhl, trug den Stuhl wieder zurück in die Stube, hinterließ Krümelspuren und die Terrassentür geöffnet, rannte barfuß davon.

Бабушка trug im Garten immerzu etwas Geblümtes, ein Kleid, manchmal auch eine synthetische schwarze Trainingshose und einen weißen Hut mit Krempe, gegen die Hitze. Sie war nicht bei дедушка, dachte aber vielleicht an ihn, während sie das Unkraut zum Kompost schleppte und sich den Schweiß mit der Rückseite der Hand aus der Stirn wischte. Auf der Handinnenfläche Erde, auch unter den genau oval gefeilten Fingernägeln, Erde, die sich in die müden Rillen der Finger frisst, fragt nicht nach Sehnsucht, fragt nicht nach Erschöpfung. Бабушка ruft mir tadelnd hinterher:

«Wo ist dein Hut? Die Sonne.»

«Warst du schon mit dem Hund im Wald?»

Sie klingt tadelnd, aber sie tadelt nicht, das ist ein den Großeltern vorbehaltenes Talent. Ich sollte auch einen Hut tragen gegen die Hitze, vielleicht war der Hut ebenfalls weiß. Wie ihrer. Das wäre eine schöne Geschichte, weil die meisten schönen Geschichten erfunden sind. Ich versuchte, eine Telefonleitung aus Seil und Blechdosen zwischen meinem Fenster und dem des Nachbarjungen zu installieren. Der Nachbarjunge war ein Jahr jünger als ich, Andrjuscha.

Бабушка sah also drei Monate lang nicht ihren kranken Mann. Und die Liebe, litt sie darunter, hielt sie die Sehnsucht wach, während ich, erschöpft vom Gerenne des Tages, schlief, mit ewig dreckigen Füßen, im Bett nebenan, im selben Zimmer, weil es am einfachsten war, nur ein Zimmer im Haus zu heizen? Asta, unsere Hündin, schnarchte in der Stube. War die Sorge wie Stein, war sie wie Donner, war sie wie Schuld? Auf der Datscha gab es noch nicht einmal fließend Wasser.

Auch so ein Wort: Умывальник. U-my-wal-nik, so ein herrliches Wort. Kann man nicht übersetzen, geht einfach nicht. Умывальник: ein Gefäß, blechern, ehemals blau, das Blau blättert in Wolkenformationen ab, es hat Dellen. Hängt über einem Waschbecken im Garten neben der Terrasse und wird von Hand mit Wasser gefüllt, nein, von Händen. Hände schleppen schwere Wassereimer vom Brunnen, Schwielen an diesen Händen, Muskelkater in den Oberarmen, Müdigkeit überall, bis in das Morgengrauen. Unten im Gefäß ein ausgefrästes Loch, es wird mit einem länglichen Metallstöpsel verschlossen. Schiebt man diesen Stöpsel nach oben, fließt Wasser. «Schnell, Lena, wasch dich doch. Was stehst du denn rum, wo guckst du denn hin? Wasch dir jetzt die Hände, verbrauch nicht so viel Wasser!»

Wasser ist Eimer ist Kraft ist Brunnen ist Kraftlosigkeit sind Schritte in der Hitze sind Schwielen sind das Leben ist ein Muss. Die Ambivalenz meines kindlichen Lebens:

«Wasch dich, Lena, schnell. Aber gründlich, du kannst doch nicht schon fertig sein. Zeig mal die Hände.»

Der Dreck sitzt fest, der aus dem Wald, Pilze gesammelt, Heidelbeeren gepflückt und sofort auf die Zunge gelegt, Johannisbeeren auch, Kaulquappenzucht aufgefüllt, Regenwürmer zum Angeln ausgegraben, alles mit den eigenen Händen, gejätet auch, nicht so viel, wie бабушка gerne wollte, eigentlich nur so, dass sie denkt, man hätte gejätet, aber ein paar Erdbeeren abgerupft, dreckiges Wasser aus dem Graben hinter den Häusern geschaufelt, um es, ach, man braucht es für so viele Dinge, endlose Sommertage, es dauert, bis die Hände unter dem kalten Brunnenwasser sauber sind.

Fragen, nicht gestellt. Wer füllte den умывальник, als Großvater schon auf dem Sofa lag, auf dem blassgrünen, wer schleppte die Wassereimer? Бабушка wahrscheinlich, der Nachbar vielleicht. Man war hilfsbereit, aus der Not heraus, genauso wie aus Nächstenliebe. Am Wochenende sicher mein Vater, und ich, noch sicherer, nie.

Die Eltern kamen am Wochenende, sie schleppten Tüten mit Lebensmitteln an, Körbe und Taschen und alles, was Fassungsvermögen enthielt, sie sagten dazu: auf ihren eigenen Rücken, wie Esel. Lebensmittel für Großmutter und mich, für die Woche. Nudeln, Butter, Brot, Getreide für diese matschigen Breie am Morgen.

«Alles», würde meine Mutter sagen, «alles auf unseren eigenen Rücken.» Sie würde von den überfüllten Zügen erzählen, in denen sich die Menschen gegenseitig den Platz, die Luft und den Respekt nahmen, diese eine Fahrt am Freitagabend, nach dem langen Arbeitstag, nach der endlosen Woche, die Züge so voll, dass man häufig einen und noch einen verpasste: Es konnten sich nicht alle hineinzwängen. «Alles nur für dich», würde meine Mutter möglicherweise sagen. Ich aber durchsuchte die Tüten zielsicher nach Zwieback und Suschki, um mit vollen Händen wieder zu meinen Freunden zu verschwinden.

«Wann bist du wieder da?»

«Bald.»

Alles nur für mich, seitdem möchte ich nichts mehr haben und nehme, auch ohne zu wollen, zu viel. Es ist so viel da, von ihrer großen, endlosen, ermüdenden Liebe.

Im Gegensatz zu бабушка passte meine Mutter auf wie ein Luchs: dass ich nichts von dem Süßkram klaute vor dem Mittagessen. Oder danach. Also einfach gar nicht. Sie kam am Freitagabend, es war ein anstrengendes Wochenendregime. Niemand winkte mich seufzend durch und ab.

«Schau mal, wie sie herumrennt», warf meine Mutter бабушка vor.

«Du bist die Mutter, dann erzieh auch du», antwortete бабушка. Ich hörte das, küsste бабушка nicht, hätte sie aber an dieser Stelle küssen sollen. Am Sonntag fuhren sie wieder in die Stadt, nach Petersburg, und schleppten wieder Tüten und Körbe und Taschen zurück: Zucchini, Gurken, Radieschen, Kartoffeln, Beeren aus dem Garten und alles, was für den Winter bereits eingelegt und eingekocht worden war. Ich winkte ihnen, erleichtert, zu. Wenn sie um die Ecke bogen, da war die Freiheit.

Als ich klein war, hasste ich die Sonntage, wollte nicht, dass die Eltern fuhren. Das ist aber nur eine Geschichte, eine, die meine Mutter erzählt. Eine, in der ich mich nach ihr sehne. Дедушка brachte mich in den Wald, Pilze sammeln, damit ich sie nicht fahren sah, nicht schrie und weinte. Sie lenkten mich ab, und heute fällt es meiner Mutter so schwer, ihre Enkelkinder von ihrem Schmerz abzulenken.

«Es ist alles gut», sagt meine Mutter.

«Du siehst doch, dass für ihn gerade nicht alles gut ist. Lass ihn!», zische ich sie an, und sie zuckt zusammen. Und das Kind weint einfach nur.

Ich erinnere mich nicht, wie ich weinte, weil sie wegfuhren, meine Eltern, aber ich glaube meiner Mutter. Wir erzählen alle unsere Geschichten.

Später ordne ich meine Geschichte, aber nichts ergibt einen Sinn. Das Erzählen weigert sich, ein trotziges Kind, aufgeräumt zu werden. Ich erzähle eine Geschichte, die uns allen gehört, ich sammle alle ihre Geschichten in meiner. Ich eigne mir Menschen an, ich weiß nicht, ob ich im selben Satz sagen darf, die ich liebe. Ich schmuggle Entschuldigungen zwischen die Worte. Ich weiß nicht, ob sie die Entschuldigungen lesen können.

Zwischen den Zeilen lasse ich Platz. Für alles, was wir beschweigen, für den Respekt. Für alles, was uns zusammenhält.

Woran sich Babuschka in Deutschland freute, außer an mir, an uns. Der Stolz, weil sie mir mein erstes deutsches Fahrrad besorgte. Von ihrem türkischen Freund geschenkt bekommen, von «diesem Türken», этот турок. So nennen wir den Mann, den meine Großmutter bei ihrem täglichen mehrstündigen Spaziergang trifft. Jeden Tag geht sie in den Park, immer dieselbe Strecke. Jeden Tag trifft sie diesen älteren türkischen Mann. Sie nicken sich zu, lächeln. Mein Vater und ich witzeln, dein Kavalier.

«Na, hast du heute wieder deinen Kavalier getroffen?» Sonst gibt es nichts, was ich sie am Nachmittag, wenn ich von der Schule heimkomme, fragen könnte. Meine Großmutter trifft niemanden, hat keine Freunde in diesem Land, fährt nicht alleine mit dem deutschen Bus. Sie hat ihren Radius, entweder Richtung Park oder Richtung Felder. Sie hat wenige Bücher, ich habe ihr alles, was es in der Stadtbücherei an russischen Büchern gibt, bereits ausgeliehen. Sie hat uns, die wir nach Hause kommen, hungrig, steht in der Küche, das Essen in Pfannen bereit, um aufgewärmt zu werden. Manche Speisen stellt sie direkt im Topf unter ein Kopfkissen, damit sie warm bleiben, dann schimpft sie mich, wenn ich mit dem späteren Bus nach Hause komme: «Nu, wo warst du? Ich hab dein Essen unter dem Kopfkissen!» Manchmal fährt meine Mutter mit ihr zum Arzt, und wenn meine Eltern am Wochenende Freunde besuchen, nehmen sie sie mit, wofür sie sich eine Bluse anzieht, gelb oder mit Blumen bedruckt. Sie hat noch keine russischsprachigen Fernsehsender, es dauert noch ein paar Jahre, bis sich die russisch-migrantische Infrastruktur in Deutschland so weit entwickelt. Sie hat mich, die sie fragt: «Habt ihr heute eine Arbeit zurückbekommen? Und welche Note hat Steffi?»

Hat mich, die ich gereizt brumme und ein Buch aufschlage, sobald ich über den Bratkartoffeln sitze. Klemme das Buch unter den Teller, damit es an der richtigen Stelle aufgeschlagen bleibt, schaue nicht auf. Hat ihre müde Tochter, einen Enkelsohn, der in einer anderen deutschen Stadt studiert, die sie nicht zu Gesicht bekommen wird. Hat den Schwiegersohn, der manchmal zu ihrer Tochter sagt: «Wir müssen sie doch nicht überall mitnehmen, die Mama, wir können doch auch mal ohne sie irgendwohin.»

Hat nicht mehr ihren Sohn, ihren Mann, ihre Schwester, hat viele Erinnerungen, blättert immer wieder Fotos und Briefe durch, in einem alten grünen Sessel vom Sperrmüll.

Macht ihr Bett jeden Morgen ordentlich, deckt es mit der gelb-braun karierten Decke des ertrunkenen Sohnes zu. Wahrscheinlich macht sie auch mein Bett und wischt vermutlich, wenn wir alle das Haus verlassen haben, die Böden. Warum fällt mir das alles erst jetzt beim Schreiben auf? Ich küsse sie jedes Mal auf die faltige Wange, bevor ich die Tür zu meinem Zimmer schließe, bevor ich irgendwohin eile, ich sehe ihre Einsamkeit, aber stelle keine Fragen. Бабушка versteht nicht, warum die Deutschen ihr Wasser mit Kohlensäure trinken. Hat diesen alten türkischen Mann als Freund, dem sie jeden Tag zunickt.

«Er kann kein Deutsch», erzählt sie uns. Sie spricht Jiddisch mit ihm, oder sie sprechen gar nicht. Vielleicht nicken sie sich auch nur zu, lächeln, «dieser Türke» und sie.

Eines Tages gehe ich mit meiner Großmutter spazieren, ich weiß gar nicht, warum. Aus Langeweile vielleicht oder aus Einsamkeit, meine eigene, weil ich eine Klasse übersprungen habe und alle mich für eine Streberin halten. Ich nehme mein Buch mit, und meine Großmutter zeigt mir eine gute Bank zum Lesen.

«Diese hier ist sehr gut. Im Schatten, sauber, hier kommen nicht viele vorbei.»

«Sitzt du immer hier?»

«Ja, wenn ich was lese. Ich habe noch eine andere, da weiter in den Park hinein.»

Ich lerne das Leben meiner Großmutter kennen: hier eine Parkbank, dort eine andere. Ich möchte nicht weiter in den Park hinein.

«Dieser Türke» kommt vorbei, nickt uns zu, lächelt freundlich. Abends mache ich Witze: «Ich habe Großmutters Kavalier gesehen. Schön war er, sehr schön.»

Keiner von uns weiß, ob er wirklich Türke ist, wir nennen ihn nur so. Am nächsten Tag schleppt er ein weißes Fahrrad für mich an und übergibt es meiner Großmutter. Was sagt er zu ihr, was antwortet sie? Danke, vermutlich, «a großn dank», auf Jiddisch. Das Fahrrad steht vor der Haustür, als ich von der Schule komme.

«Ich weiß nicht, woher er das hat. Vielleicht von seinem Enkel», sagt meine Großmutter und zuckt mit den Schultern. Er kann ja kein Deutsch, sagt meine Großmutter, die überzeugt ist, dass ihr Jiddisch ein wenig wie Schwäbisch klingt.

Mein zweites deutsches Rad: ein rosafarbenes Mountainbike von Aldi.

Ich habe meine Großmutter nie nach der Einsamkeit gefragt. Ich weiß nicht, was ihre schönen Momente in Deutschland waren, ich erinnere mich dunkel, dass sie russisches Roggenbrot vermisste. Ich weiß genau, wie sie Dinge zu vergessen begann, wie sie alles noch mal und noch mal fragte. Ich war siebzehn, machte mir das zunutze.

«Ich hatte dir doch gesagt, dass ich später komme. Ich hatte es dir auf jeden Fall gesagt!»

Mit achtzehn, als meine Eltern im Urlaub waren:

«Doch, sie hatten erlaubt, dass ich mit dem Auto in die Schule fahre. Und ja, auch dass ich erst um elf nach Hause komme. Du hast das einfach nur vergessen.»

Ich küsse ihre süß riechende, faltige Wange, weil sie trotzdem noch бабушка ist. Und ich ein schlechtes Gewissen habe. Aber das schlechte Gewissen ist kleiner als der Wunsch, abends noch diesen Jungen besuchen zu wollen.

Die sechste Klasse lassen sie mich überspringen. Ich werde nicht gefragt. Die Lehrer meinen, dass ich unterfordert sei, und mein Vater kann nicht aufhören zu nicken.

«Natürlich überspringt sie», mischt sich бабушка ein.

«Überspringen?», sagt meine beste Freundin, und es klingt nicht wie ein Kompliment.

«Wir bleiben trotzdem Freundinnen», sagt sie, aber es klingt nicht, als würde sie das noch wollen. In der neuen Klasse bin ich die Streberin, die Neue, die trotz Überspringen immer noch die besten Noten schreibt. Die Lehrer machen den Fehler, die anderen auch noch darauf hinzuweisen, sie blicken alle zu mir. Es sind keine guten Blicke. Auf dem Pausenhof suche ich meine beste Freundin, sehe ihren zu mir gedrehten Rücken. In Mathematik muss ich einiges aufholen, vielleicht ist das Großmutters beste Zeit: wie wir nachmittags auf ihrer Bank im Park sitzen und sie mir die verschiedenen Rechenwege erklärt. Den Schreibblock halte ich auf den Knien, das Mathematikbuch hält sie. Ich rechne, sie rechnet nach. Sie lobt mich, erzählt abends den Eltern von meinen Fortschritten, zählt die Seiten nach, die wir noch durchnehmen müssen.

«Und, welche Note hast du in Mathe bekommen?»

«Wir haben die Arbeit noch nicht zurück.»

«Und wann bekommt ihr sie?»

«Das weiß ich nicht, das hat niemand gesagt.»

Ich schreibe eine Eins, Großmutter abends: «Nu, sag ihnen schon, was du in Mathe bekommen hast.»

Sie hassen einen in der Schule dafür, dass man in Mathe Einser schreibt. Also höre ich auf, mit meiner Großmutter in den Park zu gehen.

Ich habe schon lange aufgehört zu erwähnen, dass ich

aus Russland komme. Tue einfach so, als ob, tue so, als würde ich in einem Reihenhaus wohnen. Als hätte ich nachmittags Tennis und am Donnerstag immer Klavier. Tue so, als wüsste ich, was ein Weihnachtsstollen ist, obwohl wir kein Weihnachten feiern und ich nur ahne, dass das etwas zu essen ist. Tue so, als ob, tue, als hätte ich keine Familie, als wäre ich ein anderer Mensch. Mittags wartet бабушка mit dem Mittagessen auf mich, und manchmal schauen wir nachmittags ihren Lieblingsfilm, «Pretty Woman».

NOCH ZWEI DJEDUSCHKAS

Der andere Großvater, der väterlicherseits, war an der Front gefallen, im Zweiten Weltkrieg. Keiner weiß, wo, keiner weiß, unter welchen Umständen, mein Vater weiß nichts über seinen Vater, er hat erst, als mein Bruder auf die Welt kam, verstanden, was ein Vater ist.

Manchmal am Wochenende fahren mein Vater und ich zum Friedhof. Пискарёвка, Piskarjowskoje-Friedhof: eine Massenbegräbnisstätte von Opfern der Blockade um Leningrad und Verteidigerinnen und Verteidigern der Stadt im Zweiten Weltkrieg, im Großen Vaterländischen Krieg. Wir bringen Nelken zur Gedenkstätte mit, legen sie neben anderen Nelken ab, stehen vor dem Ewigen Feuer. Die Nelken haben wir vor der Metrostation einer Babuschka mit Kopftuch abgekauft, wie all die anderen auch. Wir schweigen, lesen immer wieder dieselben Tafeln mit Sätzen, Dokumenten, Erinnerungen. Am meisten mag ich die Tagebuchseiten von Tanja, einem Mädchen, das den Krieg beschreibt, ein Anne-Frank-Äquivalent. Die Zahl derer, die wie mein Großvater ohne Ort, ohne Namen ums Leben gekommen sind, ist endlos. Ich sehe ins Gesicht meines Vaters, auf dem ich keine Träne finde, also schweige ich noch ein paar Minuten. Lerne, hier im Dunkeln, zwischen roten Nelken und gelbem Feuer, zu gedenken, zu schweigen.

An den Wochenenden, an denen wir nicht zur Пискарёвка fahren, gehen mein Vater und ich in die Eremitage oder ins Russische Museum, manchmal in die Philharmonie, für meine Bildung. Wenn ich es mir aussuchen darf, so wähle ich die Kunstkammer: Dort kann man die anatomischen Abnormitäten, Fehlgeburten, missgebildeten Föten sehen, die Peter der Große in Gläsern sammeln und ausstellen ließ. Die liebe ich sehr, das Gruseln liebe ich, das Kribbeln, wenn die Augen flüchten wollen. Und das Eis im Café Лягушка nach dem kulturellen Bildungsprogramm. «Frosch» heißt es, die Wände grün. Die Kellnerinnen unfreundlich, aber sie tragen feierliche weiße Schürzen, und die Eiskugeln werden in Metallkelchen gebracht. Mein Vater schaut mir zu, wie ich das Eis verschlinge.

«Willst du kein Eis?»

«Nein, ich mag Eis nicht so sehr.» Kurz blitzt der Gedanke auf, sagte er das nur so, mir zuliebe, vielleicht nahm er kein Eis, um zu sparen. Dann fällt mir ein, in Deutschland isst mein Vater auch kein Eis.

Ich lasse das Eis auf der Zunge liegen, bis die eben eiskalt ist, bis ich sie nicht mehr spüre. Mein Vater beobachtet mich, wir schweigen, manchmal rede ich, meistens erklärt mir mein Vater etwas. Es ist wichtig, dass wir mich beim Eisessen weiterhin fortbilden.

Manchmal spielen wir Kinder Rote gegen Weiße, also Sowjets gegen Deutsche, Rotarmee gegen Nazis, und niemand will weiß sein, deshalb zwingen wir die Kleinen. Manchmal zwingen die Großen mich. Wir rufen: «Gitler kaputt!» und «Chände choch», weil die Russen das deutsche «H» wie ein «G» aussprechen. Die Russen essen «Gamburger» und haben «Gesse» und «Geine» unbedingt gelesen. Wobei, sie haben «Gejne» gelesen, das weiß doch keiner, dass die Verbindung von «e» und «i» wie ein «ei» ausgesprochen wird. Die Sprache derer, die kamen, um uns zu vernichten, und wer hat ihn am Ende gewonnen, den Großen Vaterländischen Krieg? Es ist, wenn man Kind ist, beruhigend zu wissen, dass man auf der richtigen Seite steht. Sie bringen uns nicht bei, Geschichtsschreibung zu hinterfragen, sie zeigen mit dem Finger auf die andere Seite. Die andere Seite ist böse, aber wir haben gehört, es gibt dort auch gute Sachen, Barbies zum Beispiel. Wir hören das, aber äußern uns nicht laut dazu, immerhin, es geht hier um die Deutschen.

Ich schreibe «wir» auf, auch das haben sie mir nicht beigebracht, ich zu sagen. Das lerne ich erst in der deutschen Sprache.

Такова жизнь, sagt mein Vater, so ist das Leben.

Es gab noch einen anderen Großvater, einen, den ich mit allen anderen Kindern der großen Sowjetunion teilte. Im Russischen kann ich die Worte drehen, verschieben, sie dahin stellen, wo ich sie am schönsten finde, mit ihnen machen, was ich will. Ich kann auch aus Opa Lenin Lenas Opa machen, wenn ich das möchte:

Дедушка Ленин.

Ленин дедушка.

Lenin, wenn man das Wort nicht als Nachname denkt, nicht als Namen des großen Führers, ist eine deklinierte Form von Lena. Zeigt den Besitz an, alles, was mir gehört. Lenas Haus beispielsweise ist dasselbe wie Lenin Haus, Ленин дом.

Opa Lenin ist also Lenas Opa. Der Großvater, der den

Spielzeugsack vom Zwischenboden holt, in dem Tscheburaschka steckt. Der mich die Märchen-Telefonnummer anrufen lässt, obwohl sie etwas kostet.

«Verwöhn mir nicht das Kind», sagt meine Mutter zur бабушка, zu дедушка. Großeltern und Enkel, diese närrische Liebe. Vielleicht, weil die Kleinen nicht nach der Lebenszeit fragen, und die Alten schweigen sie weg, beschweigen, dass sie bald nicht mehr sind. Sie erzählen manchmal von früher, früher war Krieg. Sie erzählen nicht von früher, als alles noch besser war, weil es das nicht gibt: dass es einmal besser war. Wir leben in dem Land, in dem die Menschen am glücklichsten sind. Die Menschen wissen, hier war noch nie etwas gut gewesen, obwohl die Partei uns das Gegenteil einimpft.

У нас лучше всех. Bei uns ist besser als bei allen.

Dass Opa Lenin mein eigener Großvater war, ich war überzeugt davon. Der Größenwahn aus grammatikalischen Gründen. Ich stelle Worte um. Der, von dem sie alle sprechen, den wir besingen, in unseren schönsten Kleidern, mit ordentlichen Zöpfen, mit durchgedrückten Rücken, ist Großvater, meiner. Wenn wir diesen meinen Großvater besingen, besingen wir ganz nebenbei auch mich. Obwohl mein Großvater, der mit dem Plastiksack und der Märchen-Telefonnummer, irgendwie nicht der ist, der von den Wänden auf uns herunterschaut. Er ist auch nicht der aus Stein auf einem Sockel, vor den wir rote Nelken legen, weil wir ihn so lieben, wie sie es uns gesagt haben, mit dem ganzen Herzen. Wie Kinder Unstimmigkeiten hinnehmen. Woher soll man denn auch wissen, was stimmt und was nicht? Die Welt ist eine Aneinanderreihung von Unstimmigkeiten, und die Erwachsenen sind groß im ursprünglichen Sinne:

Sie sind größer. Immerzu sieht man auf, immerzu ihre Köpfe da oben, so viele Worte aus ihren Mündern, alle mit Ausrufezeichen, über ihnen nur noch Hochhäuser, über den Hochhäusern nur noch Wolken.

Wie lange dauert es, bis ich es akzeptiere: Die beiden Großväter haben nur die Glatze gemeinsam. Und einen der Großväter teile ich mit allen anderen Kindern der Sowjetunion.

Дедушка Ленин, Opa Lenin, Wladimir Iljitsch, der große Führer der Revolution, der Mann im goldenen Rahmen. In der Schule, im Kindergarten, im Wartezimmer der Poliklinik, in die ich zum Impfen und bei Erkältungen gebracht wurde, private Arztpraxen gab es ja nicht, weil Opa Lenin kein Privateigentum mochte, und wahrscheinlich auch sonst in jedem öffentlichen Gebäude der Stadt. Bestimmt haben sie schon in der Krippe mit der Propaganda begonnen, uns beizubringen, wen wir lieben mussten. Opa Lenin nämlich. Aus ganzem Herzen, sagten sie dazu, nur dass wir Kinder da nichts falsch verstehen. Weiterhin sagten sie, wir sollten unsere Eltern lieben. In exakt dieser Reihenfolge sagten sie das.

Letzteres wurde auch zu Hause wiederholt. Nicht so direkt, auf die subtilere Weise.

«Du bist doch ein gehorsames Mädchen, oder?»

«Oder willst du, dass die Oma nie wieder zu dir kommt?»

«Oder willst du, dass die Mama aufhört, dich zu lieben?» Sonderbar, obwohl sie beides androhten, hatte ich genau davor niemals Angst: dass die Oma nie wieder zu mir kommt oder dass die Mama aufhört, mich zu lieben. Ihre Liebe, zu groß für meine Ängste.

Opa Lenin, der mit dem Herzen zu lieben war, ist der Mann mit Glatze, der Mann im Profil, der Mann mit dem Schnauzer, er ist der Mann mit dem Bart, der eckigen Nase. Er ist schwarz-weiß, so hängt er über unseren Kindergartenbetten.

Mittagsschlaf ist obligatorisch, wer nicht schläft, wächst nicht, auch so eine Drohung. Es gibt so viele Dinge, an denen unser Wachsen scheitern kann, besonders das Wachsen zu einem rechtschaffenen Menschen. Wenn wir den morgendlichen Brei nicht aufessen, wenn wir nicht auf die Erwachsenen hören, wenn wir uns nicht die Hände waschen, hören wir ebenfalls auf zu wachsen. Zwei Reihen mit Klappbetten aus Metall, meine gesamte Kindheit in Reihen, in ordentlichen Linien, wie mit dem Lineal gezogen. Tagsüber werden die Betten abgebaut, damit wir Kinder uns im Kreis versammeln können, um beispielsweise die Kalendermonate in der richtigen Reihenfolge zu lernen. Januar, Februar, März, so ziehen sich die Tage, die Monate hin, bis der Winter kommt und die Zunge am vereisten Treppengeländer vor dem Kindergarten klebt. Ich kann die Kalendermonate bereits, deshalb darf oder muss ich raus in die Garderobe und auf die anderen warten, die den Raum erst verlassen dürfen, wenn sie die Monate auswendig können. Die Garderobenschränke, hässliches Braun, Tierbilder an den Türchen, dort warten wir auch auf Eltern, die immer zu spät kommen, immer eilend, mit Einkaufstaschen beladen, immer mit derselben Stimme: «Ну, пошли!» – «Nu, lass uns gehen!» Es klingt, als hätten sie auf uns gewartet.

Die verordnete Mittagsruhe, nichts da mit Schlafen nach Bedarf, nichts da mit Bedarf überhaupt, die Erwachsenen wissen, was gut für dich ist, wissen genau, wer du bist, zu wem du zu werden hast, eines schönen Tages. Aber ich kann nicht schlafen. Kichernd in die Kissen gemurmelte, vor Langeweile auf der Zunge gewendete Worte. Hin und her gedreht, auf die Seite, auf den Rücken, auf die andere Seite, wieder zurück, wo ist eigentlich links, kann ich den Daumen nach hinten beugen, die Finger in die Metallstreben unten am Klappbett geklemmt, den Schmerz der geklemmten Finger weggelutscht, die Decke geknetet, mit den Zehen gewackelt, die Finger gezählt. Zwei Gedichte im Kopf aufgesagt und die Zunge rausgestreckt, wem eigentlich? Jetzt bleibt nur noch eines übrig: Opa Lenin anstarren.

Opa Lenin hängt an der Wand. Er beobachtet uns, und er weiß, dass ich nicht schlafe. Er findet das nicht gut, dass ich nicht schlafe. Er weiß auch, dass ich Angst habe, dass das Thermometer an der Wand kaputtgehen könnte und diese Flüssigkeit darin ausläuft, von der ich schon weiß, dass sie Quecksilber heißt, und wir uns alle daran vergiften. Und dass wir dann sterben, und dass meine Mama dann weint und die anderen Mamas auch, er ist der Einzige, der von meiner Angst weiß. Ich habe sie einmal der Erzieherin erzählt, der, die mir das mit dem giftigen Quecksilber erklärt hatte, aber sie hatte meine Angst beiseitegewischt. Jetzt war Mittagsschlaf. Und dass ich gelogen habe, vorhin, das weiß Opa Lenin sicherlich auch. Und dass ich so gerne will, dass die Erzieherin mich lobt, und wie sehr ich das fettige Fleisch hasse, das sie uns zum Mittagessen gaben, weshalb ich es schlucke, ohne es vorher zu kauen, obwohl sie sagen, dass das ungesund ist, und dass ich immer noch nicht schlafe, dass ich über all das nachdenke, das weiß er auch. Alles weiß Opa Lenin.

Учиться, учиться, учиться! Lernen, lernen, lernen!

Das hat Opa Lenin einmal in der Zeitschrift «Die proletarische Revolution» geschrieben. Sie erinnern uns daran, jeden Morgen. Sie versprechen uns: Zukunft. Aber nur unter der Bedingung, dass wir lernen, eben dreifach. Wir nicken, die ordentlich geflochtenen Zöpfe klatschen gegen die Schultern. Ich trage lieber Pferdeschwanz, aber die Lehrerin sagt meiner Mutter, dass das unordentlich aussieht, dass ich einen geflochtenen Zopf brauche. Oben große, weiße Schleifen im Haar, manchmal so groß wie der Kinderkopf. Als meine Mutter einmal dienstlich verreist, verzweifeln mein Vater und ich daran, ordentliche Zöpfe zu flechten.

«Wie macht Mama das denn?» Ich weiß nicht, wie sie das macht, sie flicht das ineinander. Außerdem hast du doch gestern Abend mit ihr an meinen Haaren geübt, und ich habe mich fürchterlich gelangweilt. Und außerdem ziept das, wenn du, aua. Am Abend nach der Arbeit geht mein Vater mit mir zum Friseur. Die blonden Locken sind weg, und die restlichen Haare dunkeln innerhalb von wenigen Tagen, meine Mutter kreischt im Flur, als sie wiederkommt.

«Was hast du mit ihr gemacht?»

Wir haben mir die Haare geschnitten, so sehe ich wieder ordentlich aus. Wie es sich gehört.

Opa Lenin starrt seitlich aus seinem eigenen Porträt hinaus. Dorthin, wo er starrt, werden wir nie kommen. Ich lese und liebe Geschichten, in denen er so klein war wie ich. Er war auch mal so klein, aber viel besser. In einer dieser Geschichten zerbrach er die Vase seiner Tante und schob es, weil er wusste, dass das ihre Lieblingsvase war, auf seinen kleinen Bruder. Dann konnte er aber das schlechte Gewissen nicht ertragen, also beichtete er ihr die Wahrheit. Die Geschichte macht mir Hoffnung: Vielleicht werde ich es auch eines Tages schaffen, ein besseres Mädchen, ein besserer Mensch zu sein.

Opa Lenin ist ein guter Mensch gewesen, genau genommen der beste. Er ist da, auch wenn unsere Eltern sterben sollten, auch wenn wir zu Waisen werden, auch dann, wenn wir nicht mehr sind. Im Westen, lerne ich später, erzählen sie dieselbe Geschichte von Jesus.

Ленин жил, жив, и будет жить! Lenin lebte, lebt und wird leben!

Ein wichtiges Versprechen, obwohl es in der Übersetzung wie eine Drohung aus einem Monty-Python-Film klingt.

Er lebt, obwohl die, die in Moskau leben, das Glück haben, seinen toten Körper im Mausoleum sehen zu dürfen. Er liegt da in einem Sarg mit einer Glasplatte, liegt da, die Augen geschlossen, tot. Auf dem Roten Platz bildet sich eine endlose Schlange von Menschen, aus dem ganzen Land kommen sie dahin, um ihn liegen zu sehen, stehen tage- und nächtelang an. Meine Mutter hat ihn einmal gesehen, als Kind. Sie war in Moskau mit ihrem Vater.

«Erzähl mir die Geschichte, wie du Lenin gesehen hast!», bitte ich sie. Aber es gibt keine Geschichte zu erzählen, sie erinnert sich nur an das stundenlange Stehen in der Schlange, an die müden Beine. Das kann auch ein Lebensziel sein: den toten Lenin sehen.

Ich habe diesen Wunsch bis heute nicht aufgeben können.

SCHACHPARTIEN

Wenn mein Vater angreift, zittern seine Hände nicht. Der Springer knallt, als er auf D7 landet, das Geräusch gewordene Wissen, Sieg wie Sieger standen von Anfang an fest. Die Schachfiguren sind schwer, aus Metall, silber- und bronzefarben, aber der Lack blättert seit Jahren ab, und manche Figuren lassen sich in der Farbe nur noch schwer voneinander unterscheiden. «Ach, ich dachte, das sei meiner», sagt mein Vater, der beim Spielen nicht viel sagt.

«Ne, aber bei den Springern tue ich mich auch schwer, Schwarz und Weiß zu unterscheiden», antworte ich, weil ich nicht will, dass er sich alt fühlt, mit seinen Augen, die die Farbe der Figuren nicht mehr erkennen, weil ich nicht will, dass er alt ist, wahrscheinlich. Die Springer sind eherne Pferde, die Bauern kleine Teufel aus Metall. Mein Vater hat keinen Blick für diese Details, für ihn ist der Springer ein Angreifer, der Turm ein guter Schutz, der Bauer ein Unterstützer, den man nicht zu unterschätzen hat.

«Weißt du, dass du ihn nicht unterschätzen darfst, den Bauern, Efrosinja?»

Фрося, Ефросинья, Афдотья.

Frosja, Efrosinja, Afdotja. Altrussische Namen, die in etwa Sieglinde, Adelheid und Walburga entsprechen. Mein

Vater nennt mich so, ich weiß nicht, warum. Schon immer, auch als ich klein war, ein Kind. Ruft mich, wenn das Essen fertig ist: «Efrosinja, komm essen.»

Schreibt mir, in den seltenen Fällen, in denen er mir eine Nachricht schickt: «Afdotja, hast du an die Winterreifen gedacht?»

Gibt kein wärmeres Gefühl auf der Welt als dieses: Afdotja, Efrosinja genannt zu werden.

Das Schachspiel hat einen eigenen kleinen Tisch im Wohnzimmer meiner Eltern, in der rechten Ecke, zwischen Sofa und Sessel, unter der Stehlampe. Die Hände meines Vaters zittern, wenn sie den Lampenschalter zu betätigen versuchen, Parkinson, sagt meine Mutter; mein Vater sagt auch zu Krankheiten nicht viel. Was für eine Zeitverschwendung, sich mit Krankheiten zu beschäftigen. Als ich mir die Nase breche und operiert werden soll, winkt er ab: «Das ist doch keine OP. Die Deutschen nennen alles eine OP, selbst wenn ihnen ein Zahn gezogen wird.» Winkt ab, aber dann sagt er noch: «Alles wird gut. Du bist doch unsere kleine Afdotja.»

Als der Springer auf D7 knallt, wissen alle in dieser Wohnung, dass ich wieder besiegt worden bin. Die Wut ist vor Jahren ermüdet, und die Müdigkeit ist heute einer Freude gewichen: Wenn mein Vater mich besiegt, zittern seine Hände nicht.

Eine der ersten Erinnerungen überhaupt: «Einmal», sagt meine Mutter, «nur einmal.»

«Nein», sagt mein Vater. «Sie gewinnt, wenn sie sich den Sieg verdient hat.»

Die Waschmaschine, die im Badezimmer läuft, was ich bis zum Wohnzimmer hören kann, kann nicht übertönen, was sich erst später als ein Grundgefühl des Lebens herausstellen wird: dass alles ein Kampf ist und ich den alleine zu gewinnen habe.

«Du wirst ihr die Lust am Spiel verderben», ruft meine Mutter jetzt, weil sie nicht nur die Waschmaschine, sondern auch seine sich entfernenden Schritte übertönen will. Mein Vater schlürft in seinen zerschlissenen Hausschuhen, beigefarbener Kord vielleicht, was weiß ich, ins Wohnzimmer zurück.

Was ich weiß: dass ich den Sieg verdienen möchte. Ich bin vier Jahre alt, als ich das spüre. Ich bin fünf, sechs, sieben Jahre alt, heute bin ich neununddreißig, und das Wissen ist noch dasselbe; ich kann es heute vielleicht besser aufs Leben übertragen.

«Lass mich nicht einfach gewinnen», flüstere ich meinem Vater zu, meine Mutter soll mich nicht hören. Ich stelle mir gerne vor, dass mein Vater stolz blickt in diesem Moment, der weit über das Schachspiel hinausreicht, aber ich kann dieser Vorstellung keine Erinnerung zuordnen.

«Du bist am Zug», sagt er, oder so ähnlich, und die Waschmaschine macht immer noch dieses Geräusch.

Wenn die anderen Kinder springen, rennen, klettern, traue ich mich entweder nicht oder scheitere an mangelnden sportlichen Talenten. Als der ein Jahr jüngere Nachbarjunge seine Runden mit dem Fahrrad dreht, hält mein Vater mir immer noch, immer ungeduldiger, den Sattel fest. Dann kann ich Fahrrad fahren, ich trete in die Pedale, aber bis ich ganz alleine aufsteigen, das Gleichgewicht finden und losfahren kann, dauert es wieder gefühlte Wochen. Jahre später, in einem anderen Land, werde ich beinahe vom Abitur ausgeschlossen, weil ich zu viele Fehlstunden habe. In Sport. Warum versagen, wenn man verschwinden kann?

«Denk!», sagt mein Vater. «Denk!» Das ist eine Anweisung wie «Räum dein Zimmer auf» oder «Komm jetzt her». Wir sitzen vor einem Schachbrett, immer wieder sitzen wir davor. Im Wohnzimmer oder im Zug vor einem kleinen Reisespielbrett, an Tischen, zwischen uns karierter Raum. Manchmal ist das Schachbrett nur aufgezeichnet in einem Buch, «Schachaufgaben für Anfänger», später werden es die für Fortgeschrittene sein. Ich bin stolz, dass ich fortgeschritten bin, und stolz bin ich auch, weil ich bald in die Schule komme. Das mit dem Denken habe ich begriffen, das ist die Kunst, die auch für das Leben gilt. Wenn man nicht denkt, hat man verloren.

«Lass dir Zeit», sagt mein Vater, «denk weiter. Denk in Ruhe zu Ende.» Zwei, drei, vier Züge voraus. Meine und seine, so hat mir mein Vater Menschenkenntnis beigebracht, vielleicht sogar Empathie, den Begriff verwendeten wir nicht, aber er stand über allem, als Gefühl. «Was denkt er gerade? Was will er? Was geht in ihm vor?» Manchmal mögen meine Gehirnzellen nicht mehr. Jede Möglichkeit eines Zuges ist eine weitere Verästelung im Gehirn: Wenn er dahin zieht, dann könnte ich dorthin ziehen, oder dahin, oder dahin. Wenn, dann, könnte, sollte, das Leben im Voraus erkennen. Die Niederlage ist immer die des Kopfes: «Da hast du nicht genug nachgedacht.»

Wir spielen berühmte Partien nach, Eröffnungen, vertrackte Situationen, das Ende. Ich will am liebsten das Ende üben, den Sieg: Mein Vater stellt mir Figuren hin, ich soll mir ein Schachmatt in zwei, drei, vier Zügen überlegen. Dann sagt er: «Du kannst nicht nur den Sieg üben.»

Manchmal fege ich die Figuren vom Tisch. Mein Vater zieht sich zurück, da ist kein Zwang, aber eine Meinung. Sie steht seelenruhig in seinem Gesicht. Ich räume das Schachspiel zusammen. «Lass sie doch einmal gewinnen», versucht es meine Mutter wieder. «Nein», sagen mein Vater und ich gleichzeitig, ich bin nun älter geworden. Beim Schach gibt es kein Schummeln, kein Glück, es gibt nur diese absolute Ruhe. Dieses eine Wissen, mit dem man einen klugen Zug vollführt, das Geräusch eines richtig gesetzten Angriffs. Und auch das Wissen um die Niederlage, vielleicht die wichtigste Lektion des Lebens.

Wer das Schachspiel nicht kennt, kann dessen Schönheit nicht erahnen. Nicht die Eleganz eines gut geplanten Sieges, wie einer genau getroffenen Melodie. «Das war kein schöner Spielzug», sagt mein Vater, wenn ich es mir zu einfach mache, daran denke ich immer, wenn ich später Fußballkommentatoren von «schönen Pässen» sprechen höre. Die Ästhetik des Denkens, sie bleibt ganz tief sitzen, eines Tages, viele Jahre später werde ich einen Mann attraktiv finden, mich aber erst an dem Tag in ihn verlieben, an dem er mich leichthändig, als koste es ihn keine Mühe, Klavierfinger auf dem Schachbrett, in einem «schönen Spielzug» besiegt. «Schachmatt», wird er sagen und mich angrinsen, und in meinen Augen wird wahrscheinlich Bewunderung liegen, die ich sonst nicht so gerne hergebe. Wie ich meine Hand langsam und zögernd zum linken Turm führe, aber ihn noch nicht berühre – berührt, geführt –, und mein Vater mich unterbricht: «Bist du sicher, dass du das machen willst?», diese hilfegebende und doch erniedrigende Frage. Ich stehe auf, laufe einmal durch das Wohnzimmer, das nicht groß ist, sowjetische Maße, fünfzehn Quadratmeter vielleicht, dann setze ich mich wieder hin. Ich weiß nicht, ob sich das andere, was man beim Schachspielen braucht, ebenfalls trainieren lässt, ob es nicht Voraussetzung ist: den Ehrgeiz an der notwendigen Stelle beiseite zu legen, den Respekt vor dem besseren Spieler, das Eingeständnis, das an sich selbst: Ich wurde besiegt.

Über mich erzählten sie: Mit drei Jahren hat sie Schach spielen und mit vier lesen gelernt. Es klang weniger wie ein Kompliment, mehr wie eine Pflichterfüllung. «Hast du ihm schon das Schachspielen gezeigt?», fragt mein Vater und blickt auf seine Enkel. Ich betrachte die Kinder: Was wollen sie, was sind sie, was sind sie tatsächlich? Und genauer noch versuche ich, mich selbst zu betrachten: Was will ich von ihnen, und wann will ich etwas, was sie nicht sind? Den Kleinen beobachte ich beim Denken: wie er automatisch das Gesamtbild erfasst. Wie gerne er alles einordnet in logische Strukturen, wie er Ab- und Vergleiche braucht, damit die Welt für ihn stimmt. Wie er, um sich gut und sicher in der Komplexität zu fühlen, das tut, was ich üben musste: im Voraus denken, jeden Schritt hinterfragen, Was- und Wenn-Fragen stellen, an uns und an sich. Also hole ich das Schachbrett heraus.

«Denk», sagt die Stimme meines Vaters in meinem Kopf, und ich versuche, die Anweisung in eine Frage an ihn umzuformulieren: «Was könntest du denn jetzt tun? Wie könnte dein Zug aussehen?»

«Weiß ich nicht», sagt das Kind.

«Was denke ich gerade? Was will ich? Was könnte ich vorhaben?», wiederhole ich die Fragen meines Vaters.

«Hm», sagt das Kind und blickt aufs Schachbrett, ungewohnt unentschlossen. «Der Turm», sagt das Kind, aber ich sehe, wie vermutlich mein Vater gesehen hat, voraus, so ist es also, wenn man nicht nur das Schachbrett, sondern die Denkfehler des Kindes versteht. «Wenn du den Turm nach da bewegst», erkläre ich, «dann ist deine Dame nicht mehr geschützt, falls ich ...», da unterbricht mich das Kind. «Der Turm», erklärt es mir, «sieht aus wie so ein Turm, auf dem früher Ritter lebten, und wenn sie dann da hochgeklettert waren, dann hatten sie zwar einen Ausblick zu allen vier Seiten, aber wenn da jetzt unten jemand angefangen hätte zu graben ...», und dann erklärt es mir eine ganze Menge über Ritter, Fluchtversuche aus Gefängnissen, gemeine Verbrecher und alles andere, was die Assoziationskette in seinem Kopf so ergibt. Ich räume inzwischen das Schachspiel zusammen, das das Kind bereits vergessen hat und was es erst am Ende seiner langen Erzählung bemerkt.

«Was ist mit unserem Spiel, wollen wir nicht mehr zu Ende spielen?»

«Nein, gerade nicht. Aber vielleicht spielst du mal mit дедушка, wenn du ihn besuchst.»

Mein Vater ist Großvater, ist дедушка, er liebt diese kleinen Kerle auf eine eigene Weise, es ist die eines gealterten Mannes. Manchmal ist da Ungeduld und manchmal großes Verständnis, eine Müdigkeit ist da auch, und große Hände, die kleine Köpfe streicheln, im Vorbeigehen, während die Kinder auf dem Boden spielen. Die Ungeduld mit mir ist am größten, oder ich sage das, weil ich das immer noch bin, sein Kind. Langsam wird mein Vater vergesslich, aber mir kommt die Langsamkeit schnell vor, weil die Abstände, in denen wir uns sehen, sich vergrößern. Seine Hände zittern, siehst du das, flüstert meine Mutter mir zu, Parkinson. Lass mich mit deinen Diagnosen in Ruhe, winkt er ab. In der

Ecke des Wohnzimmers verstaubt ein Schachbrett auf einem Tischchen, auf dem sonst nichts steht, der Schachtisch. Niemand spielt, aber die metallenen Figuren sind schön, mein Vater hat sie auf einem Flohmarkt entdeckt. «Wozu brauchen wir das, mit wem willst du spielen?», fragte meine Mutter, während ihre Augen in die Leere der Wohnung blickten. «Schau mal, wie schön die Figuren sind!», entgegnete mein Vater. Vielleicht hoffte er, eines Tages mit seinen Enkeln spielen zu können. Das Schachspiel gehört zu den Dingen, von denen ich makabrerweise heute schon denke, dass ich sie eines Tages erben möchte.

«Eine Partie?», frage ich eines Tages. Die Hände meines Vaters zittern, ich zähle das Altern meiner Eltern in Stunden. «Spielst du jetzt Schach mit дедушка?», will der Kleine wissen. Дедушка zuckt mit den Schultern, als hätte das Spiel keine Bedeutung, seine Augen sind grau geworden. Und ob die Augenfarbe sich wohl im Alter bei allen verändert und ob sie früher geblitzt haben, diese Augen, wenn es ums Schachspielen ging, ich weiß so vieles nicht mehr. Früher waren seine Augen grün.

Mein Vater eröffnet, die Ruhe kommt von selbst, ganz ohne Beigeschmack. Diese Ruhe, wenn der Kopf raucht, aber das Herz ganz gleichmäßig schlägt. Wenn ein Gedanke den anderen ersetzt, eine gewollte Verfolgung. Mein Vater sagt nichts, auch nicht, als ich die Hand zum Turm führe, ein Fehler; er sagt nichts, fragt nicht mehr, ob ich mir sicher bin, dass ich den Turm führen möchte. Ich bin nicht mehr das Kind, dem er etwas beizubringen versucht. Drei, vier Züge im Voraus, ermahne ich mich selbst, ich höre die Kinder nicht, die um mich toben, und auch nicht meine Mutter, die uns einen Tee bringt und mich fragt, ob ich Obst möchte. Meinen Vater fragt sie nicht, und als ich ablehne, bringt sie den Kindern in kleine Stücke geschnittenes Obst. Wenn ich nicht in Schachzügen denke, denke ich über Symbolik nach, ob es einen Sinn machen würde, meinen Vater zum Schluss noch einmal zu besiegen, ein einziges Mal, das denke ich, als hätte ich eine Chance. Mein Vater ist vergesslich geworden, vier, nun fünf Züge im Voraus denken, da ist er, der Ehrgeiz, der von ihm geschulte. Mein Vater lächelt nicht, er blickt nur auf das Brett. Seine Augen sehen nicht nur grau, sondern auch gerötet aus, den Fehler bemerke ich selbst. Rufe ihn laut aus: «O nein, das habe ich jetzt übersehen», aber ich weiß, dass mein Vater die Würde eines Schachspielers hat: Der Sieg wird auf dem Brett, nicht in Worten ausgetragen. Es ist das Geräusch, wenn der Springer auf D7 knallt, das Geräusch eines Wissens, auch dieses: Es wird vielleicht unser letztes Spiel gewesen sein. «Hast du gegen дедушка verloren?», fragen die Kinder. Als mein Vater gewinnt, zittern seine Hände nicht.

EIN STIEFEL

Mein Haus fällt. Das graue, langgezogene Haus, in dem ich aufgewachsen bin. In meiner Heimat waren graue Hochhäuser Geborgenheit, Gemeinschaft und Gefühl, und da, wo ich jetzt zu Hause bin, werden ihnen sozialer Abstieg, Kriminalität und Trostlosigkeit angedichtet, sie sind ein Symbolbild der inhumanen Städteplanung im Osten. Das eine fühlte ich, das andere weiß ich und bin mir nicht sicher, ob es ein Auf- und oder ein Abstieg ist, vom Fühlen zum Wissen. Mein Haus jedenfalls fällt auf mich zu, fällt, kommt niemals an. Wenn ich in den Himmel schaue, über das Hochhaus hinweg, dem ich erst in Deutschland das Hoch anhänge, weil für mich alle Häuser so aussehen: quaderförmige Blöcke, die in den Himmel wachsen und fallen können. Grau sind sie oder gelb, blassgrün gestrichen und verblichen, sechs, neun, zwölf, sechzehn Stockwerke hoch, Eingang eins, Eingang fünf, Eingang neun, Spielplätze zwischen ihnen, die alle gleich aussehen, wie die Häuser, wie die Leben der Menschen darin. Wenn ich hoch in den Himmel sehe, über den Wolken ziehen, als hätten sie pünktlich irgendwo zu sein, beginnt das Haus zu fallen, fällt auf mich zu. Schwindel im Kopf, ich blicke auf meine Füße, rote Schuhe, aber vielleicht malen wir uns die Vergangenheit nur gerne in Farben aus, weil wir diese Vorstellung haben, dass

Kindheit bunt sein muss, farbenfroh. Vielleicht hatte ich ja blaue oder schwarze Schuhe. Ich blicke wieder nach oben, kann nicht aufhören, dem Haus beim Fallen zuzusehen, obwohl mir schwindelig ist. Im kleinen Fenster zwischen dem sechsten und siebten Stock wird später der Kopf meiner Mutter zu sehen sein. «Lena!», wird sie schreien, damit ich sie im Hof, auf dem Spielplatz höre, «иди домой! Ужин!»

Komm nach Hause, es gibt Abendessen. Meine Mutter muss, um mich zu rufen, unsere Wohnung verlassen, weil unsere Fenster zur anderen Seite gehen, auf die sechsspurige Straße hinaus. Sie läuft also, genauso wie sie ist, in ihrem Hauskleid in den Hausflur. Das Hauskleid wird vorne zugeknöpft, es ist wichtig, dass sie ein Hauskleid trägt. Die anderen Kleidungsstücke, die für draußen, die Arbeit, die Schule, werden geschont. Bis heute fragt meine Mutter die Kinder, wenn sie von der Schule nach Hause kommen: «Wollt ihr nicht eure Hauskleider anziehen?» – «Wir haben keine», antworten sie. Meine Mutter steigt die halbe Treppe nach oben, wirft Müll in den grünen Müllschlucker zwischen den Stockwerken, öffnet das kleine Fenster im Treppenhaus und dreht den Kopf so weit wie möglich nach links, um zwischen den Bäumen den Spielplatz zu sehen. Sie kann mich zwischen den anderen Kindern nicht erkennen.

«Lena!», schreit sie. «Мне домой», rufe ich den anderen Kindern zu, ich muss nach Hause. Renne zu Hauseingang Nummer zwei, reiße die Eingangstür auf, an der Reste von Anzeigen kleben, jemand tauscht eine Wohnung, jemand anders verkauft Damenstiefel in Größe 37, fellgefüttert. Ich hoffe, dass der Aufzug heute geht, fahre in den sechsten Stock, klingle, zwei Türen öffnen sich, zwei, der Einbrecher wegen, an jeder Tür zwei Schlösser. Eine ist mit schwarzem

Leder bespannt, in die silberne Knöpfe geschlagen sind. Der anderen fehlt in meiner Erinnerung schon wieder die Farbe. Asta freut sich, läuft um mich herum, ihr Körper windet sich wie eine Schlange. Der kupierte Schwanz wedelt schnell hin und her, wie am Rädchen aufgezogen.

«Иди, мой руки.» Geh Hände waschen. Ich wasche meine Hände, betrete die Küche. Erst heute beim Schreiben fällt mir auf, wie klein sie ist. Asta sitzt bereits erwartungsfroh, aufgeregt, sabbernd unter dem Tisch, freut sich auf die Essensbrocken, die ich ihr heimlich hinunterwerfe. Ich weiß, dass oben im Wohnzimmerschrank, so weit oben, dass ich ohne Stuhl nicht herankomme, da, wo sie auch meine Geburtstagsgeschenke aufbewahren, eine Einreiseerlaubnis für Deutschland liegt. Und auf eine Entscheidung wartet. Wir sprechen nicht darüber, und sie flüstern, wenn ich schlafe, vorsichtig, angespannt, ängstlich. Ich darf das niemandem sagen, dass wir vielleicht nach Deutschland fahren, es ist gefährlich, wenn sie wissen, dass wir bald zu Verrätern des Heimatlandes werden. Ich kann mir das nicht vorstellen, Deutschland. Bunt, vielleicht leuchtend.

Mein Onkel hatte bei der Arbeit gehört, irgendwas mit Juden und Deutschland, irgendwas mit Ausreise, niemand wusste genau, was. Sie schickten meinen Bruder zum deutschen Konsulat, um sich anzustellen, um vielleicht irgendwelche Anträge zu bekommen, die vielleicht dazu führen würde, dass wir vielleicht eine Einreiseerlaubnis bekämen. Vorsichtshalber schickten sie meinen Bruder hin, nicht, weil sie ausreisen wollten. Für den Fall des Falles, aber niemand beschrieb genau den Fall. Mein Bruder wollte eigentlich mit einem Freund ins Kino.

Die Perestroika raschelte, ich hörte sie überall. Der Fernseher in der Küche lief immerzu, die Angst meiner Mutter in der Stimme, als sie mit den Eltern von Freunden meines Bruders telefoniert: Hatte jemand etwas gehört, waren die Jungs tatsächlich auf dieser Demonstration gegen den Putschversuch gegen Gorbatschow, wann kommen sie nach Hause, was, wenn sie verhaftet, in die Armee einbezogen werden? Ich ließ die Tür zum Flur einen Spalt weit geöffnet, um besser lauschen zu können, wollte so sein wie mein großer Bruder: im Dunkeln demonstrieren gehen und im Winter ohne Mütze auf die Straße. Die flüsternden Stimmen der Erwachsenen, wenn sie Namen von Politikern aussprachen, die nach Hoffnung klangen.

In Leningrad war es der von Anatolij Alexandrowitsch Sobtschak, der Bürgermeister werden und die Stadt umbenennen wollte in ein Gedicht: Sankt Petersburg. Der Name schmeckte stolz, halb nach Pferdekutschen und halb nach Neu. An den Hauseingängen hingen Wahlplakate, ich riss all die von Sobtschaks Gegnern ab, meine beste Freundin stand Schmiere. Politische Aktivistinnen, zehn Jahre alt, klopfende Herzen, gefühlt bereits Studentinnen, auf dem Weg aus der Kindheit hinaus. Gefühlt groß, aber wir passten trotzdem nicht gut genug auf. Eines Tages krallt sich die Hand einer alten Frau in meine Haare, reißt mich zu sich, irgendwohin. Schleppt mich zu den Milizionären. Meine Freundin verschwindet verängstigt, später wird ihre Mutter sie dazu zwingen, sich bei mir zu entschuldigen, weil sie eine «Verräterin» sei. Sie alarmiert meine Eltern, meine Mutter holt mich aufgeregt bei den Milizionären ab, energisch. Ich warte schweigend und stolz in einem Zimmer, das ich später, wenn ich davon erzähle, Verhörzimmer nennen werde.

Ein paar Monate danach, als ich in einem großen Saal zur Pionierin gekürt werden soll, sage ich mit zitternder, aber fester Stimme, als ich an der Reihe bin zu schwören, dass ich die Heimat heiß lieben und leben, lernen und kämpfen werde, wie Lenin uns das vermacht hatte: «Nein, ich will nicht beitreten.» Stille im Saal, bevor die Lehrerin zum nächsten Kind schritt. Ein Jahr darauf wurde die Organisation bereits aufgelöst, es gab keine Pioniere mehr und einen McDonald's an jeder Ecke. Die Jacke ließ ich auf dem Nachhauseweg von der Zeremonie offen, damit alle sehen konnten, dass ich kein rotes Halstuch trug, obwohl es kalt war und ich jahrelang nur darauf gewartet hatte, dieses Halstuch zu tragen. Mit, damals noch, großem Unverständnis meinem Bruder gegenüber: weil er sein Halstuch ungebügelt trug. In der ersten Klasse war ich noch genauso mit offener Jacke nach Hause gelaufen, damit alle den kleinen roten Stern an meinem Revers sehen konnten: Ich bin bei den октябрята (oktjabrjata), den Oktoberkindern, aufgenommen worden, denen nur Gutes bevorstand, sie würden in drei Jahren zu Pionieren wachsen dürfen. Die Zeiten hatten sich geändert, und ich beeilte mich, ihnen vorauszurennen.

Ich hatte einen Opa Lenin, aber niemals einen Großvater väterlicherseits. Mein Vater hatte niemals einen Vater. Auf dem Hochzeitsfoto meiner Eltern vom Standesamt hält er die Hand seiner Mutter. Ihr faltiges Gesicht lächelt nicht, ich weiß nicht, warum sie nicht lächelt. Ich frage nicht, höre noch, wie meine Mutter weint, über ihre Kälte. Die Kälte ist vielleicht auf Trauer gegründet, auf der Erschöpfung, die entsteht, wenn auf Trauer neue Trauer folgt, und nicht

Freude. Zwei kleine Jungs alleine durch den Krieg gebracht, zwei weitere Kinder verloren, worüber niemand spricht, ich erfahre es nebenbei, Jahre später. Zwei Jungs großgezogen, nachts gearbeitet, tagsüber gearbeitet, elf Geschwister verloren, den Mann. Ich weiß nicht, welche Falte auf diesem Foto welchen Kummer darstellt.

Der Vater meines Vaters im Krieg gefallen. Kein Ort, kein Datum. Keine Erinnerung, nur ein Name. Ich gebe diesen Namen an meinen Sohn weiter, wie es jüdischer Brauch ist. Nur einen Namen, ich habe kein Bild zu ihm, weiß keine Haarfarbe, keine Stimme, keine lustige Geschichte, die vielleicht von den Jahren und Wiederholungen verfälscht worden ist. Es waren die Nazis, die Deutschen, die meinem Vater den Vater genommen haben, deshalb wollte er nicht nach Deutschland ziehen. Da zieht man doch nicht hin, zu denen, die einem den Vater nehmen. Es sei denn ... Das «Es sei denn ...» kam später.

Nach dem Krieg hatten alle Kinder in dem Haus, in dem auch mein Vater aufwuchs, zusammen einen einzigen, kaputten Ball. Der diente den Jungs als Fußball, den Mädchen als Puppe, sie teilten ihn sich, stritten bestimmt darum. Im Ball war keine Luft, er hatte Löcher, vom Streiten erzählt mein Vater nichts.

Das Haus war gelb, und seine Mutter arbeitete rund um die Uhr. Er, der Ältere, kümmerte sich um seinen vier Jahre jüngeren Bruder. Mein Vater kann das mit Spielzeug überfüllte Kinderzimmer seiner Enkel nur schwer ertragen, «die haben doch keinen Platz mehr dafür», erklärt er meiner Mutter, wenn sie wieder neue Spielsachen anschleppt. All das, was sie ihren eigenen Kindern hat nie kaufen können, weil es das einfach nicht gab.

«Das finde ich», sagt mein Sohn, «gut, dass ich nach meinen Urgroßvätern heiße. Und du, nach wem heißt du?»

Ich, ich heiße nach mir.

«Es sei denn …» kommt später, an einem Sonntag, irgendwann im August. Die Sonne scheint, es ist warm draußen. Ich spiele, ich weiß nichts davon, fahre Rad, renne, mit nackten, schwarzen Füßen. Mein Vater fährt von der Datscha nach Petersburg zurück. Der Dreck vom Wochenende, von der Gartenarbeit, klebt noch unter seinen Fingernägeln, mein Vater weiß nicht, wie man das Wort Erholung buchstabiert. Mein Vater kennt nur das andere, die Pflicht, das Leben. Morgen früh geht es wieder zur Arbeit, und wer weiß, wann die Tram heute kommt. Er blickt aus dem Fenster, sieht Bäume, sieht Datschas, sieht nichts. Er ist froh, in diesem Zug einen Sitzplatz ergattert zu haben, oft genug muss man stehen. Er überlegt, wie lange es vom Bahnhof mit der Metro und der Tram nach Hause braucht. Rechnet mit ein, dass er vielleicht zwei, drei Metrozüge verpasst, weil so viele Menschen von ihren Datschas in die Stadt strömen und alle in den holpernden Zügen an derselben Metrostation ankommen. Seufzt. Wann ist er da, wann hat er gegessen? Wann schläft er? Mit Ordnung übertünchte Tage. Er hat nicht gelernt, nach Wünschen zu fragen, deshalb bringt er es auch mir nicht bei.

Die Menschen um ihn herum, ebenfalls vom Leben ermüdet. Sie schleppen eingelegte Gurken, Marmelade in Gläsern, Dill, der bereits hier im überhitzten Zug zu welken beginnt. Dreck unter den Stiefeln, den Füßen, den Nägeln, Dreck in der Nase, im Gesicht, rußschwarzer Hass auf das holprige Sein. Der Zug tuckert, Gespräche surren, Beschwerden. «Sie stehen auf meinem Fuß!» – «Machen Sie Platz für meinen Korb, Sie, Mensch!»

Und jetzt geschieht etwas, das mein Vater für unmöglich gehalten hätte, jetzt geschieht etwas, das seine Zukunftspläne ändern wird, das mich diese Worte schreiben lässt in einer anderen Sprache: Der Mann, der meinem Vater gegenübersitzt, hebt seinen Fuß an, seinen Stiefel. Hebt seinen Fuß, seinen Stiefel an, der Mensch, er sitzt meinem Vater gegenüber, was hat er dabei in seinem Korb, Rhabarberkompott möglicherweise, Pfifferlinge, Steinpilze, Schmierröhrlinge, selbst gesammelt und eingelegt. Hebt den Fuß an und legt ihn seelenruhig ab, auf dem Knie meines Vaters. Dieser Blick, «со злостью» – mit Bosheit. Der Mann blickt meinem Vater mit dieser Bosheit in die Augen. Mein Vater hat keine Worte, keine Fragen. Was hat der Mann an Unglück, an Hass ertragen, was niemals als Rechtfertigung dienen darf. Mein Vater rückt sein Bein beiseite, rutscht ein paar Zentimeter nach rechts, ans Fenster, so weit es geht.

Sobald mein Vater sein Bein, sein Knie zur Seite gerückt hat, rückt auch der Mann seinen Fuß, seinen dreckigen Stiefel nach. Putzt den Stiefel demonstrativ am Knie meines Vaters ab, reibt, scheuert, genießt, spuckt Worte aus.

Mein Vater sieht sich um.

«Geh doch nach Hause, du Drecksjude! Geh doch nach Israel, da gehörst du hin!»

Es ist jene Zeit, Anfang der Neunziger, als die Menschen auszureisen versuchen. Nach Israel, in die USA, einige nach Kanada, wo immer man auch aufgenommen wird. Mein Vater sieht sich um, und um ihn herum sehen die Menschen sich um, sehen zu, sehen weg, sehen ihm nicht ins

Gesicht, sehen aus dem Fenster, auf ihre Körbe, ihre Schuhe, in sich hinein. Mit-an-sehen, das mit und das an, zwei Silben, fünf Buchstaben, eine Entscheidung. Das ist, was uns zu Menschen macht, Entscheidungen treffen können. Zu Unmenschen macht es uns auch.

Als mein Vater an diesem Tag nach Hause kommt – die Tüten mit den eingelegten Gurken stellt er im dunklen Flur ab, reibt sich die Hände, in die die Träger der Tüten Rillen geschnitten haben, in der Metro musste er stehen –, hat er eine Entscheidung getroffen. Es dauert noch Monate, bis wir nach Deutschland kommen, aber es war in diesem Zug, dass die Entscheidung fiel.

Sich leise erinnern, flüsternd. Auch weil Erinnerung flucht. Beim Fluchen spuckt sie, auf alles, was jetzt geschieht. Sie hat in ihrer Überschwänglichkeit den Speichelfluss nicht im Griff, tropfender Sabber.

Ich hatte einen sabbernden Hund, einen getigerten Boxer mit kupiertem Schwanz und kupierten Ohren, das machte man damals in der Sowjetunion so. Sonst, hieß es, sei er kein echter, kein reinrassiger Boxer. Ich habe eine winzig kleine Erinnerung an seine noch hängenden Ohren, an einen verängstigten Welpen, den mein Bruder unter seiner Jacke vom Tiermarkt nach Hause trug, ein bisschen gegen die Kälte und hauptsächlich, weil Hunde in Petersburg nicht in die Metro dürfen. Nach der Metro ging es mit der roten Trambahn zu uns, und ich zog zu Hause eine dicke Strumpfhose an und sprang aufs Sofa, weil ich Angst vor dem Welpen hatte. Ich weiß nicht, was ich dachte, wovor mich die dicke, beißende Strumpfhose schützt. Der Welpe hatte noch mehr Angst als ich, er saß vor dem Sofa, starrte mich verschreckt von unten an und winselte. Mein Bruder, neun Jahre älter als ich, ging zu seinen Freunden hinaus.

«Du wolltest einen Hund, und jetzt gehst du gleich wieder!», rief mein Vater ihm hinterher. Ich setzte mich auf die Sofalehne, drückte mich an die Wand.

Der Welpe war eine Hündin, Asta hieß sie. Später, als aus der Angst Liebe geworden war, liebte ich sie so, wie sich nur Kinder und Hunde lieben, ohne hören zu wollen, dass das Tier ein Tier ist. Was meine Eltern nicht wissen: dass ich sie auf meinem Bett schlafen lasse, wenn wir alleine zu Hause sind, sie und ich, nach der Schule. Sie liegt auf der Tagesdecke und schnarcht, ein warmes Schnarchen, ich sitze am Sekretär, mache Hausaufgaben. Sie hört die Wohnungstür vor mir, selbst im Schlaf, springt vom Bett und wedelt mit dem kupierten Schwanz. Ich öffne uns beiden die Zimmertür, und sie rennt meiner Mutter, meinem Vater, meinem Bruder entgegen. Was meine Eltern wissen: dass ich sie auf meinem Bett schlafen lasse, aber sie sagen nichts dazu. Ich muss groß werden, ich muss in einer anderen Sprache denken lernen, ich muss selbst Kinder haben, ich muss einen anderen Hund haben, den ich mit schlechtem Gewissen liebe, weil er nicht sie ist, um das zu verstehen. Laut sagen sie: «Asta darf nicht aufs Bett» oder «Asta, runter da», das sagen sie zu ihr. Dem Hund, den sie später haben, in diesem fremden Land, erlauben sie alles. Auch in ihren Betten zu schlafen. Mir ist das Land schon lange weniger fremd, als sie es sind, meine Eltern, aber ich hege Eifersucht gegen diesen neuen Hund, Astas wegen.

Nach Deutschland haben wir Asta nicht mitgenommen. Sie haben es uns im ersten deutschen Brief geschrieben, dass wir keine Tiere mit nach Deutschland bringen durften. In jenem Brief, in dem meine Eltern zu Herr und Frau wurden, Herr und Frau Gorelik. Nach dieser sehr deutschen, höflichen Anrede begann der erste Satz mit «leider», einem neuen deutschen Wort, nach «Hände hoch» mein zweites. «Chände choch» riefen wir, wenn wir Rote Armee gegen die Deutschen spielten.

Leider dürfen Haustiere jeglicher Art nicht in die Bundesrepublik eingeführt werden. So stelle ich mir den Wortlaut des Briefes vor, ich habe ihn nie gelesen.

«Leider», sagte die Schwester meiner Großmutter, die den Brief übersetzte, «das ist wie Jiddisch. Nur dass es bei uns ‹lejder› heißt.»

Asta weiß, dass wir wegfahren, also versteckt sie sich. Sie gräbt sich eine Grube in den Boden neben der Treppe zum Hauseingang, obwohl die Erde hart ist hier in der Stadt. Gräbt jeden Tag, wenn wir vom Spaziergang heimkommen, morgens, abends im Dunklen auch. Da riecht es nach Mäusen, erzählen wir einander, Asta hat schon wieder gegraben. Eines Morgens kriecht sie aber in das gegrabene Loch hinein, bleibt darin liegen. Ganz still, bewegungslos. Ich liege auch, auf dem Boden, strecke meine Hand hinein. Kann ihre Schnauze erspüren, oder etwas anderes Feuchtes.

«Du machst dich dreckig», sagt бабушка.

«Аста, Асточка, вылезай, иди ко мне, что ты там делаешь?» Ich liege auf dem Boden, «Asta, Astotschka, komm raus, komm zu mir, was machst du denn dort?», bettle ich. Sie bleibt drin, eine Stunde, anderthalb. Ich hole Essen von oben, erst Brot, und als das nicht hilft, klaue ich ein Stück Wurst, locke sie damit. Wir haben selbst nicht viel zu essen, und sie kennt Wurstscheiben nur als Geburtstagsgeschenke. Irgendwann kriecht sie hervor, dreckig, mit diesem vorwurfsvollen Blick.

«Asta, Astotschka.» Sonst kann ich nicht viel sagen.

«Sie spürt, dass wir wegfahren», kommentiert meine Mutter oben in der Wohnung, Bewunderung in ihrer Stimme für den gefühlvollen Hund.

Als ich merke, dass Tränen nichts bringen, kreische ich Vorwürfe, die durch die beinahe schon ausgeräumte Wohnung hallen. Meine Eltern packen, sie packen nur noch. Manchmal rennen sie irgendwohin, wie Ameisen, Insekten sind sie. Meistens geht es um Dokumente, Übersetzungen, Beglaubigungen, meistens geht es nicht um mich.

«Wie könnt ihr nur? Sie ist ein Familienmitglied! Sie ist doch unsere Hündin! Wir sind doch eine Familie, oder sind wir das jetzt nicht mehr? Was seid ihr denn für Menschen?»

Später, in dem anderen Land, sagt meine Mutter genau das zu mir: «Wir sind doch eine Familie, oder sind wir das jetzt nicht mehr?»

«Müssen wir diese Bettwäsche auch noch einpacken? Wir haben doch schon die andere», fragt mein Vater. Meine Mutter setzt sich zu mir ans Bett, ich ziehe ein Kissen über den Kopf, schüre Dramatik. Alles hallt hier in der Wohnung, und die Leere füllen wir nachts mit Ängsten aus.

«Wir wünschten doch, wir könnten», sagt sie, «das weißt du doch. Aber du hast doch den Brief gesehen.» Dann steht sie auf, geht hinaus, mein Zimmer ist bis auf die ausziehbare Couch leer geräumt. Asta läuft vor der Couch auf und ab, stellt mir Fragen. Ich frage sie zurück, letzte Gespräche.

«Такова жизнь», sagt mein Vater, «so ist das Leben», er sagt, wir haben doch um Erlaubnis gefragt. Ich kenne das nicht, dass mein Vater um Erlaubnis fragt, also drehe ich die Schuldzuweisung um. Was sind denn das für Menschen, diese Deutschen, dass sie uns ein Familienmitglied nicht mitnehmen lassen? Asta rollt sich, wenn sie sich schlafen legt, wie eine Schnecke zusammen. Nach dem Aufwachen ist ihre Schnauze warm.

Im Asylantenwohnheim, in dem wir in Deutschland landen, lebt ein älteres Ehepaar aus der Ukraine. Sie haben einen kleinen, hübsch frisierten Pekinesen mitgebracht, den ich als «Ratte» titulierte. Das ist doch kein Hund, wenn das Fell gekämmt werden muss. Mit dieser kleinen, weißen Bürste.

«Uns haben sie geschrieben, dass man keinen Hund mitbringen dürfe», sage ich.

«Wir haben gar nicht gefragt, er ist doch Familie», antwortet sein Frauchen mit ihrem komischen ukrainischen Akzent, an den ich mich noch nicht gewöhnen konnte. Dann beugt sie sich ächzend herunter, knickt ihr breites Becken ein, um die beigen Locken der Ratte zu streicheln.

«Seht ihr, die sind keine Verräter!», schreie ich meine Eltern in unserem Zimmer an, «die haben ihren Hund einfach mitgebracht. Weil sie sagen, er ist Familie.»

«Lena, schrei nicht so. Es können dich doch alle hören.»

23.55 UHR, 2. MAI 1992

Sankt Petersburg ist schwarz, als wir die Stadt verlassen. Das Leben dort grau. Grauer Asphalt, graue Hochhäuser, die Richtung Himmel streben, Pfützen überall, vom Winter hinterlassen, als habe er vergessen, den Matsch mitzunehmen. Den Westen denke ich mir bunt. Bunt wie die Cola- und Fanta-Dosen, die die Mutter meiner besten Freundin, eine Übersetzerin, die deshalb nach Norwegen reisen durfte, mitgebracht hat, leere Dosen, die nun bei ihnen in der Vitrine stehen: Ausstellungsstücke aus dem Westen. Denke ihn mir bunt wie die Filzstifte aus dem Ausland, die ein Mädchen mit in die Schule brachte. Bunt wie den Schulrucksack des ungarischen Jungen in meiner Klasse, von dem ich meine, dass er aus dem Westen kommt: Der Eiserne Vorhang hängt weiter östlich, wenn man aus der Sowjetunion auf ihn blickt.

Es ist der 2. Mai 1992, es ist 23.55 Uhr, als der Zug das, was sie bald meine Heimatstadt nennen werden, verlässt. Ich merke mir diese Abfahrtszeit genau so, auf die Minute. Im Flur hängt ein Zettel mit der Uhrzeit, damit alle, die uns besuchen, die vorbeikommen, um Sachen abzuholen, die wir verschenken, weil wir sie nicht mit nach Deutschland nehmen können, wissen, wann wir fahren, und beim Abschied dabei sein können. «Wer kommt?», schreibt mein

Vater dazu, und es stehen ganz viele «Ichs» darunter. Haben meine Eltern diesen Zettel mitgenommen, als Erinnerung, wer war es, der den Mülleimer öffnete und ihn zerknüllte, bevor er oder sie ihn wegschmiss?

23.55 Uhr, der 2. Mai. Jedes Jahr schickt mein Bruder eine Nachricht über den Familien-Chat: «Herzlichen Glückwunsch». Zu was eigentlich, zur Ausreise, zu zehn, zu zwanzig Jahren in Deutschland. Was wäre dort aus uns, aus euch geworden, fragt meine Mutter über den Familien-Chat zurück. Hätten wir uns auch Nachrichten über Chats aus verschiedenen Städten geschrieben, vermutlich nicht. Sie hätten den Enkeln nicht erzählen müssen, wie das Leben dort war, wo sie früher zu Hause waren, sie hätten kein Wörterbuch gebraucht, um die Worte ihrer Tochter zu lesen, hätte die Tochter denn Worte geschrieben, in jenem anderen Leben. An anderen Tagen werden Bilder der Enkel über den Familien-Chat verschickt, die meine Mutter mit vielen Fragen beantwortet und mein Vater gar nicht. An anderen Tagen verschickt mein Bruder politische Artikel, die, wie ich meine, den Sinn haben, mich zu empören, meine Mutter sofort besorgt: «Streitet euch nicht.» In manchen Jahren antwortet sie am 2. Mai: «Ja, Papa und ich haben schon auf den Tag angestoßen.»

Wir sagen Питер, Piter, liebevoll. Die Abkürzung von Petersburg, eine Stadt wie ein alter, geliebter Freund, eine von russischen Barden besungene Sehnsucht, die nach traurig gezupften Gitarrensaiten klingt. Eine Stadt, der ein Kosename gebührt.

Jetzt ist sie dunkel, schwarz in dieser Nacht. Der 3. Mai bricht gleich an und mit ihm das neue Leben. Ich bin elf, ich erzähle mir diese Bedeutsamkeit, flüstere sie. Es ist dunkel, wir stehen am Fenster, im engen Zugflur, meine Eltern, meine Barbie und ich. Das Fenster ist schmutzig, ich sehe Schwarz, vereinzelte Lichter, vielleicht verschwommene Häuser, und sicher sehe ich die Gesichter nicht mehr, nicht die Menschen, die mich eben noch, in diesem Leben, das wir heute, an diesem Sonntag, in dieser Nacht, hinter uns lassen, an sich gezogen, gedrückt, auf die Wangen, auf den Scheitel geküsst haben, die stinkendes Lippenstiftrot auf meinem Wangen hinterlassen, ich habe es mit dem Ärmel wegzuwischen versucht. Meine zwei besten Freundinnen, obwohl fast Mitternacht ist, es gibt dieses eine Bild, auf dem ich zwischen ihnen auf dem Bahnsteig stehe, grinse. Es ist wie ein Rückblick in die achtziger Jahre, dieses Bild, obwohl wir bereits in den Neunzigern sind. Ich sehe die Gesichter nicht mehr, meine Tanten, Onkel, Cousins und Cousinen, sehe ihre Tränen nicht mehr, sehe nur, wie ich mich selbst spiegele im Fenster. Mein Vater neben mir. Merk dir diesen Augenblick, sage ich mir, und dann merke ich mir das andersherum: Ich merke mir nur, wie ich mir das selbst befehle, den Augenblick zu merken.

«Всё», sagt mein Vater. «Выезжаем из города.»

Fertig. Jetzt verlassen wir die Stadt.

Ab jetzt sehe ich nur noch Dunkel. Es gibt keinen Grund mehr, an diesem Fenster zu stehen. Es gibt überdies kein Zurück.

Ich zögere, und rufe nicht an.

Was habt ihr gefühlt in diesem Moment? Wisst ihr das noch? Habt ihr euch auch Sätze gemerkt, Worte, Farben, Gefühle? Habt ihr euch die Abwesenheit von Licht gemerkt? Hieltet ihr euch an den Händen, warft ihr euch Blicke zu über meinen Kopf hinweg?

Ich weiß nicht, was ich nicht hören will, eine ehrliche Antwort, Tränen in der Stimme, Bedauern, Bereuen, die zwei kürzesten, treffendsten Worte:

для тебя. Für dich. Haben wir alles für dich gemacht, für deine bessere Zukunft, für dein Glück.

Diese Bürde, glücklich sein zu müssen für all die Menschen, die man liebt. Und über die Definition von «besser» haben wir nie gesprochen, diese Bürde des eigenen Glücks.

Im Abteil sitzt meine Großmutter, weint. Obwohl meine Mutter sagt, dass бабушка nie weinte. «Und an dich weinend kann ich mich auch nicht erinnern», fügt sie, selbst erstaunt, hinzu. Бабушка sitzt auf der blau bezogenen Liege, die Hände auf den Tisch gestützt. Und mein Bruder, geschäftig. Er ist schon zwanzig, er hat die Dinge in der Hand. Kontrolliert, ob die Dokumente alle da sind, und trägt die riesengroßen schweren Taschen. Ich bin das Kind, ich habe nur eine Aufgabe: nicht zu stören. Zufrieden zu sein. Glücklich sein muss ich erst später, erst im richtigen Leben.

Jetzt soll ich schlafen, sagt meine Mutter, weil es ja schon nach Mitternacht ist. Dass ich mir nicht gemerkt habe, ob ich unten oder oben schlafe. Dass ich mir so vieles nicht gemerkt habe, nicht, was wir in jener Nacht noch sagten, nicht das Aufwachen am Morgen, nicht den letzten Gedanken beim Einschlafen, nur diese eine Barbie.

«Aber», sage ich, «ich muss doch meine Barbie noch anschauen.»

«Дай сюда», wird mein Bruder gleich sagen.

Gib her.

Ich habe die Barbie-Geschichte gut verpackt. Habe sie so verpackt, dass alle über meine Geschichte lachen konnten, wenn ich sie erzählte, habe sie so fest verpackt, dass ich sie weggeben konnte, dass es nicht weh tat, sie wegzugeben. Und jetzt traue ich mich nicht mehr, sie zu erzählen, sage mir, dass sie nicht wichtig ist.

In der Sowjetunion gab es meist nur Barbie-Nachahmungen zu kaufen, Billigimitate aus Polen, die teuer genug waren; meine Großmutter verrechnete alles mit dem Durchschnittseinkommen: «Sie kostet fast ein Monatsgehalt.» Die echten Barbies, das hatten wir von dem einen Mädchen gelernt, das das Glück hatte, eine Mutter zu haben, die einmal in die USA gereist war, hatten Beine, die sich an den Knien knicken lassen. Es galt als größtmögliches Glück unter elfjährigen Mädchen, eine solche Barbie. Am Abend der Abreise bekam ich eine echte Barbie von einem amerikanischen Pfarrer geschenkt. Der Pfarrer war aus Amerika nach Russland gekommen, um die Gunst der Stunde zu nutzen, die Sowjetunion war vor kurzem zusammengebrochen, er wollte möglichst viele Russen mit Jesus beglücken. Nun sollte er in unsere Wohnung einziehen. Wir lachten liebevoll über ihn, jemand, der freiwillig den Westen verlässt, um nach Russland zu kommen, eines Jesus wegen, und er lachte wahrscheinlich genauso liebevoll über uns. Über das Mädchen, das auf seine Frage, ob es sich wohl auf die Ausreise nach Deutschland freue, geantwortet hatte, es freue sich auf Barbies.

Am Bahnhof, vierzig, dreißig, zwanzig, zehn Minuten vor 23.55 Uhr: Ich packe mit meinen Freundinnen die Barbie aus, wir reisen nach Deutschland aus, und es ist ein wichtiger Moment in meinem Leben: Ich werde gleich wissen, ob ich die Beine der Barbie tatsächlich knicken kann. Kann ich nicht, weil ich zu vorsichtig drücke. Tränen, die meinen, die der Erwachsenen um mich herum. «Wir sehen dich doch vielleicht nie wieder», sagt meine Tante. Im Zug: «Ich muss meine Barbie noch anschauen.» – «Gib her», sagt mein Bruder. Hat keine Angst, ist nur eine Puppe der kleinen Schwester. Drückt, die Beine lassen sich beugen, und über der Freude die Schmach: dass die Freundinnen in Petersburg jetzt nicht erfahren werden, dass meine Barbie eine echte ist. Darüber denke ich nach auf dieser Zugfahrt.

Vielleicht sind manche Geschichten auserzählt, vielleicht ist es diese. Vielleicht haben wir genug darüber gelacht, diejenigen, denen ich sie erzählte, und ich. Die Barbie meines Sohnes liegt in der Kiste bei den Schleich-Tieren, nackt, ihre Kleider sind verloren gegangen. Eine der Freundinnen, die mich damals in Piter zum Bahnhof brachte, zog irgendwann nach Norwegen, und zwei Jahrzehnte später fanden wir uns über soziale Medien wieder, woraufhin sie mich besuchen kam. Ich holte sie am Flughafen ab, zwanzig Jahre zwischen uns, und nur Erinnerungen, auf die wir das Wiedersehen bauen können. «Hast du deine Barbie eigentlich noch?», fragt sie, da haben wir den Flughafen noch nicht verlassen.

Wir trinken schwarzen Tee aus Gläsern im Zug, die in silberglänzenden Haltern stecken. Ich fahre mit den Fingern das Muster entlang, sie sind so schön, und alles schmeckt hier nach Zugfahrt. Wir spielen Karten, wahrscheinlich. Ich habe Supermind dabei, habe das Spiel bis heute, spiele es nicht mehr, gebe es aber auch nicht meinen Kindern: ein altes sowjetisches Spiel, das letzte Stück russischer Kindheit, das ich berühren kann, den alten, gelben Karton. Haben wir

Supermind im Zug gespielt, spielten wir überhaupt? Wovon handelten die Gespräche? Habe ich mir die Zunge am Tee verbrannt?

Wir schauen aus dem Fenster, ich blicke nach vorne und meine Eltern möglicherweise zurück. Birken, Wälder, graue Gleise. Wir essen vermutlich zu Hause geschmierte Brote. Das ausländische Geld, die Dollars, sind in den Büstenhaltern meiner Mutter und meiner Großmutter versteckt, in den fleischfarbenen. Wenn бабушка sich umziehen muss, geht mein Vater auf den Gang hinaus, wartet, ich hole ihn dann. Ich erinnere mich nicht an Worte und nicht an Stille, ich erinnere mich an die Angst. Dass die Zöllner uns das Geld abnehmen oder andere wichtige, wertvolle Dinge. Sie haben Macht, sie sind die Männer, die die Grenze bewachen. Macht haben sie, und Wut haben sie auch, weil sie zwar die Grenze bewachen, aber selbst nicht ausreisen dürfen, weil alles so bleibt, wie es schon immer war. Бабушка fasst sich an die Brust, kontrolliert das Geld. «Das ist zu auffällig», sagt mein Vater. Einfach so tun, als sei da nichts, als wären das nicht alle unsere Ersparnisse, als steckten in dem fleischfarbenen Büstenhalter meiner Großmutter nicht alle verkauften Schätze: die Datscha, das Auto, die Möbel, der Kassettenrekorder, das Silberbesteck, die Teeservices. Ich sage nicht viel, weil das die einzige Aufgabe ist, die ich zu erfüllen habe. Draußen vor dem Fenster immer noch grau. Wird manchmal gelacht, oder ist die Angst zu laut? Das wüsste ich gerne, ob wir in diesen Zugstunden lachten, denn später, im Wohnheim, da gab es kein Lachen mehr, nur einmal, da haben wir getanzt. Das ist die Lieblingsgeschichte meiner Mutter aus dem Wohnheim: Dieses erste Silvesterfest, das schlecht beheizte Wohnheim, meine Lungenentzündung, die Streitigkeiten um uns herum, auch unsere eigenen, ich kann nicht aufhören zu husten. Plötzlich tauchen Petersburger Bekannte auf, die es beim Bundesland-Losverfahren nach Nordrhein-Westfalen verschlagen hat, kommen uns mit einem geliehenen Auto im Wohnheim besuchen. Zwölf Quadratmeter und diese Nähe, diese Menschen, wahrscheinlich ist es mein Bruder, der den Kassettenrekorder anmacht, und wie wir in den Spalten zwischen Stockbetten und Tisch tanzen. Wie wir im Wohnheim tanzen, als sei das Leben gut, als sei Silvester. Wie meine Mutter bis heute sagt, wenn sie mich trösten möchte: «Weißt du noch, wir haben sogar im Wohnheim getanzt.» Oder wenn sie Familie vermisst: «Früher haben wir zusammen getanzt, sogar im Wohnheim.»

Warschau merke ich mir bunt, obwohl ich ja nur Gleis und Bahnsteig sehe. Wir dürfen uns ein paar Minuten lang die Beine vertreten, der Zug hält hier länger. Jetzt war ich schon einmal im Ausland, in Polen. Das sage ich laut: «Jetzt sind wir im Ausland!», und ich hüpfe ein bisschen, dem Satz zuliebe, auf diesem Bahnsteig, der im Ausland ist.

«Neun Plätze», wiederholt mein Vater auf dem Gleis, als wir endlich klopfenden Herzens aussteigen. Da ist es also, Deutschland, Berlin.

Neun Plätze. Mehr haben wir nicht, das ist alles. Und diese Furcht, aber sie braucht keinen Koffer. Es ist nicht die Furcht vor dem neuen Land, es ist das Wissen, nicht zurückzukönnen, auch nicht im Entscheidungsprozess.

Место, mjesto: der Platz.

Иди на место, Аста! Geh zu deinem Platz, Asta! Astas

Platz ist eine Decke, deren Farbe ich jetzt erdichten müsste, weil ich möglichst genau erzählen will, weil ich Details brauche, um Asta zum Leben zu erwecken, obwohl ich sie immer noch riechen kann, ihre Wärme, wenn ich sie im Schlaf streichelte und sie mich verschlafen anblickte, was willst du denn von mir, ich hab dich auch schlafend lieb. Ich weiß die Farbe der Decke nicht mehr, weiß nur diesen Geruch, die warme Nässe ihrer Schnauze, wenn sie nicht auf ihrer Decke wach wurde, sondern auf meinem Bett, das verschlafene, zerdrückte Gesichtchen. Die Nachmittage nach der Schule verbrachten wir zusammen, sie und ich, während meine Eltern bei der Arbeit waren. Ich teilte das Mittagessen, das ich mir auf dem Herd warm machte, das erste und das zweite Gericht schwesterlich mit ihr, nur das dritte, den Nachtisch, behielt ich für mich. Dann gingen wir in mein Zimmer, ich an den Schreibtisch, um Hausaufgaben zu machen, sie sprang selbstverständlich aufs Bett. Manchmal küsste ich sie, sie blickte mich an. «Weißt du, wie sehr ich dich liebe, Asta?» Sie rollte sich wieder ein, grunzte zufrieden. Als wisse sie alles.

Ihr Platz war im Flur, und seine Farbe ist vielleicht nicht von Bedeutung. Ich habe die Erinnerung überklebt mit Decken anderer Hunde, die ich versuchte so zu lieben, wie ich Asta liebte, was mir bis heute misslang. Astas Platz ist, während wir im Zug sitzen, bei meinem Cousin, vermutlich auch im Flur.

«Wie geht es ihr?», habe ich ihn am Bahnhof gefragt.

«Sie isst nichts. Sie schnuppert nach euch in allen Ecken.»

Ich hatte eigentlich gar nicht fragen wollen.

Иди на место, Аста! Zu deinem neuen Platz, Asta.

Место, der Platz. Man verwendet es im Russischen auch als Statthalter für Gepäckstück. Während Asta nach uns schnuppert, schleppen wir neun Plätze nach Deutschland, in ein Leben ohne Hund.

Neun Plätze, aber darunter nur ein Koffer. Mehrere Säcke aus reißfestem Stoff, ausschließlich für diese Reise, die keine Rückkehr vorsieht, extra angefertigte und später nie wieder verwendete längliche Säcke, in denen alles steckt, alles vom Leben, vor allem die falschen Dinge. Von allem ein wenig, aus jedem Lebensbereich. Mein Vater hatte im Vorfeld die neun Plätze gepackt, alles, was nützlich erschien. Wertvoll wäre besser gewesen, aber das kann man erst im Nachhinein wissen, wenn man wo angekommen ist. Mein Vater faltete und legte zusammen und quetschte dazwischen: Bettwäsche, Geschirr, kaum Bücher, ich durfte zwei. Ich suchte mir einen Sammelband von Astrid Lindgren aus, das zweite drehten sie mir an, etwas, das man gelesen haben muss, Dostojewski oder Puschkin vermutlich, und ich sagte nicht, dass ich lieber das andere Kinderbuch mitgenommen hätte, das, in dem die armen, ausgebeuteten Zwiebeln das monarchische System des Prinzen Zitrone und die reichen Tomaten stürzen und im Gemüseland der Kommunismus einzieht. Kleidung, nur wenige Fotos, ein Bügeleisen, Schulhefte, Küchenhandtücher, die meine Eltern bis heute benutzen; nützlich, ein bedeutendes Wort unter jenen, die um die Unsicherheiten des Lebens wissen. Meine Großmutter stöhnte auf und küsste die Dinge, die an Familie und Freunde verschenkt wurden, mein Vater dauergereizt,

«nein, das können wir nicht mitnehmen»,

«nein, das auch nicht»,

«ich sage das nicht noch einmal»,

«wo soll das denn hin»,

«schauen Sie doch mal auf die Waage, wer soll das denn alles tragen, Sie?»

Meine Großmutter schüttelt den Kopf, hat keine Antworten mehr, kaum Sprache. «Успокойся», sagt meine Mutter, beruhige dich.

Auf dem Lindgren-Sammelband prangt vorne ein Hund, Bootsmann aus «Ferien auf Saltkrokan», und meinen Hund, Asta, habe ich zu Hause gelassen. Zu Hause? Na da, wo zu Hause bis eben war. Es bleibt bis heute das beste Buch von allen, das mit dem Hund. Steht im Bücherregal, ich lese es, sobald ich krank werde, sobald ich Geborgenheit fühlen muss.

Der wichtigste Platz unter den neun ist ein gelber, lederner Aktenkoffer, Modell «Diplomat». Zwei silberne Schnallen, ein Schloss. Ich weiß nicht, ob das Schloss jemals einen Schlüssel hatte und wo der blieb. In ihm liegen alle Dokumente, übersetzte Heirats- und Geburtsurkunden, die Einreiseerlaubnis, die vielen hart erarbeiteten und in Deutschland dann niemals anerkannten Urkunden und Diplome. Mein Vater kontrolliert immer wieder. Ist der Aktenkoffer noch da, dieser allerwichtigste Platz. Er ist noch da, bis heute. Steht jetzt hinter meinem Kachelofen, weiß nicht, wo er hingehört und warum.

Berlin erreichen wir am frühen Morgen, da schlafen die meisten Deutschen noch.

«Sind alle Plätze da?»

«Eins, zwei, drei, vier, fünf, sechs, sieben, acht, und den Diplomat, den hältst du doch in den Händen.»

Er hält ihn nicht nur in den Händen, er drückt ihn auch

noch an die Brust. Wir stehen auf einem Berliner Bahngleis, die Sonne geht auf, fünf Menschen ohne Ort, aber mit neun Plätzen.

Berlin, Berlin. Berlin soll für mich auf immer nach mit Käse überbackenem Laugengebäck riechen. (Tut es aber nicht.)

Irgendwo am Gleis eine Bude, die mit Käse überbackene Laugenstangen verkauft. Kenne ich beides nicht: keinen Laugenteig, nicht mit Käse überbacken. Kenne diesen Duft nicht, der mich anzieht wie eine Comicfigur, und Jahre später, als ich einmal über die Gerüche im Nahen Osten schreibe und mich frage, wonach Deutschland eigentlich riecht, habe ich ihn sofort wieder in der Nase. Ich treibe mich in der Nähe des Kiosks herum, nicht so nah, dass meine Eltern denken könnten, dass ich um ein Stück davon bitte, ich weiß ja, an den Frauenbrüsten klebt nicht viel deutsches Geld. Aber so nah, dass es ihnen durchaus von selbst auffallen könnte, dass ich nur noch einen Wunsch im Leben habe: dieses Gebäck zu probieren. Die Wünsche stapeln sich schnell, in den kommenden Tagen, den Wochen. Unser Zug fährt wieder davon, unser russischer Zug, jetzt haben wir gar kein Zuhause mehr. Die Gleisnummer habe ich mir natürlich nicht gemerkt, wozu auch.

Jedes Mal, wenn ich mit dem Zug nach Berlin komme, dieselbe Enttäuschung: dass die Stadt nicht nach Laugengebäck riecht, nicht nach mit Käse überbacken. Dass Berlin eine deutsche Stadt ist, eine von vielen. Ich steige aus, laufe den Bahnsteig entlang, in die Bahnhofshalle, kaufe einen Kaffee. Trinke ihn vor dem Bahnhof, die Wünsche abgezählt inzwischen.

Mitgebrachte Wünsche: eine gelbe Banane. Von diesem Wunsch lässt sich auf Deutsch nur schwer erzählen, weil es einmal eine Gabi mit einer falschen Banane auf einer «Titanic»-Titelseite gab. Ich suchte lange, bis ich diese «Titanic»-Ausgabe auftreiben konnte, nachdem ich das erste Mal von dieser Geschichte gehört hatte. Immer wieder der Versuch, Deutschland rückwärts kennenzulernen, das Land vor meiner Zeit, bis heute versuche ich das. Ich weiß nicht, warum ich das so verbissen betreibe, vielleicht damit wir alle vergessen können, dass es mich einmal hier nicht gab.

Der Wunsch nach einer Banane: Lasse ich diese Geschichte weg, der Banane und der Gabi auf der «Titanic» wegen, lasse ich auch die erste große Erkenntnis weg. Dass die Deutschen eine ehrliche Haut sind. Gemüse und Obst legen sie vor den Supermärkten aus, die Kunden nehmen sich, gehen damit hinein, stellen sich in die Kassenschlange, um zu bezahlen. Obwohl sie es einfach mitnehmen könnten, einfach so, Äpfel, Pfirsiche, sogar Bananen. Könnten rennen, niemand passt auf. Wir stehen lange vor dem Supermarkt und beobachten die Tür: Ist da wirklich niemand, der aufpasst? Unser Leben befindet sich immer noch in diesen reißfesten, orangefarbenen Säcken, verpackt auf einem Berliner Gleis, mein Vater bewacht die Sachen, drückt den Diplomat an die Brust. Was denkt er sich an diesem ersten Morgen, oder denkt er sich nichts, wagt er es nicht, zu denken? Meine Mutter, meine Großmutter, mein Bruder und ich erobern Berlin: in einem Umkreis von vielleicht zweihundert Metern um den Bahnhof. Als Erstes den Supermarkt, der Banane wegen. Wir stehen davor, versuchen zu verstehen, warum die Deutschen das tun, das Obst hineintragen und bezahlen, wo sie es einfach mitnehmen könnten.

Nachmittags trauen wir uns bereits in ein Kaufhaus hinein, beinahe so, als gehörten wir wirklich hierher.

Meine Großmutter stöhnt im Kaufhaus über die Preise für Töpfe, übersetzt sie in Rubel. Übersetzt die Rubelzahl in russische Monatsgehälter.

«Nu, habe ich es doch gesagt. Wir hätten mehr Töpfe mitnehmen sollen, wer kann sich denn hier einen Topf kaufen? Das sind zwei Monatsgehälter, und hier, die Pfanne!»

Mein Vater kann den Vorwurf nicht hören, er wartet immer noch auf dem Gleis. Jemand muss ja auf die neun Plätze aufpassen. Die zweite deutsche Lehrstunde für mich: Es gibt auf dieser Welt nicht nur Barbie, es gibt auch Ken. Ich zeige Ken keinem, damit sie seinen Preis nicht in russische Monatsgehälter übersetzen.

Abends mit dem Nachtzug nach Stuttgart. Man durfte im Ausreiseantrag ein Bundesland angeben, in das man am liebsten möchte. Mein Vater hatte meinen Schulatlas gewälzt, es gab nicht viele Informationsquellen über den Westen. Hier, in Baden-Württemberg, wird Wein angebaut, da kann es so schlecht nicht sein. Wir haben den ganzen Tag auf den Nachtzug gewartet, damit wir nicht abends in Stuttgart ankommen, sondern morgens. Wir wissen nicht, wo wir übernachten sollen. Wir schlafen im Zug, und jemand sagt sicher: «So, unsere erste Nacht in Deutschland.»

Ich lasse mir Zeit mit dieser Geschichte. Weiß nicht, wem sie gehört, vielleicht uns allen, weil wir mal eine Familie waren, weil wir immer noch eine sind.

Während mein Vater am Gleis auf die neun Plätze aufpasst und auf uns wartet, die wir mit großen Erkenntnissen und Bananen zurückkehren, kommt ein Mann auf ihn zu.

Spricht Russisch mit ihm. Erkennt ihn als Russen, natürlich. Lange Zeit denke ich, dass sich unsereins einfach erkennt, bis ich verstehe: Jeder erkennt uns Russen. Ich denke noch nicht über grimmige, verbitterte Gesichter nach, über geduckte Figuren. Noch haben sie mich nicht gefragt, wie viel Wodka wir trinken, noch hat keiner mich nach Gorbatschow und Putin gefragt, als müsste ich die beiden persönlich kennen.

«Bist du von dort?», fragt der Mann meinen Vater auf Russisch.

«Ja», antwortet der, erleichtert, einen Landsmann zu sehen. Ich vermute, erleichtert; kann auch sein, dass er nur erstaunt war.

«Für immer hergekommen?»

«Ja.»

«Gut gemacht. Nur zwei Fehler hast du gemacht.»

«Und welche?»

«Hättest das erstens schon vor zehn Jahren machen sollen. Und zweitens: nur den hier mitbringen», und er zeigt auf den Diplomat, den mein Vater immer noch an die Brust drückt wie ein Baby.

Wir merken uns das Leben in Geschichten, die sich gut erzählen lassen. Bei einem Glas Wein zum Beispiel, vor anderen Menschen. Wir bilden Legenden, wer wir sind, wie wir das geworden sind, wer wir früher einmal waren. Den merken wir uns, diesen Mann, der sich vermutlich bereits zwei Stunden später nicht mehr an die Unterhaltung erinnert, an seine eigenen Worte, nicht mehr an meinen Vater, an diesen einsamen Mann, der neun Plätze auf einem Berliner Bahnsteig bewachte. Wir nehmen den Mann aber mit, schreiben ihn fest in unsere Geschichte. Erzählen sie immer und immer wieder, bis sie zum Symbol wird für diesen allerersten, zittrigen Tag. Mein Vater bewahrt jahrelang alle Dokumente in dem gelben Aktenkoffer auf. Er lässt die zwei Schnallen aufknallen, wenn es wieder darum geht, für eine Bewerbung übersetzte Diplome zu kopieren, eine Bewerbung, der niemals eine Einladung zum Vorstellungsgespräch folgt: Zu alt, erklärt ein neuer deutscher Freund meinen Eltern, und nein, wir können Ihre Diplome nicht anerkennen, und nicht mal die Deutschen haben alle Arbeit, erklärt irgendjemand auf dem Amt. Der Weg vom Amt nach Hause, erst zu Fuß, später mit dem Bus und der Monatsfahrkarte. Die übersetzten Diplome in einer Mappe in der Tasche, der Blick nach draußen durch das Fenster oder auf die eigenen Schuhe gerichtet. Regentropfen auf dem Busfenster, vielleicht. Zu Hause kommen die Diplome und Papiere wieder zurück in den Aktenkoffer, und der Aktenkoffer in das oberste Fach im Schlafzimmerschrank meiner Eltern. Man muss einen Hocker holen, um den Koffer aus dem Schrank zu nehmen. Mein Vater hört auf, Bewerbungen zu schreiben, steckt das Dipl.-Ing. für immer beiseite, legt es ab im anderen Leben. Zieht für eine Zeitarbeitsfirma von Fabrik zu Fabrik, montiert Drähte, repariert Maschinen, steht an Fließbändern, schweigt. Erzählt wenig von den Menschen, die neben ihm arbeiten, sagt nur, sie sind wenig gebildet. Zischt es mehr, hat aufgehört zu sprechen. Er versteht sie häufig nicht, die wenig gebildeten Menschen, weil sie wie er wenig Deutsch sprechen. Seinen Chef versteht er wiederum schlecht, weil der Schwäbisch spricht. Schmiert sich Wurstbrote als Mittagessen, packt sie in kleine Plastiktüten. Wenn mein Wecker morgens für die Schule klingelt, ist er schon nicht mehr da. Zur Fabrik muss er erst mit dem Bus, dann mit der S-Bahn, dann mit einem anderen Bus fahren. Die Busse fahren nicht oft, hier auf dem schwäbischen Land. Wenn er nach Hause kommt, ist er müde, gereizt und wortkarg. Abends backt er Brot in einem Brotautomaten, ein weißes Ungetüm, das in der Küche thront. Mein Vater probiert verschiedene Mehlmischungen und Körner aus. So merke ich mir meinen Vater in diesen Jahren, wie er am Brotautomat steht, schweigt. Das Brot ist weich, mit Butter bestreicht er die Scheiben abends, legt zwei, drei Wursträder drauf, um morgens ein paar Minuten länger schlafen zu können. Ich weiß nicht, ob mein Vater sich in der S-Bahn gerne ans Fenster setzt, um hinauszublicken in den Morgennebel.

Viele Jahre später holt meine Mutter Teetassen und Unterteller, Teekannen und Zuckerdosen aus dem Schrank. Ein Service aus der Sowjetunion, blau, gold, orange und silbern bemalt. Die Geschirrstücke stehen in einer Vitrine, werden nur Gästen zuliebe herausgeholt.

«Schaut mal, das erbt ihr einmal! Wisst ihr, was das wert war? Wisst ihr, welche Fabrik das produziert hat? Die beste Porzellanfabrik, die es bei uns gab!»

«Ich will nur den Aktenkoffer haben», kontert mein Bruder, «den Diplomat.»

Den will ich natürlich auch.

Den Diplomat habe ich geerbt. Irgendwann gab ihn mir mein Vater einfach mit, den abgewetzten gelben Lederkoffer mit zwei Silberschnallen. Jetzt habe ich ihn und weiß nicht, wohin mit dem wertvollen Erbstück. Ich habe keinen Platz für ihn, also steht er hinter dem Kachelofen. Als gehöre er nicht hierher, als warte er, immer noch. Einmal wollte sich mein Sohn an Fasching als Tourist verkleiden. Uns fiel nicht viel ein als mögliches Kostüm. Eine große Kamera um den Hals und eine Sonnenbrille.

«Kann ich deinen gelben Koffer mitnehmen?», fragte er.

Also ging er an Fasching als Tourist mit einem alten sowjetischen Aktenkoffer in der Hand, in dem einst sein Großvater alles, was bedeutungsvoll schien, geborgen hielt. Jeden Beweis, dass er Würde hatte in seinem alten, verblassten und verhassten Leben.

«Glaubst du», fragte mein Sohn, «die Leute erkennen, dass ich ein Tourist bin?»

Banane, gelb: gab es in der Sowjetunion nicht. Gab es sowieso so gut wie gar nicht, Bananen, da kam es auf die Farbe auch nicht mehr an. Zu Neujahr gab es manchmal Bananen, grüne meistens, und von Grün gingen sie direkt in Braun über. Machte aber nichts, wir wussten ja nichts von gelben Bananen. Da gab es dann auch nichts zu vermissen. Warum zu Neujahr, das weiß ich bis heute nicht und möchte es auch nicht nachlesen. So viel habe ich über das System gelernt, in dem ich aufgewachsen bin, manches will ich als Gefühl behalten. An Neujahr gab es manchmal Bananen.

Einmal bekam ich eine Banane zu Neujahr geschenkt. Eine Freundin brachte sie vorbei, aber ich war in den Winterferien mit meiner Großmutter verreist, in ein sowjetisches Erholungsheim, wo wir nur hinkonnten, weil sie die Abteilung einer Fabrik geleitet hatte. Ich raste mit meinen Langlaufskiern Hügel hinunter, meine Großmutter schaute mir zu. Meine Mutter versteckte derweil die Banane in der Schublade für mich, in der Hoffnung, die Dunkelheit würde sie vielleicht länger grün halten. Die Banane ignorierte die Dunkelheit und wurde zielsicher braun und ebenso sicher matschig. Ein paar Tage bevor ich zurückkam, beschlossen sie, die Banane ohne mich zu essen.

«Wir hätten sie sonst wegschmeißen müssen. Ich habe immer in die Schublade geschaut, jeden Tag, habe so sehr gehofft, dass sie für dich grün bleibt.»

«Sie hat mir eine Banane geschenkt? Ihr habt sie ohne mich gegessen?»

Heute versucht meine Mutter, diese Geschichten meinen Kindern zu erzählen. «Könnt ihr euch das vorstellen? Bevor eure Mama nach Deutschland kam, hatte sie nur drei Mal in ihrem Leben eine Banane gegessen.»

«Nur drei Mal?», fragt einer der Jungs. Der, der keine Banane in seinem Müsli mag, aber Bananenmilch sehr gerne. Beeren mag er im Müsli auch keine, aber gerne frisch aufgeschnittene Mango und Kiwi. Wenn meine Mutter das Gefühl hat, dass die Kinder sich für ihre alten Geschichten nicht richtig begeistern, wechselt sie vom Russischen ins Deutsche. Als läge es an der Sprache, als gäbe es nicht ein ganzes Leben, das zwischen den Generationen steht. Ich sage nichts dazu. Erzähle den Kindern nicht die Geschichte von meiner ersten deutschen Banane. Schneide Mango auf für sie.

Vielleicht mache ich es einfach ganz kurz: Sie hatten mir nicht viel für Deutschland versprochen, aber auf jeden Fall eine Banane am ersten Tag.

«Egal, was sie kostet?», hatte ich gefragt.

«Egal, was sie kostet», hatten sie versichert. «Gleich am ersten Tag.»

Also suchen wir diesen Supermarkt, stehen davor. Sehen den Deutschen dabei zu, wie sie das mit dem Einkaufen machen. Machen ihnen alles nach, nehmen Bananen, gehen damit in den Supermarkt, stellen uns an der Kasse an, bezahlen. Mein Bruder bezahlt, meine Mutter, meine Großmutter und ich hinter ihm, die Augen auf seinen Händen, das erste Mal bezahlen in Deutschland. Das erste Mal etwas kaufen. Es hatte bereits in den letzten Wochen vor der Abreise begonnen, dass mein Bruder das Ruder in der Familie übernahm. Er ist jung, ihm gehört die Zukunft. Er lernt schneller Deutsch als meine Eltern, als sie zusammen vor der Abreise Privatunterricht nehmen. Die schweren Taschen zu heben fällt ihm leichter als meinem Vater, die deutschen Vokabeln fallen ihm schneller ein. Draußen vor dem Supermarkt reißt mein Bruder eine Banane ab und reicht sie mir. Sie schauen mich an. Was denkt meine Mutter? Dass das ein guter Schritt war, dass es sich gelohnt hat, hierher nach Deutschland zu kommen, dass sich alles gelohnt hat für diesen Anblick: ihr Kind, das eine gelbe Banane in den Händen hält. Noch bin ich hier das Kind. Das Kind schält, riecht, sagt nichts, beißt ab, ein erstes Mal, das Kind zittert vielleicht, eine Hand, kleine Finger, und ich weiß nicht, wie es geschieht, was nun geschieht, da liegt sie nun: diese erste Banane auf dem Boden, auf dem grauen Asphalt, den die Deutschen angeblich mit Seife waschen. Haben wir in der Sowjetunion gehört, dass die Deutschen das tun. Ich stelle mir die Seife schaumig vor, große, weiße Blasen auf dem Asphalt. Kniende Menschen mit Schwämmen in den Händen, reibend.

Ich will diese Geschichte nicht erzählen, nicht die Tränen, die Verzweiflung, die Angst, unser ganzer Reichtum, unser ganzes Geld, nicht die Scham. Mein Bruder, meine Großmutter, meine Mutter strecken mir alle den Rest der Staude entgegen,

«wir haben ja noch welche»,

«hier nimm»,

«wein nicht»,

«mach dir keine Sorgen».

Ich mag diese Geschichte nicht erzählen, die in einen schlechten Film gehört, von dem Mädchen, das nicht aufhören kann zu weinen, von dem schlechten Gewissen, das das Mädchen bis zum Abend jagt. Ich möchte das Mädchen nicht gekannt haben, ich überlasse es meiner Mutter, diese Geschichte zu erzählen. Heute teilen wir uns die Aufgabe: Ich verdrehe die Augen dabei.

Ich schreibe meine Geschichte auf, Buchstaben, Worte, Sätze, in der Übersetzung geht mir die Hälfte verloren, vor allem die Hälfte Gefühl. Lasse alles weg, was ich nicht ertrage, staune über die Mengen. Schütze mich selbst und werfe anderen vor, dass ich sie zu schützen versuche. Frage nicht mehr, wem die Geschichte gehört. Wir haben nichts mitgebracht, was wir gebrauchen können, im guten, alten Sinne des Wortes, ein paar Bilder, ein paar Bücher, diese Geschichten. Die schleppen wir jetzt, oder wir werden von ihnen getragen.

UNTER-BIRKCHEN

Берёза (berjosa) heißt Birke. Es ärgert mich, dass ich sie aus klischeehaften Gründen liebe, die zarte, papierdünne Rinde, der Sommer, den man tasten kann, die Pilze, die unter ihr wachsen und подберёзовеки, «Unter-Birkchen», heißen, deren Geruch. Ich will ihn im August, am Ende der Datschasaison, mit in die Stadt nehmen, in die Stickigkeit von Petersburg, in die menschenzermürbte Metro. Bis heute, nach Deutschland möchte ich ihn genommen haben. Ich weiß nicht, wo in Deutschland Pilze wachsen, das habe ich nie herausgefunden. Mein Vater und mein Bruder sammeln Pilze und berichten, dass die Deutschen beim Suchen keine Konkurrenz bilden, denn hier gelten andere Pilze als giftig als bei uns. Ich esse die eingelegten oder mit Kartoffeln gebratenen Pilze meines Vaters, die in deutschen Pilzbüchern mit einem Warnhinweise versehen sind, verschlinge sie mit Smetana. Bin immer noch am Leben.

Wie ungern ich diese Liebe zugebe, die zu den Birken. Als wäre ich damit ein deutsches Klischee.

Der Ahorn ist deutsch, grüne gezackte Blätter, unter die eine grüne Wiese gehört. Alles ist grün, geordnet.

Bei клён, dem russischen Wort, sehe ich bunte, wangenrote, gelb kreischende, oft getrocknete Blätter. Ich klebe sie in Herbarien ein, für die Schule. Sie zerknittern dabei, zerfallen. Ich schimpfe, ich kann das nicht, in Schön. Mache dennoch weiter, weil ich hoffe, dass ich das eines Tages auch lieben kann: besonders schöne Blätter sammeln, zwischen Lexikonseiten trocknen, vorsichtig mit der Pinzette wieder herausheben, in Alben zum ewigen Dasein verbannen. Meine Mutter tat das, sie liebte Herbarien als Kind. Das erzählt sie mir in unserer Küche, ich sitze auf einem Hocker, sie schneidet etwas oder wäscht Geschirr. Sie sitzt nicht neben mir, dazu hat sie keine Zeit. «Wie sehr habe ich Herbarien geliebt, als ich ein Mädchen war!» Vielleicht gibt es Bratkartoffeln zum Abendessen.

Ich kenne ein Foto von meiner Mutter als Mädchen, habe ihren dicken, festen Zopf aus Locken auf diesem Foto gesehen und Geschichten gehört, in denen die anderen Kinder sie auslachten, weil das Mädchen ein jüdisches war und das «r» nicht richtig aussprechen konnte, was, so sagte man mit absoluter Überzeugung in der Sowjetunion, den Juden selten gelang. Ich erbte das ungerollte «r» von ihr und von all den anderen Jüdinnen und Juden. Sie schleppte mich geduldig von Logopäde zu Logopädin, um mir ihre eigene Demütigung zu ersparen, und ich tue genau das mit meinen Kindern, ihnen meine Demütigungen zu ersparen, und wahrscheinlich werden sie das mit ihren Kindern ebenfalls tun. Wie wir alle dieselben Fehler wiederholen. Ich legte bei der Logopädin geduldig die Zunge vorne an den Gaumen, spannte sie an, ließ sie gegen den Gaumen zittern, rollte und rollte, wiederholte das ganze Procedere vor dem Spiegel, als Hausaufgabe, jeden Tag eine halbe Stunde. Ganz fleißig war ich, nur das «r» rollt bis heute nicht. Wie gerne meine Mutter noch Jahre später in Deutschland erzählte, dass ja genau das meiner deutschen Aussprache geholfen habe. Was für ein Glück das war, dass ich das rollende «r» niemals bewerkstelligt hatte, im Nachhinein beinahe ein Zeichen. Dass ich deshalb Deutsch klinge, sagt sie, als hätten sich mit dieser Fähigkeit alle weiteren Anstrengungen eines Lebens erübrigt.

Die Liebe zu Herbarien: Ich gab mir außerordentlich Mühe, sie zu erben. Ich eiferte meiner Mutter nach. Wirklich, meiner Mutter? Ihr Gesicht schön, als sie mir von ihren Herbarien erzählt, die Haut glatt, die Haare lockig. Grüne Augen, stolzer Blick, obwohl sie müde gewesen sein muss. Auf dem schwarz-weißen Foto von ihr als Mädchen hat sie eine sehr jüdische Nase und den dicken Zopf. Sie lächelt auf dem Bild, vorsichtig, schüchtern. Dass ich mich an ihre Haut erinnere, an deren Beschaffenheit, als sie mir von sich als Mädchen erzählt. Von ihrer Großmutter erzählt sie auch, die Jiddisch sprach, Fruma Fejga. Sie hieß wirklich so, fromme Fejga. Meine Mutter, die Enkeltochter, nannte sie «mei Vejgele», mein Vöglein. Das möchte ich auch sein, ein kleines Vöglein. Meine Mutter schämte sich für ihre Großmutter, des Jiddisch wegen, wegen Koseworten wie diesem. Der Zopf ist weg, die Urgroßmutter schon lange vor meiner Geburt verstorben. Die krausen Haare meiner Mutter sind nun kurz, ich stecke meine Kinderhände hinein, bis sie sich darin verfangen. Heute in dieser Erinnerung verfangen und der plötzliche Wunsch: auf ihren Schoß klettern, in unserer kleinen quadratischen sowjetischen Küche, während sie auf einem der Hocker sitzt. Stühle waren zu groß für diese Küche. Zu Hause, auf dem Schoß sitzen, auf einem Hocker. Alte Wünsche, getrocknet, geklebt.

Wie meine Mutter sich freut, wenn ich Interesse an der Familiengeschichte zeige: Als hätte sie mich für immer unterworfen, ich weiß gar nicht, wem, ihrer Liebe möglicherweise. Sie drückt mich, umschlingt mich mit Tränen. Raspelt Namen in mein Ohr, бабушка, дедушка, Лёва, Fruma Fejga, sie breitet ihre Geschichte vor mir aus. «Sie beten alle für dich, alle, weißt du das? Sie schauen dir zu.»

Genau davor habe ich Angst. Dass sie mir zuschauen von oben.

Ahorn und клён, das geht ja noch, das sind ja nur unterschiedliche Farben, die ich vor dem inneren Auge sehe. Bei anderen Baumarten, Sträuchern, Blüten habe ich zwischen den Sprachen überhaupt keine Verbindung. Ich kenne entweder die deutsche oder die russische Bezeichnung. Bei den Pflanzen ist die Zweisprachigkeit an ihrem Ende, es gibt sie nur in einer der Sprachen. Zwischen den russischen und den deutschen Pflanzen ist keine Verbindung, obwohl es sie bei Möbelstücken, Tieren und Kleidungsstücken gibt, auch bei Gefühlen. Sogar bei Lebensmitteln, obwohl die sowjetischen aus meiner Kindheit sich nicht in deutschen Supermärkten finden lassen. Buche, Ringelblume, Kleeblatt gibt es nur auf Deutsch, aber mein Kopf weiß, es gibt sie nicht nur in Deutschland. Meine Zunge weiß ausnahmsweise nichts.

Diese eine Leerstelle, der Beweis, dass jedes Lernen ein Ende hat. Ich muss diese Leerstelle zwischen den Sprachen lieben, man kann ein Kind nicht einfach nehmen und in ein anderes Land verpflanzen und hoffen, dass das keine Spuren hinterlässt. Obwohl, die Hoffnungen meiner Eltern beim Auswandern waren sicherlich eher sicherheitstechnischer Natur.

Alte Hoffnungen: Der Deutschkurs findet im Keller einer Kirche statt, mitten in der Innenstadt. Jeden Morgen machen sich alle sechzig jüdischen Emigranten aus der ehemaligen Sowjetunion, die dank einem Losverfahren in dieser schwäbischen Kleinstadt gelandet sind, auf den Weg zum Deutschkurs. Raus aus dem Stacheldraht, hinaus in die deutsche Sprache, die dann direkt ins deutsche Leben führen soll, ins Paradies. Die Alten laufen pflichtbewusst immer ein paar Minuten früher los, brauchen mehr Zeit für ihre müden Schritte, schmerzende Knie, verhornte Füße, für das Luftholen in der sommerlichen Hitze, für das Stehenbleiben, für die kurze Pause auf einer Parkbank im Schatten. Sie ziehen das, was sie gelebt haben, immerzu hinter sich her. Die Kinder müssen im Sommer auch mit zum Deutschkurs, wohin denn sonst mit denen? Die kann man ja nicht den ganzen Tag alleine im Asylantenwohnheim lassen bei diesen Schwarzen, diesen Jugos und wer da sonst noch außer uns so lebt. So sagen sie das, unsere Eltern, fragen sich nicht, ob die Bezeichnungen diskriminierend sein könnten. Sommerferien, Deutschkurs, Schonzeit. Bevor wir zu den deutschen Kindern auf die deutsche Schule müssen, wo sie sofort sehen werden, was wir selbst riechen können: dass wir anders sind, dass wir geringer sind als sie.

Die Deutschen fahren auf dem Fahrradweg, der zwischen Bürgersteig und Autostraße verläuft. Wohin?

«Mit dem Rad zur Arbeit», erklärt Stefan, der Deutschlehrer, so ein Volk ist das also, eines, das mit dem Fahrrad zur Arbeit fährt. Wir hören gar nicht mehr mit dem Wundern auf. Stefan lehrt unsere Eltern und Großeltern Deutsch mit Hilfe von Arbeitsblättern, sonst ist er Student. Auch er kommt mit dem Fahrrad zum Kurs, springt vor der

Kirche elegant vom Rad ab, schließt es an, wir schauen ihm dabei zu, Handbewegung für Handbewegung. Auf den Arbeitsblättern sind Kästchen abgebildet, darin schwarz-weiße Gegenstände, Dinge. Ein Buch, eine Nase, im nächsten ein Wurm. Es gilt, den richtigen Begriff unter das jeweilige Bild zu schreiben. Für die Streber mit dem richtigen Artikel. Ich helfe бабушка beim Ausfüllen, uns Kindern fällt das Sprachenlernen leichter.

Zum Beispiel: книга, das Buch. Oder де́вочка: das Mädchen. Ich bin sächlich geworden. Sächlich kommt von: Sache, die.

Stefan verbietet mir, бабушка zu helfen.

«Sie soll das selbst lernen», sagt er. Die Dinge haben bereits angefangen, sich zu drehen, wer wem eine Hilfe ist. Ich langweile mich durch den Tag, wenn ich nicht helfen darf, sitze neben бабушка, starre aus dem Fenster. Wenn die Erwachsenen beim Lernen Pause machen, dürfen wir auf dem großen Platz vor der Kirche spielen.

Stefan, der Student, lässt sich bei Irina, der Friseurin aus der Ukraine, die zwei Zimmer weiter wohnt, die Haare schneiden, weil die deutschen Friseure – ein Gerücht, das sich mit der üblichen Schnelligkeit durch die dünnen Holzwände im Wohnheim verbreitet – zwanzig Mark für einen Haarschnitt nehmen. Zwanzig Mark! Stefan hat Irina als Dankeschön einen Blumenstrauß geschenkt. Russen im Wohnheim schneidet Irina die Haare nicht oder heimlich. Damit wir nicht alle zu ihr gerannt kommen, alle sechzig. Kinder, Erwachsene, Alte. Sie ist nicht nach Deutschland gekommen, um hier umsonst Russen die Haare zu schneiden. Kurz vor ihrer Ausreise nach Deutschland hat Irina geheiratet, einen Mann, den sie kaum kannte, und das ganze

Wohnheim flüstert: Der wollte doch nur nach Deutschland, der wollte doch gar nicht sie. Sie ist nämlich nicht die Schlankste, muss man wissen. Sie wartet auf ihren Mann, diese große Liebe, die sie drei Tage lang kannte, dass er nachkommt zu ihr, nach Deutschland, ins Wohnheim. Wir warten jetzt auch mit ihr. Wir wollen alle wissen, wie sie aussieht, diese große Liebe. Irgendwann kommt er nach. Er hat einen Bauch wie unsere Väter, aber Haare hat er, wo unsere Väter Glatzen tragen, und er lacht. Jemand flüstert schon wieder, er handle mit Drogen. Einmal bringt er uns vom Einkaufen Schokoriegel mit. Er geht nicht zum Deutschkurs mit, schläft, wenn wir morgens das Wohnheim verlassen. Erzählt, er sei zu Hause in Kiew Koch gewesen.

«Zum Kochen», sagt er, «braucht man keine Sprache. Man braucht nur Lebensmittel. Fleisch, Kartoffeln, Teig. Oder was denkt ihr zu diesem Thema, Kinder?» Wir nicken eifrig, weil wir nach unserer Meinung gefragt werden.

Mein Vater sagt: «Ukrainischer Borschtsch, das ist eine Köstlichkeit! Wenn er gut gekocht ist! Mit viel Fleisch!»

Die alte Frau aus der Ukraine aus Zimmer acht sagt: «Das kann ich auch! Dazu muss ich doch nicht Koch sein, das kann jeder!»

«Jeder kann es, aber nicht jeder gut», sagt mein Vater. Vielleicht hofft er auf eine Portion Borschtsch mit viel Fleisch.

Meine Mutter sagt: «Mit so einem Bauch, wie du ihn hast, musst du auf deine Cholesterinwerte aufpassen.»

«Das hat sogar der deutsche Arzt gesagt», fügt sie hinzu, und damit sind alle Gegenargumente mit einem Schuss erledigt.

Mein Vater sagt nichts mehr, oder er schreit. Ich liege

oben im Stockbett und lese «Krieg und Frieden», weil die Tochter der Frau aus Zimmer acht, die Borschtsch kochen kann, mir das geliehen hat und ich alles, was wir an Büchern mitgebracht haben, bereits ausgelesen habe. Zwei Mal.

Ich lese nur den Frieden, nicht den Krieg. Die haben dort auch Liebesprobleme, Sehnsucht wie Irina. Ich schaue vom Stockbett aus auf meine Eltern, meine Großmutter hinunter. Am Esstisch, der auch Schreibtisch und Ablage ist, lernen sie Deutsch, füllen Kästchen aus. Wenn sie nicht weiterkommen, werfe ich ihnen das fehlende Wort hinunter. Ich füttere meine Eltern von oben mit deutschen Krümeln, während Natascha sich im Frieden unsterblich verliebt.

Die Kirche, in der sie Deutsch lernen, heißt Friedenskirche. Im Keller und in Frieden erwerben die neuen Jüdinnen und Juden, die Deutschland eingeladen hat, damit sie das jüdische Leben wieder erblühen lassen, die Deutsche werden könnten und nicht wissen, was das bedeutet, die Sprache. Buch, Nase, Wurm. Aber vom Bücherwurm, der seine Nase ins Buch steckt, haben viele von ihnen keine Ahnung. Außer den Kindern, die lernen schnell. Auf dem langen Rückweg am Nachmittag erhoffen die Kinder sich ein Eis in der Waffel, sechzig Pfennig die Kugel. Die gibt es in einem schneeweißen Kiosk, aber die Eissorten, die sind bunt wie die Fahrradhelme der deutschen Kinder.

Ich habe ein imaginäres Haus, es ist riesengroß. Die Einrichtung meines Hauses suche ich im Quelle-Katalog aus, den ich abends in meinem Stockbett unter diesem faden, gelben Licht durchblättere.

«Hast du ‹Krieg und Frieden› schon ausgelesen?», kommt von unten. Ich glaube, dass es nichts Schöneres gibt als so ein «Jugendzimmer Birke» auf Seite 167. Eines, in dem der Schreibtisch zum Schrank passt und der Schrank zum Bett. Und auf dem Bett muss der weiße Teddybär von Seite 213 sitzen, und die Bettwäsche muss auch mit Teddybären bedruckt sein.

«Hast du meine Frage nicht gehört?» Ich denke, es ist schwer, in diesem kleinen Zimmer eine Frage zu überhören, und ich denke, dass der Krieg langweilig ist und dass ich nie schön sein werde wie Natascha aus dem Frieden.

Was übrig bleibt vom Stacheldrahtzaun, von dem Mädchen, vom Gestank im Wohnheim, der sich in uns frisst, was übrig bleibt von dieser Mischung aus Bratfett, Verzweiflung, Schimmel und Angst, das ist die Scham. Die simpelste Scham von allen, die zu sein. Die sein zu wollen. Zu denken, dass ich, dass jemand mich mögen könnte. Dazugehören, ein Wunsch, größer als alle Geburtstage zusammen. Als wäre ich – und der Satz ließe sich beliebig fortsetzen. Dagegen hilft kein Erfolg, keine Therapie, keine Erfahrung. Nichts hilft, weil Scham währt.

Wenn der Mensch mit Würde auf die Welt kommt, habe ich sie abgegeben, sie vergraben vielleicht. Zusammen mit den Pornoheften, die wir Kinder einmal unter einer der Holzbaracken im Wohnheim fanden. Die Baumaterialien, nun ja, für Asylanten, wie man damals noch sagte, wird es schon reichen, morsches, schimmelverseuchtes Holz. Da lagen die Hefte, die wir durchblätterten, verwirrt und verlegen, unbeantwortete Fragen, die wir vorsichtshalber nicht in Worte fassten. Wir trauten uns nicht, sie zurückzubringen, sie wieder unter der Baracke zu verstecken – was, wenn sie uns damit in den Händen erwischen? Also vergruben wir sie. Die Lösung, die in Kinderköpfen die logischste ist. Dahinten, hinter dem Hügel, hinter dem noch ganz anderes geschah. Und die Würde, wo war die geblieben, auch hinter dem Hügel vielleicht. Als wir das Wohnheim verließen, in eine «eigene» Wohnung, war sie geschrumpft, bis sie unsichtbar wurde. Obwohl wir uns sicher gewesen waren, sie mit nach Deutschland genommen zu haben.

Was übrig bleibt, ist Scham.

Ich schaffe ein eigenes Wort dafür: mögenswert.

Ich bin nicht mögenswert. Ich kann genug Deutsch, um diesen Satz zu bilden.

Jahre später baue ich deutsche Buchstaben zu einem Wall, der Trotz ist ein verletztes, knurrendes Tier. Wer will das schon, dazugehören. Feiglinge vielleicht. Ich doch nicht. Ich brülle den Satz Buchstabe für Buchstabe, auch wenn niemand ihn hört.

Überleben wird meist gestampft, es wird nicht geschlichen.

Ich spiele mit den deutschen Worten. Ich ordne sie an, befehle ihnen, sich mir zu beugen, sich richtig hinzustellen, nein, nicht so, anders eben, ich bin es, die dieses Spiel gewinnt.

Wenn ich glaube, dass die Worte mich nicht gehört haben, dass ich für immer hinter Stacheldrahtzaun gehöre, verwechsle ich beim Sprechen vor Unsicherheit wieder die kurzen und die langen Vokale. Wie früher, wie am Anfang, und dann ärgere ich mich darüber, zu lange. Ofenkartoffel, erst ein langes o, dann ein kurzes, diese alten Stolpersteine. In der Schule esse ich in der Mittagspause zwischen Vormittags- und Nachmittagsunterricht immer Pizza, weil ich mir nicht zutraue, das andere so auszusprechen, dass mich niemand verbessern müsste, lachend: «Das heißt Ofenkartoffel.» Vorne lang, hinten kurz, das kenne ich aus dem Russischen nicht, dass Vokale ihre Länge ändern. Und dabei auch noch Regeln befolgen.

Ich nahm die Pizza mit den Artischocken. Ein kurzes o, dabei hätte ich lieber die Kartoffel gegessen.

In einem Brief an meine Tante in Russland erzähle ich von meinen vielen deutschen Freunden. Ich beginne jeden Satz mit «wir». Mit «wir» sind Kinder gemeint, die nur in meinem Kopf existieren. Mit jedem Satz dichte ich mich vom Wohnheimtisch fort, an dem ich diesen Brief auf liniertes deutsches Papier schreibe, werde größer, werde kleiner, weil kein Satz dieses Briefes stimmt. Dichte ein Leben, Zeile für Zeile.

«Die Welten in deinem Kopf waren schon immer größer als das, was tatsächlich passiert», sagt meine Mutter. Dann erzählt sie wieder die Geschichte von den Gespenstern auf der Datscha. Eines Tages erzählte ich meinen tatsächlich existierenden Freunden dort, meine Eltern hätten mir unzählige Pfauenaugen fürs Fahrrad mitgebracht, die wiederum nicht existierten. In Rot, Orange, Grün und sogar gemustert. Die anderen Kinder wollten die Pfauenaugen sehen, sofort. Geht nicht, sagte ich, weil bei uns im Haus Gespenster leben, unten im Keller. Aber das dürfte ich eigentlich gar nicht erzählen, sonst flögen sie davon. Die hätten die Pfauenaugen mit in den Keller genommen. Sobald ich die Gespenster erwähnt habe, sind die Pfauenaugen nicht mehr von Bedeutung. Vier sind es, eine ganze

Familie. Ja, jede Nacht, nein, sehr freundlich, das sind gütige Gespenster, pünktlich um zwölf.

Meine Eltern werden davon wach, dass Kinder nachts um unser Haus herumschleichen, wartend, frierend, ängstlich, aufgeregt. Ich schlafe fest und höre erst am nächsten Morgen davon.

«Die Welten in deinem Kopf waren schon immer größer», sagt meine Mutter, und dann fügt sie hinzu: «Schreib auf gar keinen Fall über uns.»

Ich weiß nicht, wem sie die größere Angst machen, die Welten in meinem Kopf, mir oder meiner Mutter. Wenn meine Kinder Übernachtungsbesuch haben, kommen Gespenster zu uns, schon seit Jahren. Die Gummibärchen-Gespenster, und ich bin die Einzige, die deren Telefonnummer kennt. Die Kinder sind schon zu groß, um an Gespenster zu glauben, wünschen sie sich aber weiterhin.

Wir Kinder sitzen draußen im Hof im Wohnheim, auf dem heißen Asphaltboden, zwischen zwei einstöckigen Holzbaracken. In einer davon wohnen wir, die Jüdinnen und Juden. Wir kommen aus Russland, der Ukraine, Moldawien, Weißrussland, wir waren dort Juden gewesen, aber versuchten, so zu leben, als wäre das nicht der Fall. Solange sie uns in Ruhe ließen, solange sie uns nicht an unseren Namen, unseren Nasen, unserer Unfähigkeit, das «r» zu rollen, erkannten. Nahmen das, wenn sie uns erkannten, so hin, sprachen das Wort selten aus, zuckten es nur mit den Schultern: Antisemitismus. Jetzt leben wir hier, in einer Holzbaracke, in Deutschland.

Wir leben, lieben wenig und hassen neuerdings, weil es das andere einfacher macht, das Leben. Wenn es jemanden gibt, über den man etwas sagen kann, wie: Der ist schuld. Wenn man auf jemanden zeigen kann – aber das trauen wir uns noch nicht, den Finger auf die Deutschen zu richten. Also hassen wir erst einmal die anderen alle, die aus den anderen Baracken. Auch in unserer Baracke bilden wir Koalitionen, wer spricht heute nicht mit wem. Heimliche Versammlungen hinter zugezogenen braunen Türen und Probleme von Bedeutung: Die Duschzeit wird geregelt, es gibt eine Dusche für alle sechzig, die Frauen, die Männer, die Jungen, die Alten, und jemand muss die kaputte Herdplatte nehmen, die ewig braucht, um heiß zu werden. Die Küche, die wir auch alle miteinander teilen, ist das Zentrum des Geschehens, der Liebe, der Ängste, der Gerüchte, Gerüche, der Erfolgserlebnisse (wir waren heute bei einem deutschen Zahnarzt!), der Erinnerungen. Die Sätze beginnen meist mit «bei uns» und werden fortgesetzt mit Nostalgie, Bitterkeit und faulendem Stolz. Die Bitterkeit schmeckt nach Kartoffelschalen, aus denen hatten wir bei uns Suppe gekocht.

In der Küche bereiten die ukrainischen Frauen Borschtsch zu und sprechen auf eine Weise Russisch, dass es für mich ungebildet klingt, weil ich aus Petersburg, der Weltstadt, stamme. In der Küche freuen wir uns, die einzeln in Plastik verpackten Scheibletten-Scheiben zum ersten Mal auszupacken. Bevor wir uns freuen, üben wir: Die Folie an der rot markierten Stelle mit den Fingerspitzen anheben und einmal um den Käse herum. Kleine deutsche Wunder.

Unsere Eltern sind jetzt wie wir, sind Kinder. Mit dem aus Zimmer 6 sprechen sie nicht, und die Frau aus Zimmer 4 gibt dem jungen Mann aus Zimmer 7 von der Hühnersuppe nichts ab, obwohl sie sonst alle alleinstehenden Männer mitfüttert. Dem, der eines Tages eine Knarre zieht. Keiner weiß, woher er die Knarre hatte. Weil er nicht mehr kann, das gedrängte Leben mit den fremden Menschen im Zimmer, die jetzt neben einem stehen, während man sich abends rasiert, deren Schnarchen einen am Schlafen hindert, an allem anderen auch. Die immerzu sprechen, streiten, atmen, sind. Er zielt, erst auf die Zimmernachbarn, dann auf sich selbst. Weil er nicht mehr kann, die Erniedrigung, die Einsamkeit, die nicht vorhandene Privatsphäre, alles, was wir niemals in Worte fassen, wozu auch. So ist es jetzt, das Leben. Vielleicht vergessen wir alle in dieser Enge, Menschen zu sein. Er drückt nicht ab, zielt nur, um dann weinend zusammenzubrechen. Keiner weiß, was mit der Knarre später geschieht. Privatsphäre ist hier kein Luxus, es ist noch nicht einmal ein Wort. Wie Kinder sind diese Erwachsenen plötzlich, streitlustig hier im Wohnheim, schüchtern, sobald sie hinter den Zaun treten. Nachts weinen sie, und morgens sprechen sie in der Küche darüber, dass sie nicht schlafen konnten, schon wieder. In diesem Land, in dem Kinder mit neonbunten Fahrradhelmen zur Schule fahren, in der Holzbaracke, die zwischen anderen Holzbaracken von Stacheldraht umzäunt steht, werden unsere Eltern zu Kindern.

Ich beeile mich, die Sprache schneller zu lernen. Die Mutter, der Vater, das Mädchen.

Wir Kinder sitzen auf dem heißen Asphaltboden zwischen den Holzbaracken, weil es sonst keinen Ort für uns gibt. Vier- und fünfköpfige Familien hausen in zwölf Quadratmeter großen Zimmern, da kannst du nicht sagen, komm, wir spielen bei mir, da kannst du eigentlich gar nicht vom Spielen sprechen. Wir haben ein Gesellschaftsspiel namens

MAD. Wir haben keine Ahnung, wer oder was MAD ist, wir vermuten: ein Junge. Der Junge ist auf der Schachtel abgebildet. Das Spiel ist wahrscheinlich unvollständig. Jemand hat es beim Sperrmüll gefunden und mit ins Wohnheim gebracht. Wir können die Regeln nicht lesen, wir haben uns unsere eigenen gemacht. Spielregeln sind unser geringstes Problem. Wir müssen alles lernen, das Leben neu lernen. Was wir bisher essen, sprechen, lieben, kennt hier niemand. Unsere Eltern vermögen das kaum zu sein, Eltern. Außer, sie erinnern uns daran, die Zähne zu putzen und uns warm anzuziehen, und manchmal vergessen sie auch das. Dann wünschen wir uns, sie hätten es nicht vergessen.

Wir sitzen im Hof, wir spielen. Irgendjemand schreit schon wieder: «Russisch zappzarapp!», dabei klauen die doch selber. Wir klauen nicht, das ist was für die Primitiven aus den anderen Baracken. Wir sollen nicht zu den anderen Baracken, sagen unsere Eltern, in denen die anderen wohnen.

«Wir klauen doch nicht, die klauen doch selber!», sagt einer von uns. Im Spiel gibt es so Kärtchen mit Text. Ich kann am besten Deutsch, also kann ich nicht zugeben, mir die Blöße nicht geben, dass ich auch kaum ein Wort verstehe, was da steht, also erfinde ich Aufgaben für das Spiel. Es ist unser Lieblingsspiel, und es wäre irgendwie mitleidheischend zu erwähnen: auch, weil es das einzige ist. Obwohl es so ist, wir haben halt keine Spiele. Wir spielen MAD.

Gegenüber steht die Baracke, in der die Schwarzen leben und die Jugos. Die streiten sich immerzu, miteinander, untereinander, manchmal auch mit uns. Nachts gibt es Schlägereien, nicht jede Nacht, aber immer wieder. Dann wird geschrien, und manchmal schreit eine Frau. Sie haben jetzt eine Notrufsäule am Stacheldrahtzaun installiert, orange. Am Telefon befindet sich nur eine Taste. Die deutsche Polizei kommt sehr schnell, wenn man diese Taste drückt, sagt der Hausmeister. Die Polizei kommt mit Blaulicht, ich kann es durch das Fenster schimmern sehen.

Die Schwarzen kochen sonderbar riechende Sachen, die Kleider der Frauen sind bunt, und manchmal binden sie sich bunte Kopftücher in die Haare. Die Kopftücher sind schön. Sie stinken, sagen unsere Eltern, und sie schämen sich nicht für diesen Satz. Sie wissen nicht, dass sie sich für einen solchen Satz schämen müssen, das haben sie nicht gelernt. So redet man in der Sowjetunion, die Schwarzen sind dreckig, die Juden sind gierig, die Zigeuner stehlen. Die Georgier aber, die kochen gut. Und sie haben die besten, größten Wassermelonen, erinnert ihr euch, die georgischen Wassermelonen, und bei der Erinnerung an die georgischen Wassermelonen wird schon wieder geseufzt. Ich sperre in der Schule und später beim Lesen die Ohren auf, erst erstaunt, dann entrüstet, die Schwarzen, die Juden, die Zigeuner, die so gar nicht heißen, sie haben einen Doppelnamen, Sinti und Roma, diese Verallgemeinerungen, Stereotypen, dieser Rassismus. Ich erzähle das meinen Eltern, mein Vater kontert: «Wozu sie anders nennen, die Zigeuner? Ist doch ihr Name.»

Verständnislosigkeit in seinem Gesicht, dann widmet er sich wieder anderen Dingen, auch mir: «Könntest du vielleicht mal die Küche fegen?» Ich fege die Küche, aber speichere die Verständnislosigkeit in der Schublade ab, in der ich Beweise gegen meine Eltern sammle. Ich bringe mir Empörung und das Wort Menschenrechte bei. Später trage ich das Wort in absichtlich kompliziertes Deutsch gekleidet in die Elternküche mit, spucke es ihnen vor die Füße. Ich schmeiße mit den großen Begriffen um mich, auch um mich von dort, wo ich herkomme, zu distanzieren. Grün gefärbte Haare, bedeutungstriefende Sätze, aber nichts davon reicht. Es bleibt für immer an mir kleben. Das Wohnheim, die russischen Sätze, der Eigengeruch.

Wie lange dauert es, bis ich sagen kann, zum Glück.

Es ist heiß, wenn wir auf dem Asphaltboden sitzen, es gibt keinen Schatten, keine Bäume auf dem Gelände. Nur kleine Fleckchen Gras hinter den Holzbaracken, am Stacheldraht, da lege ich mich manchmal zum Lesen hin. Ich starre ins Buch, in den Himmel. Zum Stacheldraht starre ich auch, aber ich nehme ihn nicht mehr wahr, muss ihn nicht sehen. Die Augen gewöhnen sich: an die lateinischen Buchstaben zum Beispiel, an die fremden Menschen, an den Stacheldraht, an Ängste. Jemand in der Schule hat mich nach Zuhause gefragt. Ich habe herumgestottert, aber das ist nicht aufgefallen, durch das Deutsche stottere ich mich immer noch hindurch. Zu Hause ist, wo wir nicht mehr sind. Ich erzähle nicht vom Wohnheim. Ich lüge, merke mir Straßennamen, um glaubhafter lügen zu können. Ich weiß nicht, in wie vielen Straßen ich wohne, während das Wohnheim weiterhin mein Zuhause ist.

Wie ich versuche, das Wohnheim hinter mir zu lassen, heute und gestern und morgen auch noch, auch wenn ich gerne schreiben würde: morgen nicht mehr. Manchmal der Trotz: und ja, morgen auch noch, mein ganzes Leben.

Wo unsere Eltern unbeholfene Kinder sind: auf dem Amt. Auf dem Arbeitsamt, dem Landratsamt, auf dem Ausländeramt, das vielleicht damals schon Ausländerbehörde hieß, aber das kann doch keiner aussprechen, der gerade aus Russlandukrainemoldawienweißrussland kommt: Behörde. Überhaupt diese sonderbaren Umlaute, die Punkte, die über den Buchstaben thronen.

Über: Juber. Ö: Osterreich. Das «ch» jubrigens hart ausgesprochen wie bei «Sprache» O-sterrei-ch. Das Land mit Wien, Wein, Mozart, das, aus dem Hitler stammt.

Die Sprache, die ist es, die einem alles verdirbt.

Wo sie außerdem unbeholfen sind, eine unvollständige Liste: beim Einkaufen. Im Bus. An der S-Bahn, wenn sie eine Fahrkarte kaufen wollen, an diesen wunderschönen, furchteinflößenden, orangefarbenen Automaten, um nach Stuttgart, in die Synagoge, zu fahren. In der Synagoge, wenn sie da angekommen sind. In meiner Schule, wenn sie mit meinem Lehrer sprechen. Mein Vater hört in Deutschland beinahe auf zu sprechen. Meine Mutter ist es, die also mit meinem Lehrer spricht, mich in die Schule bringt, die die Direktorin anbettelt, dass das Kind bitte in eine normale, in eine deutsche Klasse kommen soll, nicht in eine zu den anderen Ausländerkindern. Beim Arzt. Wenn sie nach dem Weg zum Arzt fragen. Wenn sie nach dem Leben fragen, also was zum Beispiel Kindergeld ist, und wie sich das Wohngeld zur Sozialhilfe verhält. Wo es Schulhefte zu kaufen gebe. Im türkischen Laden, wo denn sonst, da sind sie günstiger als im deutschen Kaufhaus. Wenn sie echten Deutschen die Hand schütteln, zittern ihre eigenen Hände (heute noch, manchmal). Wenn sie herauszufinden versuchen, was da in einer der Verpackungen aus dem Supermarkt steckt. Überhaupt Verpackungen, wie man diese öffnet. Käse, Wurst, Teebeutel. (Die muss man aber gar nicht öffnen, stellt sich heraus, die steckt man einfach so ins heiße Wasser! Und erst vor einem Jahr stelle ich fest, die steckt man auch gar nicht ins heiße Wasser, man macht es andersherum, man übergießt sie mit diesem.) Wenn sie beim Roten Kreuz nach Kleidungsstücken suchen. Für Kinder gibt es beim Roten Kreuz nicht viel, die Kinderklamotten werden meist aufgetragen oder in der Familie weiterverschenkt. Ich kaue gelangweilt an einem Apfel, während meine Mutter Kleidungshaufen durchwühlt, Sachen in Plastiktüten steckt, sich windet, wenn sie sich nicht traut, etwas, das ihr gereicht wird, abzuweisen. Die Frau vom Roten Kreuz sagt, dass ich den Apfel wegstecken soll, weil sie Apfelgeruch nicht ertrage. Meine Mutter reißt mir den Apfel eilends aus der Hand, als schäme sie sich für mich, als hätte ich die Regeln gebrochen. Ihre Augen suchen den Mülleimer, während meine Augen den Boden suchen. Ich habe Hunger. Meine Augen finden den Boden, aber ich merke mir seine Beschaffenheit nicht, Linoleum wahrscheinlich, was haben die beim Roten Kreuz, eher kein Parkett. Man merkt sich als Kind mehr Gefühle als Böden, den Boden schreibt man erst auf, wenn man erwachsen ist und sagen könnte: «Mama, mach doch nicht so einen Aufstand. Bitte mich doch einfach ganz ruhig, mit dem Apfel aus dem Zimmer zu gehen. Sei nicht unterwürfig, bitte, ich mache ja schon.»

Scham zum Beispiel, die lässt sich gut merken. Sie hat diesen Nachgeschmack im Mund, als habe man sich soeben übergeben.

Wann unsere Eltern unsicher sind, außerdem: wenn sie etwas falsch gemacht haben. Wenn sie Briefe von Ämtern lesen, mit dem dicken braunen Wörterbuch am Esstisch. Wenn sie deutsche Worte aneinanderreihen, in der Hoffnung, dass die Worte Sätze ergeben. Noch unsicherer sind sie, wenn sie diese Sätze wiederholen, nach dem obligatorischen «Wie bitte?», dem häufigen Echo.

Das «Wie bitte?» ist meist eine Forderung, als habe ein Kind die Hausaufgaben vergessen. Die Forderung höre ich, bevor ich das «Wie» und das «Bitte» einzeln verstehe. Sind unsicher, wenn sie etwas nicht verstehen und dann selbst zurückfragen: «Können Sie wiederholen, bitte, noch einmal?»

Hören sie, dass viele Deutsche, wenn sie gebeten werden, etwas zu wiederholen, nicht nur langsamer und deutlicher sprechen, sondern auch lauter werden, als wäre man taub, hören sie, dass es klingt, als wäre man dumm? Hören sie das, oder hören das nur wir, die Kinder? Vielleicht sind wir die Einzigen, die hören können, dass unsere Eltern für dumm gehalten werden. Hören unsere Eltern, wie wir uns schämen? Wir übersetzen flüsternd und schnell.

Unsicher sind sie, sobald sie die demütigende Gewissheit des Stacheldrahtzauns verlassen. Ich sehe, höre, rieche, schmecke, taste ihre Unsicherheit, werde sie nie wieder los.

Die Dankbarkeit vergesse ich einfach. Ich weiß genau um alles, was sie mir nicht geben konnten, und vergesse, danke zu sagen, für die Kraft, mir selbst beizubringen, was sie nur nicht kannten. Vergesse, danke dafür zu sagen und für alles andere auch.

Das Danke ist in unserer gemeinsamen Sprache ein weiches Wort: спасибо. Spasibo. Es streichelt, das Wort, aber ich vergesse zu streicheln.

Es steht da noch immer, dieses Mädchen, in den falschen Klamotten, in dieser beigefarbenen Jacke, die man, so hat es das Mädchen in der Sowjetunion gelernt, «Parka» nennt. Das Mädchen war stolz, dieses Wort aus dem Westen zu kennen und den Parka mit in den Westen zu nehmen. Es steht immer noch da, auf dem Schulhof, am Zaun, hält immer noch eine rote Brotdose in den Händen.

Parka, ein gutes, ein reiches Wort, sauber ist es. Irgendjemand hat es in einer «Burda» gelesen, irgendjemand sagte, der Parka sei im Westen der letzte Schrei. Es hat wie immer gedauert, bis der letzte Schrei aus dem Westen bei uns im Osten ankam, und als es so weit war, war der Schrei im Westen schon nur noch ein Wort. Der Eiserne Vorhang, unter dem der Kapitalismus durchzukriechen versucht. Der Parka wurde in Petersburg maßgeschneidert, das Kind braucht eine gute Jacke, eine für Deutschland, und die Läden sind wie immer leergefegt. Die Perestroika und die Glasnost sind großartige, bedeutungsheischende Ereignisse, wenn man sie in einer Zeitung mit lateinischen Buchstaben liest: Endlich haben sie das mit der Demokratie und das mit der Marktwirtschaft verstanden, die drüben. Auf der anderen Seite ist Perestroika ein aus Ängsten gebasteltes Wort, alles ist anders geworden. Die Ängste ziehen Wut hinter sich her, Augen suchen nach irgendjemand, dem man die Schuld geben kann. Die ersten Gewinner tragen bunte Turnschuhe und Rucksäcke aus dem Westen und erklären uns, was Cornflakes sind, Flocken, die man in Milch zu Brei auflöst nämlich, und ihre Kinder bringen Filzstifte mit in die Schule, zwölffarbig, es gibt zwei verschiedene Blau, zwei Grün. Auf den Straßen Pfützen aus Unsicherheit, die Trolleybusse bleiben weiterhin manchmal an den

Oberleitungen hängen, der Hunger kreischt, Gerüchte knurren durch die Stadt wie verängstigte Hunde, jede Beständigkeit verliert ihr Fell. Zwischen uns Kindern Mauern aus Kapitalismus: Es gibt die, mit denen das Mädchen seine zwölf Filzstifte teilt, und die anderen, uns. Wir können die Unterschiede mit den Händen anfassen, wir haben Namen dafür: Barbie, Hubba Bubba und Jeans. Das Gros des von der Perestroika gesegneten Volkes ist mit banaleren Fragen beschäftigt: Wo bekomme ich etwas zu essen. Die Supermärkte sind am leersten, weil sie zuvor bereits leer waren, es ist dieser Übergang zwischen vom Staat festgelegten Produktionsplänen und der marktgeleiteten privatisieren Wirtschaft, in der niemand weiß, wer zuständig ist. Für die Brot- und Nudelproduktion zum Beispiel, für Butter, für Kekse, und für uns. Die Wut auf die bunten Turnschuhe und die bunten Filzstifte wächst, auf diejenigen, die bunt sind, schuld sind mal wieder die Juden.

Der Hunger sitzt nicht im Magen, weil er größer als der Magen ist. Einmal schmuggelt mich der Vater meines Freundes Andrjuscha in die Brotfabrik, in der er arbeitet. Die Brotlaibe, die niemals in den Supermärkten landen werden, sondern immer nur bei besonderen Menschen, die andere Menschen kennen, die ebenfalls besonders sind, rollen die Fließbänder herunter, duftend und warm und wie geträumt. Roggenbrot und Brot mit Rosinen gespickt, dunkle Kastenlaibe, sattes Glück. Ich reiße mir Stücke ab, gierige Finger, Andrjuschas glänzende Augen, und als wir nicht mehr können, stopfen wir noch mehr in unsere Münder, die Zähne zupfen die Rosinen heraus, zermalmen die Rinde, wir lachen, tropfen Speichel, wissen gar nicht, warum wir laut lachen. Ich möchte ein Brot mitnehmen, nur eines, für die Familie, aber das geht nicht, das Brot gehört noch dem Staat, und der hat nicht genug Brot für alle. Wenn ich einen Laib hinauszuschmuggeln versuche, wird Andrjuschas Vater bestraft. Erst schweige ich, als meine Mutter mich fragt, wie es denn in der Brotfabrik gewesen sei, dann muss ich mich übergeben, dann schäme ich mich in den Schlaf.

Später, in Deutschland, bin ich erstaunt, als ich im Geschichtsunterricht lerne, wie gut die Perestroika war, die die Deutschen so sonderbar aussprechen. Ich lerne über mich, über das, woher ich komme. Ich strecke nicht die Hand, um zu widersprechen, bekomme aber eine Eins, wenn ich auf Deutsch das andere schreibe, das, was sie mir beigebracht haben. Wie gut es den Menschen in Russland während der Perestroika ging.

Mein Vater und meine Großmutter freuen sich außerordentlich über die Eins, fragen nicht nach dem Thema der Arbeit.

Der Parka, maßgeschneidert, weil die Läden leer sind, weil man nicht einfach losgehen kann, um dem Kind eine Jacke zu kaufen. Beige, noch so ein Burda-Trend, diese Nicht-Farbe. Im Osten sagen wir, im Westen tragen sie Beige, aber ich darf meine neue Jacke nicht in der Schule vorzeigen, weil die Jacke für Deutschland ist. Wir teilen die Dinge jetzt auf in «noch hier» und «für dort». Für dort sind die guten Sachen. Noch hier ist alles, was ich kenne, was nach mir riecht, nach dem, was ich erst in Deutschland «Zuhause» nennen werde. Wenn man ein Zuhause hat, hat man es nicht nötig, es als solches zu titulieren. Ich nehme den Schlüssel, der mir um den Hals hängt, öffne die erste, dann die zweite Tür unserer Wohnung. Wenn ich das Haus wieder verlasse, kenne ich alles, die Autos, die das Pfützenwasser bis zu mir spritzen, die alten Frauen, die Dill und eingelegte Gurken an den Metrostationen verkaufen, die Kioske, die zwischen den alten Frauen sprießen, an deren Fenster ich klebe: erst bunte Kaugummis, später Barbies.

In Deutschland lerne ich: Stimmt nicht, es waren gar keine Kaugummis, keine Barbies. Alles nachgemachtes Zeug, aus Polen, alles, was meine riesengroße Welt ist.

In Beige, im Parka, in Deutschland steht das Mädchen am Zaun, es schaut den anderen Kindern beim Spielen, Sprechen, Essen zu. Steht alleine, die anderen Kinder tragen neonbunte Helme und T-Shirts, die in der Sonne leuchten. Das Mädchen sieht keine Parkas, es sieht Gelb, Grün, Pink, Rot, Blau, sieht bunte Haargummis in den Haaren und Haarspangen mit Glitzer. Es sieht sich selbst, wie es da steht. Das Anderssein ist beige, ist hässlich, ist ich.

Es steht immer noch manchmal da, dieses Mädchen, obwohl ich ihm seit so vielen Jahren befehle zu verschwinden.

Ich habe mich um das Mädchen gekümmert. Habe ihm den Parka ausgezogen. Ihm andere Kleidungsstücke gegeben, deren Namen ich lernen musste. Deutsche Kleidungsstücke – eine schwarze Radler-Leggins zum Beispiel, die haben meine Eltern bei C&A aus der Wühlkiste mit reduzierten Sachen gefischt, und das ganze Wohnheim drängte sich in die Küche, um sie sich anzusehen. Und бабушка sagte: «Die ziehst du zu besonderen Anlässen an!», und ich nickte, und die Frau aus Zimmer 7 sagte: «Was soll denn das sein, was ist das denn für ein Stoff, Synthetik?», und ich flüsterte: «Die versteht nichts von Deutschland», und laut sagte ich: «Das ist eine Leggins.» Als wüsste ich genau, was eine Leggins ist.

Zwei rosafarbene Schlafanzüge im Doppelpack vom Aldi, einmal rosa-weiß gestreift, einmal nur rosa. Alle anderen Kinder im Wohnheim haben diese Schlafanzüge auch, weil es die ja im Doppelpack gab. Eine richtige deutsche Winterjacke, lila und mit einer Kapuze. Die Jacke lag neben einem Stiefel, den ich an Nikolaus vor die Zimmertür im Wohnheim stellte, sie war in eine weiße Plastiktüte gepackt. Die Jacke hatten meine Eltern zusammen mit mir vor Wochen gekauft, «die kriegst du dann zum Fest». Wir waren zu Fuß in die Innenstadt gelaufen, ich sollte probieren, ob die Größe passt. Meine Eltern können sich den Namen des deutschen Festes nicht merken. Ich ziehe die Jacke stolz in die Schule an, es ist der Tag, an dem die anderen Kinder von Schokonikoläusen und Nüssen erzählen und von dem anderen deutschen Fest, das noch größer ist und noch kommt. Weihnachten heißt es. Ich habe mein Geschenk schon bekommen. Ich kann meinen Eltern nicht von dem anderen deutschen Fest erzählen, denn ich weiß, was die Jacke gekostet hat, weiß, dass die anderen Kinder im Wohnheim keine Stiefel hinausgestellt haben. Die Jacke ist warm, die Kapuze mit weißem Fell umrandet.

Ich habe dem Mädchen Kleidungsstücke angezogen, auf denen Markennamen dagegen anschrien, dieses Mädchen zu sein, ein Asylantenwohnheim auch nur jemals betreten zu haben. Zu ahnen, wie Russland buchstabiert wird, jene andere Luft geatmet zu haben. Die Buchstaben schreien laut, hässlich, vergeblich. Also schneide ich – unter dem verzweifelten Kopfschütteln von бабушка, direkt vor ihren Augen, in der Küche – Löcher in meine Jeans. Färbe mir die Haare grün, und meine Eltern sagen nicht viel, nur das, ich soll das Badezimmer putzen.

Alles für dieses Mädchen. Monatelang habe ich kleine Kinder gesittet, um dem Mädchen Doc Martins zu kaufen, nachdem mein Vater gesagt hatte, für Soldatenschuhe gäbe er mir kein Geld. Wüsste ich denn nicht, dass ich ein Mädchen sei, bald eine junge, hoffentlich schöne Frau?

Habe später dann gelernt, Kleidungsstücke, wie meine Mutter sagt, «ohne Schrift» zu tragen, und noch später ohne Farben. Dunkelblau und schwarz. Alles, um das Mädchen von dem Parka zu befreien.

ASTOTSCHKA

Asta frisst Rattengift, stirbt. Ich bin das erste Mal auf einer deutschen Hochzeit. So merke ich mir die großen Ereignisse, in sonderbaren Zusammenhängen und in ersten Malen. Bis es keine ersten Male mehr gibt. Dann kann es wieder nur um die großen Ereignisse gehen. Das Paar, das da heiratet, haben wir kennengelernt, weil die Frau ins Wohnheim kam, um den Bewohner:innen irgendwie zu helfen. Sie ist jung, noch Studentin. Ihr zukünftiger Mann spendet uns seinen alten Computer, den wir auf einen Hocker im Wohnheimzimmer stellen, um ihn auszuprobieren. Ich tippe ein paar Tasten, und leuchtende grüne Buchstaben tauchen auf dem Bildschirm auf, als hätte ich gezaubert. Dann wird der Computer im Schrank versteckt, im Zimmer ist kein Platz. Außerdem sollen die anderen im Wohnheim nicht wissen, dass wir einen Computer haben; es wird geklaut. Geklaut, geneidet, geflüstert. Woher kennen die, warum haben sie, das ging doch sicher nicht mit rechten Dingen zu. Sicherheitshalber hängt mein Vater ein Vorhängeschloss an die Schranktür. Es kommen viele Menschen, die helfen wollen, in jenen Jahren ins Wohnheim: Mölln ist ein paar Monate her. Manche bringen Sachen, Töpfe, sogar Essen, andere bringen Deutsch bei. Wir sagen danke, immer und immer wieder, unser häufigstes deutsches

Wort. Um danke zu sagen oder mehr als nur danke, laden meine Eltern das Paar zum Essen ein: in unser Zimmer, an diesen Tisch, der zwischen den Stockbetten steht. Wir passen nicht alle an den Tisch, also ist es an mir, auf dem Bett zu sitzen. Köpfe strecken sich aus den Zimmern, wie immer, wenn Deutsche den Flur im Wohnheim betreten. Die in der Gemeinschaftsküche zubereiteten Speisen sind alle russisch, ich sitze oben auf dem Bett, habe den ganzen Tisch im Blick, auch den Mann, der sie nicht recht probieren mag, diese russischen Speisen.

«Unser Essen», sagt meine Mutter dazu, bis heute.

Sie suchen nach Gesprächsthemen, meine Eltern, die seit ein paar Wochen in diesem Land leben und die keine Sprache haben, um das Leben zu erklären, aus dem sie kommen, es diesen Menschen zu erklären, die fast ihre Kinder sein könnten. Nichts verbindet sie miteinander, keine gemeinsamen Erfahrungen, keine Interessen. Mein Vater sagt fast nichts, die Frau stellt viele Fragen, und meine Mutter ist es, die antwortet und mich ab und zu hilfesuchend nach einem Wort fragt, das ich manchmal schon kenne, manchmal nicht. «Ich weiß nicht, wie man das übersetzt», sage ich dann. Sage ich auch später, weil ich manche Geschichten meiner Eltern gar nicht übersetzen möchte. So sind es die beiden Frauen, die an diesem Abend miteinander sprechen. Meine Großmutter schweigt, und der Freund der Frau schweigt auch. Der Abend zieht langsam vorüber, die Höflichkeit klebt sie an ihre Stühle, mich aufs Bett. Schließlich geben sie sich die Hände. Sie versprechen, den Abend bald zu wiederholen, die Tür geht zu, mein Vater bringt sie noch zur Haustür, vielleicht sogar ans Tor, an den Stacheldrahtzaun, sicherheitshalber, abends und nachts ist auf dem Gelände viel los. Sie steigen auf ihre Räder. In der Gemeinschaftsküche wird darüber spekuliert, warum die Deutschen so viel Fahrrad fahren.

Die Hochzeitseinladung bringt die Frau im Wohnheim vorbei, wir können hier keine Briefe empfangen, obwohl es eine Adresse gibt, die ich mir für immer merke: Im Riedle 7. An die Adressen der Wohnungen, WGs, in denen ich später lebte, erinnere ich mich nicht. So ist sie die Erinnerung manchmal, hält am festesten, was wir zu vergessen versuchen, krallt sich gerade daran mit Absicht und Kraft.

Jedenfalls sind wir auf diese deutsche Hochzeit eingeladen, eine Einladung auf Papier, geprägte goldene Buchstaben. Vielleicht dichte ich das Gold auch hinzu. Die Braut trägt ein Kleid in Blau und Orange. Später wird meine Großmutter in ihren Briefen nach Hause schreiben, so sagt sie das bis zum Schluss, nach Hause, dass wir auf einer deutschen Hochzeit waren und die Braut ein blau-oranges Kleid trug, wer hat denn so etwas schon mal gesehen. Und dass deutsche Hochzeitsspiele sehr langweilig sind, das schreibt sie auch.

Asta hat Rattengift gefressen, irgendwo auf der Treppe des Hochhauses, in dem mein Cousin lebt. Das Gift hatten Nachbarn ausgelegt, nicht für Asta, sondern eben gegen die Ratten – aber das weiß ich alles noch nicht. Ich werde es heute, während der Hochzeitsfeier, erfahren, irgendwo zwischen Vorspeise und dem endlosen Diavortrag des Brautvaters. Ich werde es hören, aber nicht hören wollen, ich werde die Braut ansehen in Blau und Orange, und die Tränen werden gezählt sein, immerhin sind wir hier auf einer deutschen Hochzeit.

Eine nette Dame sucht das Gespräch mit mir, das arme,

gelangweilte Kind. Fragt mich, ob ich Tiere mag, ob ich Tiere habe, was ich bejahe. Da ist meine Mutter, die das Präteritum hinzufügt: Sie hatte einen Hund. Früher, zu Hause, hatte sie einen. Der Hund ist in Russland geblieben, wir sind jetzt hier, sind gerade erst nach Deutschland gekommen, und nun, nur wenige Monate nach der Ankunft, auf einer deutschen Hochzeit. Wirft sich einfach ins Gespräch, meine Mutter, um zu offenbaren, wer ich eigentlich bin. Ich versuche, möglichst einwandfreies Schwäbisch zu sprechen.

«Und was habt ihr mit dem Hund gemacht? Wie konntet ihr ihn einfach zurücklassen? Ist doch ein Familienmitglied, so ein Hund», will die Frau von meiner Mutter wissen. Übersetzt, ohne es zu ahnen, meinen Vorwurf ins Deutsche, traut sich, was ich mich nicht traue, weil ich die Schwierigkeiten des neuen Lebens in den Augen meiner Eltern lesen kann. «Und wo ist der Hund jetzt?»

«Er war bei unseren Verwandten.» Sagt meine Mutter. Im Präteritum spricht sie, auch jetzt.

«Und dann?» Ich habe mir nicht mehr gemerkt, wer diese Frage stellte, die nette Frau oder ich. Habe mir nur das Augenzwinkern meiner Mutter gemerkt, als sie sich selbst bei ihrem Fehler erwischte und der Frau dringend verstehen zu geben versuchte: Bitte, keine weiteren Fragen, das Kind. Das Kind hat das Präteritum gehört, kann das Präteritum von Präsens unterscheiden. Fragt nach dem Warum und dem Wie, und während die Dame noch fragt, warum in einem russischen Haus Rattengift auf den Treppen ausliegt, fragt das Kind nach dem Wann. «Vor einigen Wochen schon», antwortet meine Mutter, bevor sie der Frau, die sie nie wiedersehen wird, das russische Leben zu erklären versucht: die alten, heruntergekommenen Häuser, die Ratten, unser Hund, der nach allem schnappt, was essbar sein könnte. Der sich das Rattengift schnappt, bevor mein Cousin es bemerkt, bevor er ihn wegzieht.

Ich gehe hinaus in den Garten. Sage mir diese Worte, dass Asta gestorben ist. Stelle sie mir vor, wie sie da liegt, kraftlos. Stelle mir vor, wie sie sich zum Sterben zurückzieht, unter einen Stuhl vielleicht. Wie sie sich zusammenrollt, die Schnauze warm, die Augen trüb, wie sie an mich denkt, so wie ich jetzt an sie denke. Später am Abend habe ich Kopfweh. Ich habe meine Hündin verlassen, damit sie Rattengift frisst. Meine Mutter erzählt im Präteritum, ich aber stelle die Konjunktionen hin, wie ich will: weil und deshalb.

«Hier, leg dir das an die Stirn», sagt meine Mutter und reicht mir einen kalten Waschlappen nach oben.

«Warum habt ihr es mir nicht gesagt?»

«Weil wir dich nicht traurig machen wollten.»

Ich halte die Augen geschlossen, Licht macht das Kopfweh noch stärker.

Haben sie dem Hund Wodka als Heilmittel gegeben? Asta hatte schon einmal etwas Giftiges gefressen, das ist die einzige Wodka-Geschichte, die ich gerne erzähle. Sie hatte sich erst mehrmals übergeben, verweigerte dann das Essen, das Trinken. Muss eingeschläfert werden, sagte der Arzt. Sie lag unter dem Stuhl, ich weinend daneben. Die Nachbarin klopfte, fragte nach Mehl. Es war die Nachbarin, der die große Dogge gehörte. Warum wir alle so traurig gucken? Wir zeigten ihr den sterbenden Hund. Habt ihr Wodka da? Der Wodka stand im Schrank, sie flößte ihn dem schwachen Hund ein, der kraftlos auf ihrem Schoß lag, zu krank, um sich zu wehren. Am nächsten Morgen war Asta wieder ganz lebendig, schwanzwedelnd in der Küche, hungrig. Wir knieten neben ihr, fütterten sie mit dem Besten, streichelten sie glücklich. Lag sie wirklich unter dem Stuhl, als sie starb, wer war bei ihr, was geschah mit ihrem Körper danach? Ich glaube nicht, dass sie sie vergraben haben, wo denn, in Petersburg, in der Hochhaussiedlung, beim Spielplatz? Ich kann Asta vor mir sehen, wie sie etwas im Hausflur erschnuppert, nach dem Abendspaziergang, vielleicht sind die Glühbirnen im Hausflur wieder kaputt, vielleicht flucht mein Cousin, während er im Dunkeln nach dem Schlüssel kramt. Asta, hungrig wie immer, möglicherweise hatte sie wirklich zu wenig zu fressen bekommen. Es gab für uns Menschen selten genug Fleisch, da fiel für den Hund oft gar keines ab. Wir kochten Gemüsereste, Kartoffel- und Karottenschalen für sie, und wenn vorhanden, gaben wir Knochen in diese Brühe. Anfang der neunziger Jahre fuhr die Mutter meiner besten Freundin nach Norwegen und brachte diese Geschichte mit nach Hause: dass es in Norwegen Essen für Hunde und Katzen gibt. Man kann es im Supermarkt kaufen, richtiges Essen, in richtigen Dosen, extra für Hunde und Katzen. Wir wollen ihre Geschichte noch einmal und noch einmal hören, meine Freundin und ich. Finden es urkomisch, dass es in Supermärkten Essen, speziell für Tiere hergestellt, zu kaufen gibt, dass Menschen für Haustiere einkaufen gehen. Wir stellen uns das vor, wie jemand aus dem Haus geht und zu seiner Frau sagt, ich gehe jetzt mal Essen für den Hund kaufen, und können gar nicht mehr aufhören zu lachen. Ihre Mutter wird es nicht müde, uns diese Geschichte zu erzählen, schmückt sie noch aus: Und es gibt Futter extra für Hunde und welches extra für Katzen, nicht etwa dasselbe. Das Hundefutter hat sie probiert, so kleine Kekse in Knochenform, es schmeckte gut. Wir kraulen die Katze meiner Freundin, während wir die Geschichte hören, bis die keine Lust mehr hat, gekrault zu werden, und von der Couch springt.

«Hey, Trischka, hast du gehört, in Norwegen kann man Essen für dich kaufen!» Trischka verharrt kurz, spitzt ihre Ohren.

Ich sehe Asta, wie sie im Hausflur etwas Essbares erschnuppert, während mein Cousin endlich den Schlüssel findet, mit dem er nacheinander die beiden Türen aufsperrt, auch sie haben zwei, der Diebe wegen.

«Asta, was frisst du da schon wieder? Komm jetzt!» Und er zieht an der Leine, und Asta kommt, gehorsam, schwanzwedelnd, aber sie hat bereits etwas gefressen.

Mein Cousin ist gut zwanzig Jahre älter als ich. Ich habe nicht viele Kindheitserinnerungen an ihn. In den wenigen hält er eine Gitarre. Er singt Bardenlieder, diese tiefsinnigen russischen Lieder über die großen Dinge im Leben: die Liebe, den Verlust, über Erinnerungen und die Liebe zu Piter. Es sind vertonte Gedichte, leise Worte, die zu den gezupften Gitarrensaiten nach dem klingen, was man in Deutschland die russische Seele nennt. Er dichtet selbst Lieder und bringt später seiner Tochter das Gitarrespielen bei. Bei Familienfesten bittet immer jemand: «Mischka, spiel mal ein bisschen.» Er windet sich nicht, holt seine Gitarre heraus, singt, manchmal stimmen die anderen mit ein, manchmal nimmt mein Onkel, sein Vater, zwei mit bunten Blumen bemalte Holzlöffel, russische Handwerkskunst, und klopft auf seinen Knien den Rhythmus dazu. Der Klang, zu dem die Erinnerung beginnt: das Klacken von Holzlöffeln auf den Knien meines Onkels. Ein Teppich an der Wand hinter ihnen, die Gitarre, der üppig gedeckte Tisch, die Salate mit Mayonnaise, der Lieblingssalat aller russischen Kinder: der Kartoffelsalat Olivie, den wir französischen Salat nennen, obwohl man in Frankreich noch nie davon gehört hat. In Spanien sehe ich ihn einmal, dort heißt er «Russischer Salat». Der Kartoffelsalat, den ich obligatorisch mit all meinen russischen Freunden zubereite, weil ohne ihn das Wiedersehen kein Fest ist, ohne ihn ist gar nichts ein Fest. Mein Cousin singt, alle summen mit, sie summen falsch, und wie ich beginne, die gesungenen Worte zu spüren, bevor ich ihren lyrischen Sinn verstehe. Wie ich mitsumme, auf den Schoß eines Erwachsenen krabble, den Kopf anlehne, die Lieder irgendwo im Hals, im Herz all diese Liebe.

Jahre später fange ich an, von Deutschland nach Russland zu reisen und Freundinnen, Freunde mitzunehmen, wir ziehen von Verwandtschaft zu Verwandtschaft, damit niemand beleidigt ist. Ich schleppe sie von einer Sehenswürdigkeit zur nächsten. Petersburg, die schönste Stadt der Welt selbstverständlich, irgendjemand aus der Familie besorgt uns Karten für das Mariinski-Theater, und anschließend fragen alle: «War es das schönste Theater, das du je gesehen hast?» Alles ist am schönsten hier, hat am schönsten zu sein. Ich füttere sie ab mit Blini, Salaten, georgischem Essen, Cremetorten, Schaschlik und meinem Lieblingsgebäck aus der Kindheit, das, wie das meiste aus der Kindheit, nur schmeckt, wenn die Erinnerung in den Teig gerührt wird. Картошка из Севера, «Kartoschka» von

Sewer, einer Konditorei, die es früher nur einmal im Zentrum gab, meterlange Warteschlange aus geduldigen Menschen, und die inzwischen Filialen an jeder Ecke hat. «Wer isst denn heute noch Kartoschka?», lachen meine Verwandten mich aus, aber ich schlinge eine «Kartoffel» nach der anderen herunter: Schokoladenteig wird wie Marzipan zu «Kartoffeln» gerollt und in Kakao getaucht: So sehen die Kartoffeln aus wie gerade von der Datscha, die man mit den eigenen Händen aus der Erde gegraben hat.

«Hm», sagen meine Freundinnen und Freunde, «das ist ja wie Kuchenteig.» Dann eine Pause, «aber es ist schön zu sehen, wie du dich freust».

Meine Verwandten unterziehen sie allabendlich einer Prüfung: Hast du gesehen, dass du dich in der schönsten Stadt der Welt befindest? Alle wissen um die einzig mögliche Antwort auf diese Frage, verlieben sich dennoch am meisten in einen in dieser Stadt – in Mischka. In Mischka mit der Gitarre in den Händen, er schenkt den Wodka energisch ein, im Stehen, erzählt, während er die mit Salaten gefüllten Schüsseln auf den ausgezogenen Wohnzimmertisch stellt, unanständige Witze, wie er sie nennt. «Was soll denn daran unanständig an?», flüstert ein Freund mir zu, da gehen russische und westliche Vorstellungen auseinander. Meine deutschen Begleitungen quetschen sich auf das alte Sofa mit den kaputten Springfedern, hinter ihnen immer noch derselbe Teppich an der Wand. So glücklich, sagen sie. Das ist der Wodka.

«Mischka, spiel mal ein bisschen.» Er lädt sie alle in den Wald ein, wir sollen im Sommer wiederkommen, wir sollen mit ihm, seinen Freunden und Freundinnen, die wir alle nicht kennen, die uns aber sicher herzlichst empfangen werden, an den Ladogasee fahren, wo sie jeden Sommer wochenlang wild zelten. Pilze sammeln, Fische angeln, abends das eine oder das andere zum Abendessen über einem Lagerfeuer zubereiten, an dem sie auch diese Lieder singen, die unter dem klaren Sternenhimmel noch besser klingen, verspricht er. Können wir, Lena, bitte dahin, fragen meine Freundinnen, meine Freunde wie kleine Kinder.

Im Bücherregal stehen, wie in jedem anderem russischen Bücherregal, Fotografien. Darunter eine der ersten, die wir aus Deutschland geschickt haben, die ganze Familie vor einem Feld in der Nähe des Wohnheims. Weizen im Hintergrund, das Wohnheim sieht man nicht. Meine Mutter aufrecht, mein Bruder legt die Arme um die Schultern der Eltern. Die Rollen wurden bereits vertauscht, und niemand hat das bemerkt. Ich habe kurze Haare, lächle nicht. Im Bücherregal auch ein Bild von Asta. Ein Schwarz-Weiß-Foto, auf dem mein Bruder neben ihr kniet und sie hält, sie will los, versteht nicht, was das ist, fotografiert werden. Dasselbe Bild, das in meinem Hängeschrank steht, das einzige Foto von ihr. Mein Onkel hat es an dem Tag aufgenommen, an dem mein Cousin sie mitnahm für immer, zum Abschied.

«Asta war der beste Hund der Welt», sage ich zu Mischka.

«Aber so was von!», antwortet er. Und mehr sprechen wir nicht. Sprechen nicht, und ich frage nicht, wie das war. Ob er seine Hand, mit der er die Gitarrensaiten so zart zupft, dass sie diese Klänge erzeugen, in die sich alle sofort verlieben, während ich immer nur einen Satz sagen kann, «und wenn du jetzt noch diese Texte verstehen könntest!», ob er diese Hand auf Astas Rücken legte, als sie starb, auf die Schnauze, hinter die Ohren. Ob sie wusste, sie ahnte, meine Schuld. Ich bin erwachsen geworden, ich habe eigene Kinder bekommen, habe Verantwortung verstanden und vielleicht erlernt, habe die Schuld nie weglegen können. Das Schwarz-Weiß-Foto ist nicht wirklich schwarz, es ist eigentlich ein verschwommenes Grau. Ich tue mich schwer, den weißen Streifen um ihre Schnauze herum zu erkennen.

Mischkas Tochter lebt mit ihrer Mutter in England. Sie hat eine schwere Krankheit. Es gibt wenige Sommer, in denen sie ihren Vater besuchen kann, in denen die Krankheit das zulässt, und später darf sie das Land nicht mehr verlassen, weil sie auf eine Organspende wartet.

An ihrem Geburtstag gibt es eine Zoom-Party, die ihre Mutter organisiert: Menschen aus russischen, deutschen, britischen, israelischen Städten, die alle gleichzeitig in die Bildschirme rufen, sich zuprosten, später Scrabble auf Russisch spielen. Da bin ich nicht mehr dabei, fürchte, mich für mein Russisch schämen zu müssen. Mischkas Tochter, meine Nichte zweiten Grades, strahlt, rosige Backen. Schön ist sie und zart, Letzteres vielleicht durch die Krankheit.

«Mischka, spiel mal ein bisschen», niemand sagt diesen Satz. Sein Vater, mein Onkel, ist schon lange gestorben, niemand wird mehr mit den Holzlöffeln den Rhythmus klopfen können. Bin ich die Einzige, die das denkt? Was denkt mein Vater, den ich ebenfalls über den Bildschirm sehe? Sieht streng aus, trägt ein kariertes Hemd. Mischka holt seine Gitarre, obwohl niemand ihn darum bittet, entschuldigt sich bereits vorab: Seine Tochter solle ihm nicht böse sein, sollte er stolpern im Lied, lächelt, es ist noch neu.

А Лондон далеко, а Лондон далеко,
хотя казалось бы, не так чтоб очень.
А в Лондоне живёт хороший человек,
красивый человек из Ленинграда.

Gezupfte Gitarrensaiten, London ist so weit weg, obwohl es das eigentlich gar nicht ist, und in London, da lebt ein guter Mensch, und im Petersburger Regen wird die Seele leichter, wenn man an den guten Menschen in London denkt. Diese Worte singt er, erzählt das Licht, das dieses Wissen um den Menschen in London nach Petersburg wirft. Das Jahr ist nicht das beste, dichtet er, das Jahr, in dem Länder und Städte weiter auseinanderrücken, aber wenn sie auf dem Bildschirm lächle, singt der Vater seiner Tochter, die er nur auf diesem Bildschirm sehen kann, die er nicht drücken kann, seit Jahren schon, da scheinen Distanzen und Verbote ganz nichtig. In London lebt ein guter Mensch aus Leningrad. Ich sehe im Bildschirm meine Eltern, meinen Bruder mit seinem Sohn, sehe meine Tante in Petersburg, in Leningrad, sehe die Verwandten in London und andere aus der großen Patchwork-Familie, manche kenne ich, andere nicht, sehe all diese Menschen aus Leningrad, auch mich. Sehe sie lächeln, sehe sie weinen, als Mischka singt, sehe die Distanz, sehe, wie wir auf unterschiedlichen Planeten leben, spüre Nähe, wenn ich diese Gitarrenklänge höre, spüre Leningrad, obwohl es kein Leningrad gibt, obwohl man so etwas nicht spüren kann, gerade ich, die ich gegen das Wort Heimat anschreibe. Tippe später in der Nacht dem guten Menschen in London, der wie ich aus Leningrad stammt, dass ich sie lieb habe. Tippe auf Englisch, weil ich die lateinischen Buchstaben schneller als die kyrillischen finde.

BADE-SCHA-UM

Eines Abends klopft es an die Tür. Ich liege oben auf dem Stockbett, es ist braun im Zimmer. Alles ist hier braun, obwohl nicht alles braun ist. Die Außenwände sind dunkelbraun gestrichen, die Farbe blättert ab. Die Innenwände sind gar nicht gestrichen, bretterbraun. Der Stahl der Stockbetten ist dunkelbraun und kalt. Die Bettwäsche dunkelblau-weiß kariert. Die Tomatenstücke aus den Dosen, die jeden Dienstag mit anderen Lebensmitteln von einem Laster an die Aslybewerber verteilt werden, rot, rote, schwimmende Stückchen. Die Zimmerdecke ist weiß, weiße Pappquadrate mit winzigen Löchern, als hätten sich Würmer hineingefressen. Ich liege oben, starre das Muster aus Löchern an, stelle mir die Würmer vor, obwohl ich weiß, dass die Platten so gedacht sind, kann nicht einschlafen oder will nicht. Am nächsten Tag wieder Schule. Ich sage nicht mehr, dass ich da nicht hinwill, die Wiederholung hat die Dringlichkeit abgenutzt. Meine Großmutter starrt an die Wand, sieht vermutlich Gräber und seufzt. Meine Eltern lernen Deutsch unter einer kleinen Lampe, die auf dem Esstisch steht, zwischen in Folie abgepacktem Brot und Kekspackungen, Großmutters Medikamenten und den Briefen vom Amt. Es klopft an die Tür.

Die Nachbarin blickt, bevor sie die Zimmertür hinter

sich schließt, noch einmal prüfend in den Flur, ob sie jemand gesehen hat, wie sie uns besucht. Erwachsene spielen Spion. Sie schließt die Tür entschlossen, aber vorsichtig, leise. Meine Mutter schiebt ihr sofort einen Stuhl zu, meinen. Die Stühle sind abgezählt, der Platz, die Freuden. Ich habe mich aufgesetzt, beobachte alles von oben. Alles gut, was keine Stille ist, in der ich auf den nächsten Seufzer warte, alles gut, was nicht mit «Bei uns zu Hause» beginnt, was nicht Vaters berstende Wut ist, die jeder hören kann. Ich weiß gar nicht, warum ich mich dafür schäme, wir können ja auch alle anderen durch die brettdünnen Wände hören, ihre Wut, Verzweiflung und die wichtigen Fragen: Wie wird heute das Wetter? Alles gut, was nicht die blöde deutsche Schule ist, in der alles anders ist, selbst die Stifte (was ist ein Füller?), die Hefte (was ist ein Dina?), alles, was Abwechslung verspricht. Ich setze mich auf, stoße mit dem Kopf beinahe an die weiße, zerlöcherte Decke.

«Willst du einen Tee?»

«Nein, danke. Haben wir gerade selbst getrunken.»

«Was anderes? Wir haben hier irgendwo Pralinen, deutsche, warte, ich such …»

Meine Mutter sucht das Fensterbrett ab, hebt ein Wörterbuch an, zusammengelegte T-Shirts.

«Ich glaube, die sind im Schrank», sagt mein Vater.

«Nein, nein, danke, du musst nicht suchen. Ist schon spät. Ich hab eh zugenommen, seit ich in Deutschland, schau nur, mein Bauch. Diese kleinen Brötchen mit Rosinen …»

Sie kneift sich ins breite Becken, ins graue, elastische Sport-T-Shirt. Eines, das in der Sowjetunion unter «westlich» lief.

«Bin gekommen, um etwas mit euch zu besprechen. Nur so, dass es nicht alle erfahren. Ihr wisst ja selbst, wie das ist. Die Wände hören alles.»

Das wissen wir. Erkenntnisse über das Leben in Deutschland werden sparsam geteilt, bedacht und nur mit Auserwählten. Die Unsicherheit, mit der alle durch das neue Leben wackeln, lässt Stachel wachsen, die Menschlichkeit schimmelt unter den Ängsten. Weil niemand weiß, wogegen es sich zu wehren gilt, wird nach links und nach rechts geschlagen. Dann werden Kinder angebrüllt und Ehepartner beschuldigt, und für diesen einen Moment hat man wieder die Zügel in der Hand, kann mit dem Finger auf andere zeigen. Es wird geflüstert, intrigiert, verschworen, verraten, ausgeschlossen, verstoßen. Es wird beobachtet, mit messenden, wiegenden, zählenden Augen: Wer hat wie viel und woher? Die drei großen Ws des Asylantenwohnheims, aber für das Warum hat keiner die Muße. Die Geheimnisse, die auf diese Weise gehütet werden, sind groß. Jemand hat herausgefunden, dass man Kindergeld beantragen könne. Jemand anders hat gehört, dass sich die Familie aus Zimmer 10 vielleicht ein Auto kauft. Aber woher haben sie das Geld, woher nur?

Die Familie aus Zimmer 10 hat sich nie ein Auto gekauft, aber nach diesem Gerücht hat niemand mehr Borschtsch mit ihnen geteilt. Das Kindergeld reichte für alle, es wurde nicht nur an die Ersten vergeben, aber für Menschlichkeit war im Wohnheim kein Platz, er reichte ja kaum für uns Menschen.

«Also, es ist so. Es gibt eine deutsche Farmerin. Фёрмерша.»

«Фёрмерша?»

Фермерша. Farmerin: Wir verwenden das aus dem Englischen abgeleitete Wort und haben dabei sowjetische Propagandafilme vor Augen, in denen weiße Menschen in weißen Hemden Strohhüte gegen die Sonne tragen und in dieser Sonne ihre schwarzen Sklaven auspeitschen. Sehen die Prärie, endlose Roggenfelder und Schweiß auf Gesichtern, die niemals weiß sind, wir sehen alle Ungerechtigkeit des Kapitalismus in dieser Bezeichnung: Farm. Das deutsche Wort Bauernhof kommt später, als meine Augen aufhören, Sklaven auf diesem Bauernhof zu suchen.

«Nu, ja, so eine фéрмерша. Ihre Farm ist irgendwo hier, nicht so weit, ich denke, so fünf Kilometer. Oder sechs.»

«Nu, und was ist mit ihr, mit dieser фéрмерша?»

«Also sie hat ein paar Kinder eingeladen. Zu sich, auf die Farm. Ein paar unserer Kinder.»

«Unserer Kinder?»

«Ja, unserer. So vier, fünf.»

«Auf diese ihre Farm?»

«Nu, ja. Damit sie Tiere sehen. Kühe haben sie dort, Schweine, ich weiß nicht, was noch. Damit sie sich erholen. Von alldem hier.»

Ihre Augen rollen, hilflose Hände in der Luft, unser Leben in Braun.

«Wo ist sie denn hergekommen, diese Farmerin?»

«Sage ich dir doch, von der Farm. Fünf, sechs Kilometer von hier.»

«Aber wie ist sie hierhergekommen, ins Wohnheim?»

Das ist die Frage, mit der das gute Leben anfängt, das mit den Kirschen, die ich pflücke, während ich auf einem Traktor stehe.

Die Farmerin, deren Name Anita ist, so ein schöner

deutscher Name, kommt jeden Freitag ins Wohnheim. Immer um fünfzehn Uhr, immer mit einem beigefarbenen Passat, weil sie Taxifahrerin ist. Sie stellt das Auto auf dem kleinen Parkplatz vor dem Eingangstor ab, auf dem sonst nur ein Auto parkt, das weiße, das dem bulgarischen Hausmeister gehört. Die Wohnheimbewohner besitzen keine Autos, und niemand besucht die Wohnheimbewohner, weil wir niemanden in Deutschland kennen. Der Kofferraum des Passats steht offen. Anita steht davor, und manchmal, wenn nicht viel los ist, setzt sie sich auf die Abladefläche im Kofferraum. Dort stehen Kartons, darin streichholzschachtelkleine, schwarz-weiß bedruckte Heftchen. Wenn diejenigen, die hier wohnen, sich dem Gelände nähern oder es verlassen, stellt sie immer dieselbe Frage.

«Welche Sprache? Russki, Albanski, Jugoslawski, Afrikaans?»

Jenen, die stehen bleiben, um zu antworten, drückt sie ein Heftchen in der jeweiligen Muttersprache in die Hand, viele aber bleiben nicht stehen; was will diese Frau von mir. In den Heftchen sind Comics mit Sprechblasen in verschiedenen Sprachen. Die Geschichten sind traurig, aber auf der letzten Seite gibt es immer ein Happy End. Das Happy End ist immer dasselbe, Jesus rettet die Welt. In einer der Geschichten nimmt einer Drogen, in einer anderen wird eine Frau von ihrem Mann verlassen, in einer dritten kommt die Familie eines Mannes bei einem Autounfall ums Leben. Die mit schwarzen Strichen gezeichneten Männchen sind verstört, ihr Leben hat keinen Sinn, aus Verzweiflung tun sie schlimme Dinge. Der große Fall, von dem jeder Blockbuster lebt, die Kurve nach unten. Auf der letzten Seite aber ist Jesus am Kreuz. Er rettet sie alle.

Die Hoffnung, dass er auch uns rettet, die kann man nur haben, wenn man in einem VW Passat zum Wohnheim kommt, um anschließend nach Hause auf eine Farm zu fahren.

«Nu, kennt ihr die große Frau, die freitags diese Hefte verteilt? So eine große, trägt immer Hosen.»

«Ja.»

«Die ist eben Farmerin.»

«Die ist Farmerin?» Wo ist der Krempenhut, wo ist die Peitsche?

«Ja, die ist Farmerin. Also, vier, fünf Kinder nimmt sie. Meine zwei fahren mit, und Boris aus der zweiten Baracke. Wenn ihr wollt, fährt Lena auch mit.»

Wenn ihr wollt. Lena will. Bettelt, «ну, пожалуйста, пожалуйста!». «Nu, bitte, bitte!»

Lena hüpft im Kniestand auf dem oberen Bett auf und ab: «Pass auf deinen Kopf auf», sagt Großmutter, «den brauchst du noch.»

«Und für wie lange?»

«Das hat sie irgendwie nicht so genau gesagt. Sagte nur das, ein paar Tage.»

«Ein paar Tage.»

Ein paar Tage!, ich rufe ein Ausrufungszeichen nach unten, meine Mutter blickt zu mir hoch, sieht mir in die Augen.

«Ja, ein Pärchen Tage. Lass sie doch fahren, sollen sie doch mal rauskommen.»

Und sie blickt sich um in unserem erzwungenermaßen gemeinsamen Leben.

«Aber hast du keine Angst, die Kinder da mitzuschicken? Kennt sie denn jemand ein bisschen, diese Farmerin?»

Vielleicht werden noch mehr Fragen gestellt, die keine

Antworten bekommen, vielleicht werden Finger geknetet. Vielleicht sprechen sie länger, bitten um Bedenkzeit. Vielleicht werfen sie Blicke zu mir, oder sie vermeiden den Blick, vielleicht seufzen sie oder zucken Schultern.

Ich sitze im Kofferraum des taxifarbenen Passats, zwischen die anderen Kinder gequetscht. Kreische: weil die große Farmerin Schlangenlinien fährt. Einfach so, auf der deutschen Straße. Ich kreische, so hoffe ich, auf Schwäbisch.

Das Glück von Badeschaum, das blasige, das weiße Glück. Wie bei weißen Menschen.

«Как у белых людей.» Wie bei weißen Menschen. Sagt бабушка, sagt meine Mutter, sagen vermutlich viele in der Sowjetunion, vermutlich immer noch viele in Russland. Sagen sie einfach, ohne zu wissen. Sagen meine Mutter, meine Großmutter in Deutschland, wenn sie sich das neue Land greifen, dessen Luxus. Wenn sie sich Pralinen kaufen, beim Aldi. Wenn sie Strickjacken aus den Wühlkisten bei C&A holen, nicht stundenlang dafür anstehen müssen, wie bei uns zu Hause, wenn sie ein neues Verb gebrauchen: aussuchen. Wenn sie dafür andere Verben entsorgen.

«Habe heute diese Jacke gekriegt. Nicht gekriegt, sondern ausgesucht. Bei C&A, wie bei weißen Menschen.»

Sagen sie bei jedem ersten Mal. Nach der ersten Fahrt mit der S-Bahn, nach der ersten Zugfahrt mit dem Regional-Express, viel später bei der ersten Hotelübernachtung, immer häufiger, wenn ich etwas erzähle. Ich renne ihnen voraus, aber blicke zu selten zurück, um zu sehen, ob sie nachkommen. Was sagen sie dann – dass ich zum weißen Menschen geworden bin, möglicherweise? Sie sind für mich hergekommen, für uns Kinder, und das haben sie nun davon. Dass die Kinder alles dafür tun, um nicht mehr die ihren zu sein.

Ich sitze in diesem weißen Badeschaum. Wie bei weißen Menschen, so sitze ich darin. Ich habe noch nie von Rassismus gehört. Ich habe bis vor einer halben Stunde noch nie Badeschaum im wahren Leben gesehen, jenseits einer Leinwand. Ich habe mich bisher nicht gefragt, warum wir das auf Russisch so sagen. Stammt das Bild aus propagandistischen Filmen über die USA, in denen Weiße sich Sklaven halten, sich bereichern auf Kosten von Sklaven und von guten Menschen? Ich habe noch ganz andere Fragen zu klären, bevor ich mich diesen linguistischen-humanistischen widmen kann: Wie fühlt er sich an, dieser Badeschaum, was passiert, wenn ich meine Hand in die weichen, zarten Blasen stecke? Ich habe ihn noch nie angefasst, den Badeschaum, und jetzt kann ich nicht aufhören, immer wieder hineinzugreifen. Weich wie das Wort, platzt, streichelt, legt sich vielversprechend über jegliche Fremdheit. Verspricht, mich zu beschützen, Scha-um, so ein schönes deutsches Wort. Wir sitzen zu zweit in der Badewanne, die kleine und die große Lena. Ich bin die große, ich elf, sie acht, sie die längeren Haare. Ich lockig, kurz, sie haben mir eine Frisur gemacht, bevor wir nach Deutschland kamen. In ein paar Monaten werde ich denken, «zu»: zu lockig, zu braun, zu jüdisch. Werde feststellen, dass kein Glättegerät gegen diese Locken ankommt, dass blondiert nicht blond ist und ich niemals in der Perfektion eines Reihenhauses leben, nie einen Vorgarten haben werde. Ich werde das Problem folgendermaßen lösen: Ich schenke meinen Eltern Tischsets aus Plastik, damit der Esstisch zumindest aussieht wie bei meinen deutschen Freunden.

«Aber wozu sind sie da?», wird meine Großmutter nörgeln, die die Tischsets nachher samt der Plastikdecke wischen muss.

«Nu, leg sie doch hin, wenn sie ihr so wichtig sind», wird meine Mutter sagen. Meine Großmutter legt sie hin und stellt tiefe Teller mit russischer Suppe drauf.

Der Badeschaum umarmt uns größer, weiter, ferner, nah. Wenn ich hineingreife: wie alles, was ich mir von Deutschland versprach. Meine Liebe zu Deutschland besteht aus weißen Seifenblasen, die zwischen meinen Fingern zerplatzen. Geräuschlos, ohne Aufhebens.

Wir sitzen in der Badewanne, das Telefon klingelt. Wir hören das Telefon nicht, wir sind dabei, den Schaum zu begreifen. Wir greifen ihn, lachen. Ich will nie wieder aufhören zu lachen, will in dieser Badewanne bleiben, will nicht mehr zu meinen Eltern zurück, zu meiner Großmutter, in dieses Wohnheim. Ich sitze in einer Badewanne, lege mir Schaum auf die Haare wie eine weiße Krone. Wie bei weißen Menschen. Sie haben im Westen das Glück in kleine, weiße Bläschen gepackt, die wachsen können, wenn wir den Wasserhahn öffnen.

«Telefon! Für euch! Kommt schnell, eure Eltern!», ruft Anita. Aber wie sollen wir kommen, wo wir doch gerade in der Badewanne sitzen, wo wir doch in den Schaum tauchen? Ach was, nasse Füße, unsere Eltern sind aus dem Wohnheim zur Telefonzelle marschiert, um uns anzurufen, ach was, nasse, tropfende Haare, einmal lang, einmal Locken. Die Telefonzelle ist gelb, Telefonbücher hängen darin, die niemand klaut, wir wundern uns noch darüber, werden aber bald damit aufhören. Um zur Telefonzelle zu kommen, muss man das Wohnheimgelände verlassen, raus aus dem

Stacheldraht, man muss die große Landstraße überqueren, über die Ampel, dann nach links, an der Bushaltestelle vorbei, nach rechts, am Spielplatz vorbei, an dem mit der Seilbahn, immer geradeaus, bis man eine Allee erreicht. Die gelbe Telefonzelle ist beim Schwimmbad, dem mit der blauen Rutsche, da, wo die Schule ist, die, in der ich immerzu nur verstehe, dass ich nichts verstehe, in der entweder alle auf mich schauen oder vergessen, dass ich bin. Unsere Eltern sind zur Telefonzelle marschiert, sie haben Münzen gesammelt – oder haben wir bereits herausgefunden, was Telefonkarten sind, wissen wir, dass die Deutschen so was Tolles erfunden haben? Deutschland ist ein Land aus wunderbar verrückten Erfindungen, noch ist es das. Ich beginne, «wir» zu sagen.

Wir sitzen in der Badewanne, währenddessen hat irgendjemand im Wohnheim an die Zimmertür der anderen geklopft.

«Hör mal, sollen wir vielleicht diese Farmerin anrufen und fragen, wie es den Kindern geht?»

«Da, dawaj. Warte, ich hol meine Jacke. Ist doch kalt draußen, abends. Pavel, komm, nimm die Jacke, wir gehen, rufen die Kinder an.»

Legen sie für den Telefonanruf zusammen, jeder ein paar Münzen, oder gibt es jemanden, der diesen Anruf ausgibt? Jeder zehn Pfennig vielleicht, was kostet denn so ein Anruf, einmal die Stimmen der Kinder hören, von dort, wo sie sind. Es fehlt ihnen jede Vorstellung von dort, sie haben noch nie ein deutsches Dorf, einen deutschen Bauernhof gesehen.

«Kommt, kommt, eure Eltern! Schnell!»

«Aber ...»

«Raus mit euch!» Sie wirft uns weiche grüne Handtücher

zu, tropfende Haare, tropfendes Lachen, wie wir durch das Badezimmer stampfen, und warum das bleibt: diese Erinnerung an meine eigenen Badeschaumspuren, als ich mich umdrehe, meine ersten. Durch das Wohnzimmer, grauer Teppichboden, raus in den Hausflur, kalte Fliesen, und die Treppe nach oben, wo das Telefon steht, irgendwie in Handtücher gewickelt, die beim Laufen herunterrutschen, und mit Glück in den Füßen. Damals, als das Wort Glück noch nicht zu groß war, als es einfach in den Füßen stecken durfte und an den Zehen weiße Schaumblasen klebten, die man im Laufen verlor, und das Geräusch, das nasse Füße auf Fliesen klatschen, und ich noch nicht wusste, dass das zu nah am Kitsch klebt, dieses Glück in Kinderfüßen, und Stimmen, die sich am Telefon jagen:

«Mama, Mama, hörst du, wir haben gerade gebadet, in so einer Badewanne, in einer großen, und da war dieser weiße Schaum, weißt du noch, wie in diesem Film, dem amerikanischen, den wir im Kino gesehen haben, zu Hause noch. So viel Schaum, er wächst nämlich immer, wenn man Wasser laufen lässt, er ist wie Watte, aber noch weicher, und von der Farbe so weiß wie Milch, und außerdem gibt es hier einen schwarzen Hund, mit so lockigem Fell, der heißt Buschel.»

Was nicht stimmt: Der Hund hieß Wuschel. Es dauert aber, bis wir den Namen richtig hören, zu viele neue deutsche Geräusche, die sich zu Sätzen ohne Satzzeichen aufstellen und alles tun, damit wir sie eben nicht verstehen. Und wie groß die Enttäuschung, weil Buschel Wuschel heißt, obwohl Buschel so gut zu ihm passte.

«Und morgens holen wir Eier, ganz früh, also wenn ihr noch schlaft, direkt von den Hühnern, im Stall, die sitzen auf so einem Regal, und wir essen zu Mittag auf einer Terrasse, unter einem Sonnenschirm, ja, deutsches Essen, ja, auch Fleisch. Ja, wir sagen danke. Die machen Salat, aber so ganz, ganz komisch», große Salatblätter in Essig getränkt, wie man das in Schwaben zubereitet, die Salatblätter werden nicht geschnitten, keine Gurken, keine Radieschen, keine Tomaten, keine Smetana, obwohl bei ihnen doch alles wächst, hier auf dem Bauernhof, alles, außer Smetana, verstehe sie einer, die Deutschen.

«Und ich bin gerade ganz nass, ja, direkt aus der Badewanne, ich stehe hier überhaupt nur im Handtuch, die haben ein ganzes Haus nur für sich allein, nur diese Familie, und wir sind Traktor gefahren und haben Kirschen gepflückt, rote, dunkelrote, so viele, wie wir wollten, während wir auf dem Traktor saßen, so viele wir wollten, wirklich, direkt vom Baum in den Bauch, nein, ohne zu waschen, das macht nichts, hat Anita gesagt. Nur Boris, der hat Bauchschmerzen bekommen, aber ich nicht, wir standen auf dem Traktor und haben sie direkt in den Mund, nein, man kann sie da nicht waschen, und ich habe gerade in dieser großen Badewanne gesessen, ja, Borja geht es schon wieder gut, und wir haben ...»

Später sagte meine Mutter einmal, dass sie diese große Farmerin namens Anita ins Herz schloss, als sie am Telefon meine Stimme hörte, obwohl sie von dem, was ich da erzählte, nicht so viel verstand.

Es gibt vielleicht nicht viel zu verstehen für Eltern, die sich gerade zu sechst in eine Telefonzelle drängen, die zum ersten Mal schwäbische Worte in der Muttersprache ihrer Kinder entdecken, aufschrecken vielleicht, erst stolz, dann ängstlich, die ihre Kinder ein Leben erzählen hören, das sie nicht kennen, und vielleicht ahnen, dass das nur der Anfang ist. Die Entfremdung lässt sich an den deutschen Worten abmessen, die sich im russischen Erzählschwall selbstbewusst breitmachen, bis sie sich nicht mehr messen lässt. Unsere Eltern hören zu, quetschen Nachfragen dazwischen: «Wann kommt ihr wieder?»

«Wissen wir nicht, hat Anita nicht gesagt», und dann sind die Münzen alle. Beim Fallen rasseln sie, machen dem Tuten im Hörer Konkurrenz. Wir hoffen, dass Anita noch lange nichts sagt, nichts davon, dass wir zurück ins Wohnheim, zurück zu unseren Eltern müssen.

«Ab mit euch ins Badezimmer!», sagt Anita, lacht Anita. Wir tapsen die Treppe hinunter. Auf den Steinstufen kleine Pfützen, unsere Füße, hochgerannt, nicht ausgerutscht, wieder in die Badewanne geklettert, in der der Schaum nicht auf uns gewartet hat. Er ist in unserer Abwesenheit einfach geschrumpft, große Enttäuschung.

«Wollt ihr noch mal?», fragt Anita. «Das Wasser ist doch jetzt kalt.» Und sie lässt uns noch ein Bad ein, ein heißes. Und kippt dieses Zeug hinein, das zu Badeschaum wachsen kann, wie Blumen wachsen. Während unsere Eltern zurück zum Wohnheim marschieren, langsam vielleicht, oder beschwingt, weil jetzt das Aushalten vielleicht etwas mehr Sinn macht, jetzt, wo sich die Stimmen der Kinder überschlugen, der Stacheldraht, die Erniedrigung, sich mit drei Generationen in ein Zimmer zu pressen, die Zweifel: Haben wir das Richtige getan, sind wir in das richtige Land gekommen, hätten wir, vielleicht –? Wenn ich heute Nacht an die Stimme meiner Tochter denke, vielleicht kann ich dann endlich schlafen, die Augen schließen, die Ohren auch, wenn das Paar aus dem Nebenzimmer sich nicht wieder so laut streitet. Wenn es draußen, vor dem Haus, nicht wieder eine Schlägerei gibt, vielleicht dann ein Ja auf diese Frage – haben wir das Richtige getan? Ja, das hat zwei Buchstaben, auch in der russischen Sprache. Да.

Wir sagen nicht mehr да. Wir sagen «ja, wir wollen!» zu allem, was uns Anita anbietet. Außer zu Pudding.

«Ja, wollen wir», das können wir noch nicht. Wir wissen noch nicht, dass man den Verben befehlen kann, einen bestimmten Platz anzunehmen. Wir schlafen ein, sobald unsere Köpfe die Kissen berühren, müde. Frische Luft, Kühe, Gras, Kirschen, Traktor, Pudding, Scha-um, all die neuen deutschen Worte, all das viele Glück. Im Wohnheim haben wir einen großen Duschraum, drei Duschen, vier Waschbecken, Haare im Abfluss, Seifenstücke aus der Sowjetunion, die auf den Armaturen liegen, zersplitterte Fliesen, zusammengesunkene Körper, Gedanken, gegen die Seife auch nicht hilft. Listen, in die wir uns eintragen, wann wer duschen kann. Eines der kleineren Kinder macht einmal in die Hose, muss abgeduscht werden, das bringt den Duschplan für die ganze Woche durcheinander. Die Ängste haften an Nächten, wenn meine Eltern wachliegen. So viele Geräusche, Stimmen von nebenan, Stimmen von anderen, die eigene Stimme im Kopf. Mich können sie nicht sehen, können nicht sehen, dass ich, wenn wir mit Buschel, der Wuschel heißt, spazieren gehen, die Leine in der Hand halten darf. Wenn wir die Felder erreichen, lassen wir ihn von der Leine, die anderen Kinder knipsen sie vom Halsband ab. Er zischt davon, rennt im Kreis, schnuppert kurz, pest wieder, wälzt sich im Gras. Als hätte er noch nie eine Leine gesehen.

Die große Farmerin lebt in einem Haus aus Stein. In einem Dorf, in dem weitere Häuser aus Stein stehen, ich hatte mir Holzhäuschen vorgestellt, kleine, deutsche Datschas. Hatte gedacht, das Wasser müsse vom Brunnen zum Haus getragen werden. Hatte gedacht, dass es Sklaven gibt, die das Wasser tragen. Das russische Wort für Dorf kommt vom Wort «Holz», деревня, derewnja. Ich bin nie in einem Dorf gewesen, kenne es aus Tolstojs Büchern, kenne Bilder von kleinen Häusern aus morschem Holz, Ziegen davor, gestampfte Wege.

Die Farmerin Anita spricht Schwäbisch, trägt Gummistiefel im Stall und keine Hausschuhe im Haus, trägt eine Bluse, wenn sie am Sonntag zur Kirche geht. Lacht laut, lacht viel, lacht mit uns, lacht manchmal über uns, wenn wir ahnungslose Fragen stellen. Trägt nachts einen Schlafanzug, wir kennen nur weiße Nachthemden unserer Mütter und Großmütter, sie ziehen sie sich im Wohnheim im Dunkeln an, knipsen dafür das Licht aus. Knipsen es anschließend wieder an, um Medikamente zu nehmen, zu lesen. «Schlaf, mach die Augen zu», sagen sie zu uns. Wir drehen uns zur Wand, versuchen zu schlafen.

«Anita, sprechen alle in Deutschland Schwäbisch?» Anita erklärt geduldig.

«Anita, wie heißt das auf Deutsch?» Anita lernt ebenso geduldig Russisch.

«Anita, auf Russisch heißt das корова.»

«Die Kuh.»

Ist «die» Kuh? Aber «das» Mädchen? Wir lachen, versuchen Anita zu erklären, was uns lachen macht. Es ist schwer, wir versuchen es mit Händen, mit Füßen und dem großen Wörterbuch, das wir mitgebracht haben, das schleppen wir mit, vom Wohnzimmer an den Esstisch, aber nicht in den Stall. Im Stall tragen wir Gummistiefel, die uns zu groß sind, stinken nach der Kuh.

«Du lernst schnell», sagt Anita einmal zu mir, da sitzen wir gerade auf dem Traktor und pflücken Kirschen vom Baum. Anita lässt uns ans Steuer beim Traktorfahren, lacht, wenn das mit dem Lenken nicht klappt. Sie betet, betet morgens, abends, manchmal schickt sie uns aus dem Zimmer, sie braucht dann Zeit für sich und für Jesus, für sie beide. Das macht uns nichts, wir rennen einfach in den Stall hinüber. Oder zu Buschel. Oder sind einfach spielen. Sie kniet nicht beim Beten wie die alten Großmütterchen in den Petersburger Kirchen, die Kopftücher trugen und Kerzen anzündeten, während ich mich bemühte, der Stadtführerin zuzuhören, die etwas über die Bauart der Kirche erzählte und die Heiligenbilder, während wir mich bildeten, mein Vater und ich. Anita glaubt an diesen Mann, Jesus. Sie hat selbst keinen Mann, lebt auf dem Bauernhof mit ihrer Mutter und ihrem Bruder und seiner Familie. Bringt uns Uno-Spielen bei, auch das mit der Siebener-Regel. Wenn man eine Sieben legt, müssen alle so schnell wie möglich eine Hand auf die Karten legen, und wer schläft, wessen Hand als letzte auf den anderen landet, muss zwei Karten ziehen. Und jedes Mal, wenn ich das später mit meinen Kindern spiele, muss ich an Anita denken, an den kleinen schwarzen Couchtisch, um den herum wir knieten. Sie spielt mit uns bis in die Nacht hinein, sagt nie, dass wir ins Bett müssen. Im Dorf hängt ein Kaugummiautomat an einer gelben, rauen Hauswand. Man kann da ein Zehn-Pfennig-Stück hineinschmeißen, dann kommt unten ein runder, farbiger Kaugummi raus. In Folie verpackt. Man kann auch einfach davor stehen und den Kaugummiautomaten bewundern.

Wir beginnen ebenfalls zu beten, zu dem Mann namens Jesus. Als wir dafür auf die Knie gehen und unsere Hände falten, lacht Anita.

«Jesus hört auch zu, wenn ihr nicht kniet. Jesus hört euch immer zu.»

«Immer?»

«Immer.»

Es hat uns noch nie jemand immer zugehört. Sie waren immer mit ihren erwachsenen Dingen beschäftigt. Das sage ich dann im Wohnheim, wo niemand irgendjemandem zuhört, weil alle sich streiten. Sage es in das Stimmengewirr, das vor Verletzungen vibriert:

«Ich brauche euch nicht. Jesus hört mir immer zu.»

Und dann wird es auf einmal ganz leise.

Die Kuh, die Kuhe. Die Pünktchen kommen erst später, es gilt erst einmal, das Grundgerüst zu lernen, warum eine Kuh weiblich sein darf, aber ein Mädchen nicht. Die Kuhe leben ebenfalls in einem Haus aus Stein. Anita nimmt uns in Zukunft immer wieder für ein Wochenende mit zu sich, nie wieder für eine ganze Woche. Eines Nachts bekommt eine von ihnen ein Kälbchen. Anita weckt uns, in Schlafanzügen und Gummistiefeln wackeln wir verschlafen in den Stall, reiben uns die Müdigkeit mit glücklichen Fäusten aus den Augenwinkeln. Das Kälbchen, noch schleimbedeckt, versucht aufzustehen. Die dünnen Beinchen knicken ein. Ich erinnere mich nicht an seine von der Geburt erschöpfte Mutter. Sehe nur das Kleine. Es gibt nicht auf, versucht immer und immer wieder aufzustehen. Fällt wieder hin. Bekommt keine Hilfe von der Mutter, vermutlich weiß sie, dass sie das Kälbchen machen lassen muss. Nun knicken die Hinterbeine ein, aber das Kleine versucht es noch einmal. Wir gehen wieder in unsere Betten, schlafen mit dem Stallgeruch im Arm ein. Nach dem Aufstehen rennen wir sofort in den Stall. Das kleine Kälbchen steht neben den anderen Jungkühen, sieht aus wie sie, nur kleiner. Kaut gemütlich, steht da, als hätte es noch nie etwas anderes getan, hat das Hinfallen vergessen. Hat seine ersten Stunden einfach vergessen.

Anita zeigt uns das Haus, den Bauernhof, den Hühnerstall, den Kuhstall, den kleinen Gemüseladen, den sie nebenbei betreiben, die Wiesen, die Felder, die Kirschen, die großen Maschinen, ihre Familie; nur den Kaugummiautomaten, den finden wir selbst. Anita fragt, lacht, wenn wir lustige Fehler im Deutschen machen, vermutlich in jedem Satz. Ich zucke zusammen: Ich habe gelernt, nicht über Fehler anderer zu lachen. Nach dem Zusammenzucken denke ich, dass Anita einfach lacht, ehrlich, dass sie mehr Kind ist als wir möglicherweise, und ich sage ihren Namen, Anita.

Anita zeigt uns den Hund in der Hundehütte, zeigt uns, wie man morgens Eier bei den Hühnern holt, wie man sie wiegt, wie man Blumensträuße bindet, wie man Kühe melkt, wie man in Deutschland die Servietten faltet, wie eine Spülmaschine funktioniert, nachdem sie uns erklärt hat, was eine Spülmaschine ist, ein Roboter, der die Teller spült, setzt uns auf den Traktor. Setzt uns abends Schokoladenpudding vor, um uns eine Freude zu machen.

«Wollt ihr Pudding?»

«Was ist das, Pudding?»

«Das ist ein Nachtisch.»

«Was ist das, Nachtisch?»

«Mach doch einfach. Alle Kinder mögen Pudding», sagt Anitas Schwester.

«Anita, ist Pudding der, die oder das?»

Es ist «der» Pudding. Der Pudding wackelt und hört irgendwie nicht auf damit. Als wäre er ein Tier, als würde er leben. Braun ist er auch. Oben auf dem Pudding ist eine glatte Decke, die mich an die Haut, die sich auf der Milch bildet, denken lässt, die der Grund ist, warum ich niemals Milch trinke. Der Pudding wackelt in durchsichtigen deutschen Glasschüsseln, die vor uns stehen.

Diese einfachen, später werde ich sagen, spießigen deutschen Schüsseln. Noch sage ich «deutsch» statt «spießig».

«Probier du mal.»

«Probier doch selber, warum ich?»

«Weil du der Älteste bist.»

«Ich hab das schon mal probiert, im deutschen Krankenhaus.»

«Du warst schon mal im deutschen Krankenhaus?»

«Ja, eine ganze Woche. Kurz nachdem wir ankamen. Wegen Bauchschmerzen. Da haben die auch so was gegeben.»

«Nu, und, war das essbar?»

«Nein.»

«Probier jetzt mal. Die gucken uns zu. Das ist doch unhöflich, dass wir das nicht mal probieren.»

«Probier du doch selbst. Ich sag dir, das lebt.»

Was für ein Segen, die russische Sprache, die wir miteinander sprechen. Sie sprechen Schwäbisch, das wir fälschlicherweise für Deutsch halten. (Zurück im Wohnheim, werde ich meinen Eltern erklären, dass die Tagesschau-Sprecherinnen im Sperrmüll-Fernseher alles falsch aussprechen.) Sie sitzen uns gegenüber, schauen den russischen Kindern zu, wie sie dem deutschen Pudding beim Wackeln zuschauen.

«Ihr könnt schon sagen, wenn es euch nicht schmeckt.»

«Anita, gibt es noch Kartoffeln?»

Und Anita kocht noch mehr Kartoffeln nach, die wir verschlingen, das hatten wir noch nie: so viele Kartoffeln, wie wir wollen. Und sie kocht noch ein zweites Mal nach. Sie sitzen uns gegenüber, schauen den russischen Kindern zu, wie sie sich auf deutsche Kartoffeln vom schwäbischen Acker stürzen.

Wir fragen nicht nach Tagen, hoffen, dass auch Anita die Tage zu zählen vergisst. Denken nicht an die braunen Holzbaracken. Nicht hier, wo auf dem Balkon rote und gelbe und weiße und lilafarbene Blumen in Kästen blühen und wir in der Sonne zu Mittag essen, wo ich mich in Buschels schwarzem Fell vergrabe, wo ich riesengroße Gummistiefel zu kurzen Hosen trage und Jesus mir zuhört, immer.

«Anita, wie heißt das noch mal? Das braune Essen?»

«Pudding. Kinder lieben das in Deutschland, Pudding.»

Ich nicke verständnisvoll. Falte das Wort zusammen, lege es ordentlich neben die anderen ab. Deutsche Kinder lieben Pudding. Lerne Wort für Wort, was ich später als Zuhause bezeichnen werde. Habe Schwierigkeiten, zwischen Kirsche und Kirche zu unterscheiden. In die Kirche können wir nicht in Gummistiefeln gehen, aber auf dem Weg dahin kommen wir am Kaugummiautomaten vorbei.

JEWREJKA

Anita wünscht sich, ohne es direkt zu sagen, dass ich an Jesus glaube. Jesus suchte die Juden aus, erklärt sie uns, sie seien ein besonderes Volk. Auserwählt, sagt sie, aber das Wort verstehe ich nicht. Also erklärt sie es mir anders, mit ausgesucht. Ich wurde ausgesucht, ich weiß gar nicht, wozu. Es ist mir bislang noch nicht aufgefallen. Mein Bruder lacht mich aus, als ich ihn, zurück im Wohnheim, bitte, mich in Ruhe zu lassen, ich müsse mit Jesus sprechen.

«Und worüber sprecht ihr so? Und antwortet er dir?»

«Ja, tut er.» Bin beleidigt.

Anita hat gesagt, dass ich auf seine Antwort warten muss. Ich muss geduldig sein und mit dem Herzen lauschen lernen. Ich lausche, erst ganz normal, mit den Ohren, dann mit dem Herzen, aber höre nichts. Höre die Nachbarn streiten, höre, dass Dima schon wieder die Dusche nicht geputzt hat, höre, dass Dennis nicht lernt, höre, dass jemand vielleicht eine Wohnung bekommt. Horche auf bei diesem Thema, spreche mit Jesus noch einmal, diesmal über diese Sache mit der eigenen Wohnung. Erkläre ihm, wie wichtig, und warum, aber Jesus sagt nichts.

Mein Bruder lacht erst, dann spricht er mit meinen Eltern. Anita möchte, dass ich an Jesus glaube, und meine Eltern möchten, dass ich an den jüdischen Gott glaube, über den sie mir nicht viel erzählen können. Also bringen sie mich in die Synagoge.

Еврейка (ausgesprochen: jewrejka): die Jüdin. Ein geflüstertes und ein gespucktes Wort. Wir flüstern es. Die anderen, die das Privileg haben, diese Bürde nicht zu tragen, dürfen es spucken.

Она еврейка, «sie ist Jüdin», sagt einmal jemand über mich, früher, in Petersburg. Verächtlich klingt das Mädchen, und sie sagt es mit der Sicherheit, niemals eine Jüdin sein zu müssen. Sagt es zu den anderen in der Sportumkleide der Schule.

«Bin ich nicht», rufe ich entrüstet. Habe keine Ahnung, was das bedeutet, eine Jüdin zu sein, aber mit Sicherheit nichts Gutes.

«Bist du doch. Schau deine Haare an!», sagt das Mädchen.

Ich schaue meine Haare an, wie sie sich locken. Sie hören nicht auf, sich zu locken, auch in Deutschland nicht.

Wir flüstern das Wort. Verschlucken uns daran, versuchen, es zu vermeiden.

Mein Vater und ich auf einer Stadtführung, auf einer dieser wöchentlichen Bildungsmaßnahmen für mich. Samstagmorgens ziehen meine Eltern die Waschmaschine aus dem Flur ins Badezimmer. Die Waschmaschine ist so groß, dass sie nicht im Badezimmer stehen kann, und das Badezimmer ist so eng, dass nur meine Mutter sich zwischen sie und die Badewanne quetschen kann, wenn die Waschmaschine ins Badezimmer geschoben wird, um ihre Arbeit zu verrichten. Sie kann waschen, aber nicht schleudern, weshalb meine Mutter die gewaschene Wäsche in der Badewanne auswringt, um sie dann auf den unter die Decke gezogenen Leinen zum Trocknen aufzuhängen. Meine Eltern schieben die Waschmaschine, ich ziehe schon einmal meine шуба, schuba, den Pelzmantel an und die Filzstiefel. Dann teilen wir uns auf: Meine Mutter und die Waschmaschine verbringen den Tag zusammen, während mein Vater und ich mich fortbilden. Heute eine Stadtführung, diese Kirche stammt aus dem Jahre und so weiter. Und das ist die Synagoge.

«Papa, was ist die Synagoge?»

«Da gehen die Juden hin.»

«Wer sind die Juden?»

«Wir sind das.» Seine Stimme, leiser, auch sein Blick. Nach hinten, nach rechts. Entwischt mir.

«Wir sind Juden?»

«Pst, schrei doch nicht so.»

Ich habe gar nicht geschrien. Die Synagoge sieht groß aus, an mehr erinnere ich mich nicht. Wenn die Stadtführung vorbei ist, bekomme ich ein Eis, das ist das Zweitbeste an meiner Weiterbildung. Das Beste sind die Lachsbrote, die es in den Konzert- und Opernpausen manchmal gibt. Aber nur, wenn man sich ganz schnell in der Caféschlange anstellt, als einer der Ersten. Sonst sind sie weg.

«Und sag das niemandem.»

«Was?»

«Dass wir Juden sind.»

«Nicht mal Julia?» Der Julia, mit der ich laufen lernte, mit der ich vom Kindergarten und später von der Schule nach Hause marschierte, mit der ich das Mittagessen aufwärme, einen Tag bei ihr und einen Tag bei mir, mit der ich Hausaufgaben mache, und manchmal witzeln unsere Mütter und sagen, dass wir Zwillinge sind.

«Nein, auch ihr nicht. Wahrscheinlich weiß sie es aber.»

«Woher?»

«Von ihrer Mutter.»

«Und woher weiß die das?»

«Das sieht sie.»

Woran, an meinen Haaren. Ich merke mir die Stimme und auch seinen finsteren Blick.

Eines Tages fahren wir also in Deutschland in die Synagoge. Wir stehen früh auf an einem Samstag, werfen uns in schöne Kleider. Verschließen die Zimmertür, verlassen das Wohnheim, drehen uns nicht um. Fahren mit der S-Bahn in die große Stadt, nach Stuttgart. Wir, die wir aus Sankt Petersburg kommen, aus der Fünf-Millionen-Stadt. Ich merke mir von dieser allerersten Fahrt in die Großstadt nur die Fahrkartenautomaten, dieses schöne Orange.

Meine Mutter, meine Großmutter und ich sind oben auf der Tribüne, wo die Frauen sitzen und stehen, beten und reden und schweigen. Setzen uns in die zweite Reihe, ganz still. Verstehen kein Wort von dieser Sprache, diesmal Hebräisch. Ich blicke hinunter, zu den Männern, sehe die Köpfe meines Vaters, meines Bruders, die Kippot auf ihren Köpfen, sehe, wie sie sich konzentrieren, im richtigen Moment aufzustehen, dann nämlich, wenn die anderen es tun. Sehe zum ersten Mal eine Torarolle, wie sie aus dem Schrein gehoben und auf die Kanzel getragen wird, wie sie aufgerollt wird, wie jemand mit dem Zeigestock die Zeilen entlangfährt, wie sie sehr lange Zeit nicht wieder zurückgetragen wird. Sie lesen aus ihr, sie hören gar nicht auf, daraus vorzulesen. Blicke auf die Uhr, ungläubig, wie lange dauert so ein Gottesdienst.

«So, jetzt bist du schon mal in einer Synagoge gewesen», sagt meine Mutter auf dem Heimweg.

Das Wort «Holocaust» lerne ich ein Jahr später in ebendieser jüdischen Gemeinde, in die ich einmal in der Woche fahre, um am jüdischen Religionsunterricht teilzunehmen. Während meine Mitschülerinnen im Religions- oder Ethikunterricht sitzen, hocke ich im Aufenthaltsraum, alleine, die Einzige ohne Religion oder Ethik, und lese. Ich renne über Rot an jenem Tag, ich kann es nicht erwarten, das zu Hause zu erzählen.

«Habt ihr das gewusst, dass die Deutschen sechs Millionen Juden ermordet haben? Sechs? Habt ihr das gewusst?», ich stürme in die Küche, ohne die Schuhe auszuziehen.

«Warum hat es mir keiner gesagt? Sechs Millionen! Warum habt ihr nie darüber gesprochen?»

Meine Großmutter, die mir Bratkartoffeln serviert. Meine Mutter schaut «Marienhof» auf dem kleinen, dickbäuchigen Fernseher in der Küche. Wir müssen leise sein in den zwanzig Minuten, in denen die Darstellerinnen und Darsteller ihre Probleme nicht gelöst kriegen.

«Was wollt ihr denn schon wieder, kann ich nicht mal zwanzig Minuten am Tag meine Serie gucken?»

«Wusstet ihr das, sechs Millionen Juden?»

«Warte doch mal, es sind doch nur noch zehn Minuten, dann ist es eh vorbei!»

Ich lese alles, was ich in der Bücherei über den Holocaust finde, lese im Bus, im Bett, beim Essen, lese im Biologieunterricht, weil die wie auf einer Tribüne angeordneten Tische im Biologieraum sich besonders eignen, unter dem Tisch zu lesen. Lese Kinderbücher, Romane, Sachliteratur, die ich nicht ganz verstehe, Zahlen, die niemand versteht. Blicke mich, während meine Sitznachbarin den Körperbau eines Regenwurms zeichnet, um. Dein Großvater und deiner und deiner, kann sie nicht wegdenken, diese Vorstellung, von den Großeltern, kann nicht aufhören zu lesen. Stelle Fragen, weißt du, was und ob deine Großeltern, sie zucken mit den Schultern, sind überfordert und gelangweilt von meinen Fragen. Erst als wir zu Sexualkunde kommen, höre ich auf zu lesen, höre wieder dem Lehrer zu.

Ein Jahr später feiere ich Bat Mizwa. Schreibe eine Rede, werde natürlich nicht zur Tora aufgerufen, wie es bei den Jungen Brauch ist. Habe noch nie etwas von liberalem Judentum gehört, in meiner Rede geht es, glaube ich, um Missgunst und Nächstenliebe. Lade Anita ein, unseren wichtigsten deutschen Menschen, den Menschen, der mein liebster hier ist. Weiß, dass sie nicht gerne gesehen ist in der Synagoge, weil sie eine Christin ist, und auch noch eine, die Juden zur Jesusliebe missioniert. Es gibt dieses eine Foto von uns, mein Vater muss es aufgenommen haben: meine Großmutter, meine Mutter, mein Bruder, Anita und ich. Ich trage ein langes, beiges Kleid und ein schwarzes Band um den Hals, das ein bisschen an ein Hundehalsband erinnert. Wir kommen gerade von der Bat Mizwa zurück.

«Jetzt bist du eine richtige Jüdin», sagt Anita, «bei einem richtigen Rabbi», und lacht, auf ihre Weise. Ich wechsle schnell das Thema, weiß nicht, ob ich noch immer auserwählt bin, in ihren Augen. So gut kann ich Deutsch inzwischen, dass ich Reden halte und verstehe, wenn ich einen falschen Weg gegangen bin: den Weg, der mich von Jesus entfernt.

«Wie sich dein Urgroßvater gefreut hätte!», sagt meine Mutter.

Auf dem Bild stehen wir vor unserem Haus, einer ehemaligen amerikanischen Kaserne, ich glaube, es ist das einzige Bild, das es von diesem Haus gibt. Anita kommt seltener, seit wir nicht mehr im Wohnheim wohnen. Manchmal klingelt sie unangemeldet an unserer Tür.

«Wirst du mich trotzdem noch besuchen?», hatte ich sie bei unserem Auszug gefragt. Aus den neun Taschen waren mehr geworden.

An meinem sechzehnten Geburtstag spielt sie mir einen Streich, den sie bis heute nicht zugegeben hat. Sie legt einen Rosenstrauß mit sechzehn roten Rosen vor meine Tür und mit einem ausgeschnittenen Herzen, auf dem «Ich liebe dich» steht. «Der ist doch sicher von deinem Freund!» Sie lacht laut, lacht, so wie nur sie lacht, über mich, und an meinem achtzehnten Geburtstag ist sie die Erste, die mich ihr Auto fahren lässt. Mein Vater protestiert.

«Sie kann das noch nicht, Anita!»

«Hat sie einen Führerschein?», fragt Anita.

«Ja, aber sie kann das nicht. Muss noch üben.»

«Doch, kann sie schon.» Und sie lacht neben mir, als ich auf der Autobahn Gas gebe. Sie hat inzwischen Falten bekommen. Als ich sie kennenlernte, war sie dreiunddreißig Jahre alt, und ich dachte, so eine alte Frau. Eine alte Frau, wie kann sie trotzdem so lustig sein, so gerne Uno spielen?

«Manchmal seid ihr komisch», sagte Anita.

«Warum?», fragte ich.

Und später antwortete ich: «Ihr auch», ein wenig beleidigt, weil sie mich ausschloss mit diesem Ihr.

VERSTAUBTE DIPLOME

In Deutschland ließ meine Mutter sich umschulen. Sie war einmal Ingenieurin gewesen, nun soll sie Buchhalterin werden in ihrem neuen Land. Schritte rückwärts, Schritte in einer fremden Sprache, aber ohne sich umzublicken. Das darf man nicht, sich umblicken, Entscheidungen hinterfragen, vor allem nicht die eine große Entscheidung. Es hat gut zu sein, hier, wofür man alles aufgegeben hat, all das, wonach man sich Jahre später, im Alter, in der Einsamkeit sehnen wird. Zählt sie diese Schritte rückwärts, von der Ingenieurin zur Buchhalterin, kann ich sie vielleicht zählen, wenn ich zusammenrechne, wie oft sie in den letzten Jahren wiederholt: Was sind wir denn hier, nichts? Eins, zwei, drei, siebzehn, ich weigere mich zu zählen. Ich müsste hier ein gutes Leben führen, was nicht dasselbe ist wie glücklich sein, damit sie sich nicht mehr umblicken, zurücksehen müssen.

Die Diplome, die nicht anerkannten, verstauben in einer der Schubladen, aus denen meine Mutter, als sie älter wird, andere Papierstücke herausholt: Postkarten und Briefe, die mein Bruder und ich vor Jahren schrieben. Sie liest sie nachts, wenn sie, wie sie sagt, sich hin und her wirft und nicht schlafen kann. Es schmerzt alles, sagt sie, wie die Sehnsucht eben schmerzt: danach, die fernen Kinder und Enkel an sich zu drücken, was zurzeit nicht geht, und die noch größere Sehnsucht, etwas zu sein, Großmutter zum Beispiel. Die alten Karten und die Briefe liest sie zweimal, faltet sie wieder zusammen, legt sie auf ihren Nachttisch. Scannt sie am Morgen ein und schickt sie uns, ein Vorwurf als Anhang. Oder es ist nur eine Erinnerung, die ich als Vorwurf lese. Ich öffne die Anhänge nur kurz, sehe meine ungeduldige kindliche Schrift, kleine Geschichten, die ich für jeden in der Familie zu Geburtstagen schrieb, ich lese die Worte nicht, nur diesen einen Satz ihrer E-Mail: «Ich lese die Karten, weil es zu sehr weh tut, Bilder von euch zu sehen, aber euch nicht.»

Ich spreche Russisch mit meiner Mutter, ihre Sprache und meine, die Muttersprache, in der ich die Kinder tröste, in der ich flüstere, wenn sie krank sind. Ich finde in unserer Sprache keine Worte, um zu sagen: Du bist das Gegenteil von Nichts. Lege auf.

Die Karten und Briefe hat sie herausgekramt und auf ihren Nachttisch gelegt, neben das weiße Kästchen mit den Tabletten, neben den E-Reader und den Rahmen mit einem Bild von einem von uns. Die Briefe liest sie Nacht für Nacht, die Diplome aber verstauben weiterhin und wohl für immer in einer der Schubladen. Jahrgangsbeste an der Petersburger Universität, obwohl sie ein Mädchen, obwohl sie Jüdin war. Sie hätte gerne Sprachen studiert, wäre gerne Dolmetscherin geworden. Es ging nicht, weil sie eben Jüdin war. Meine Mutter sagt es kürzer. Ich bin fünfzehn, sechzehn, als ich sie frage, was sie eigentlich gerne geworden wäre, als ich nach dem Menschen frage, der hinter der Mutter steckt.

«Der fünfte Punkt», sagt sie nur. Sie meint den fünften Punkt im Pass, der in der Sowjetunion die Nationalität auswies, und in unserem Falle stand da eben: Jüdisch. Was hieß: Dies darfst du nicht und jenes auch nicht, und dazu gehört auch Sprachen studieren. Der fünfte Punkt, sagte man nur.

In Deutschland standen wir Anfang der neunziger Jahre nach den Anschlägen in Mölln und Solingen in Lichterketten und hielten Fremde an den Händen fest. In einem Lichtermeer auf dem Platz, wo früher einmal eine Synagoge stand und nun Gedenksteine sind. Meine Mutter schüttelte den Kopf, setzte sich abends noch an den Wohnheimtisch, um einen Brief nach Hause zu schreiben: davon, wie Deutsche mit Kerzen gegen Rassismus demonstrieren, drei, vier Seiten lang und ein wenig stolz, vielleicht, weil sie es in dieses Land geschafft hatte.

«Was wärest du gerne geworden?», will ich also von meiner Mutter eines Tages wissen.

«In der Schule habe ich gerne Sprachen gelernt», antwortet sie und zuckt mit den Schultern. Ich stelle mir meine Mutter als Dolmetscherin vor, in einer Konferenz, mit großen schwarzen Kopfhörern an den Ohren. Ich mag dieses Bild, lasse es stehen.

Ein anderes Mal sagt sie, sie hätte gerne mehr Kinder gehabt als uns beide. Nur ein Nebensatz, als hätte es keine Bedeutung, «aber das Leben hat es nicht erlaubt».

«Wie viele denn?», will ich wissen.

«Ich weiß nicht. Vier, fünf.»

«Vier oder fünf?»

Ich sehe meiner Mutter zu, wie sie mit meinen Kindern spielt. Sehe sie stundenlang auf der Couch sitzen, während mein Sohn an der grünen Schultafel steht und ihr Plusaufgaben erklärt, sehe sie die Hand strecken und ächzend aufstehen, wenn er sie in die Pause schickt. Sehe nicht Geduld in ihrem Gesicht, sondern Freude. Sie blickt nicht auf die Uhr. Sie tanzt, zur Musik der Kinder, obwohl ihr der Rücken schmerzt und sie eine Schiene ums Knie trägt, höre, wie sie nachfragt: «Ich kann eure Musik nicht verstehen, was singen die denn da?» Greift beim Tanzen nach den Händen der Kinder, obwohl sie zu groß dafür sind, um im Kreis zu tanzen. Sie gibt sich Mühe, sich die Unterschiede zwischen Batman und Superman zu merken, aber kurz vor dem Geburtstag schickt sie mir ein Bild: «Ist das der Richtige? Ist das der, den er mag?»

Ich glaube schon, habe selbst Schwierigkeiten, mir den aktuellen Lieblings-Superhelden zu merken.

Zwischen mir und meinem Bruder liegen neun lange Jahre, liegen vielleicht die anderen zwei, drei Kinder. Sie hätte sie gerne an der Hand gehalten, ihnen Dinge erklärt. Ich traue mich nicht zu fragen, ob sie ihnen Namen gegeben hat. Oder sie hat das nicht, weil ihr das der Pragmatismus verbot, den meine Eltern das Leben nennen? Als gäbe es neben Pragmatismus keinen anderen Weg, als wäre Träumen nur was für Dumme. Neben mir und meinem Bruder möglicherweise die Zwillinge, die mich in meiner Vorstellung jahrelang begleitet hatten, die zwei kleineren Geschwister, die ich im Kopf ständig schimpfen musste, weil sie sich vor dem Essen nicht die Hände waschen wollten. Vielleicht werden verbotene Träume vererbt, oder wie werden sie weitergegeben? Mit der Muttermilch, in Seufzern, in unruhigen Nächten gesehen, wortlos. Vielleicht hatten meine Mutter und ich beide denselben Wunsch, den nach der großen Familie, den nach vielen lauten Kindern, vielleicht wusste ich, was hätte sein sollen, wusste eben, ohne zu wissen.

Später, als ich kein imaginäres Leben mehr mit vielen Geschwistern führe, als ich selbst Kinder habe, fühle ich mich am wohlsten, wenn die Wohnung vor Menschen und Kindern überquillt. Ich schicke meiner Mutter ein Bild vom Matratzenlager aus dem Wohnzimmer, acht Kinder, die neben- und übereinander schlafen, bevor ich mich zu den Freund:innen in die Küche verziehe. Ich frage meine Mutter dabei nicht: Hast du dir das Leben so vorgestellt? – Ohne Matratzenlager, versteht sich, bei dir hätten die Kinder in richtigen Betten geschlafen, nicht im Staub, wie du sagen würdest, und wären sicherlich schon früher im Bett. Hättest du dir das Leben ganz anders gewünscht?

Bis ich in der Küche bin, habe ich die Frage vergessen.

Einmal erzählt mir eine ältere Frau, die ebenfalls aus der ehemaligen Sowjetunion stammt, in einer Offenheit, die ich aus meiner Familie nicht kenne, von ihren fünf Abtreibungen. Zuckt mit den Schultern, als sie meine großen Augen sieht, als wische sie damit auch die Abtreibungen beiseite. Erzählt mir, dass das gang und gäbe gewesen sei in jenem Land, aus dem wir beide kommen, in dem man sagt, dass Kinder alles sind.

Дети – это всё.

Kinder – das ist alles.

Immerzu dieser Satz, beinahe schon ein Sprichwort. Sie erzählt mir von dreckigen Messern, von halb unterdrückten Schreien, von schmutzigen Laken, von Schmerzen, erzählt nicht von Tränen. Sie verwendet das Wort Erniedrigung nicht, auch nicht Elend. Sie erzählt schlicht von Liegen, Laken, jede Frau, sagt sie, vier-, fünfmal im Leben, und sie zuckt mit den Schultern, was glaubst denn du, fragt sie mich, als sei ich doof, als wisse ich nichts vom Leben, als sei ich verwöhnt, eben im Westen sozialisiert, was glaubst denn du – Verhütung? Sie redet in einfachen Worten, und mit der Petersburger Arroganz würde man sagen, so redet sie, weil sie eine einfache Frau ist. Wir sind keine einfachen Menschen, also schweigen wir laut über vieles. «Was glaubst denn du?», wiederholt sie. Ich bin Anfang zwanzig und schäme mich, nichts geglaubt und nichts gewusst zu haben.

Irgendwann spreche mit einer Freundin darüber, die ebenfalls aus der Sowjetunion stammt. «Klar, meine Mutter hat auch abgetrieben. Ganz oft», sagt sie. Nichts weiter, einfach weil es eine solch trockene Tatsache ist. «Was glaubst denn du?», muss sie nicht sagen und ist sofort bei einem anderen Thema.

Ich glaube nichts. Ich beginne zu lesen. Ende des zwanzigsten Jahrhunderts hatte die Sowjetunion eine der höchsten Abtreibungsraten der Welt. Viele Frauen trieben zehn-, manche gar zwanzigmal ab. Das Abtreiben wurde staatlich finanziert, galt als primäres, nun, Verhütungsmittel, so sah man das. Ich frage meine Mutter nicht, was sie denkt, wenn sie Menschen, zum Beispiel in Polen, für das Abtreibungsrecht demonstrieren sieht.

Meine Mutter steht ächzend von der Couch auf und versucht, in die Hocke zu gehen und sich auf den Boden zu setzen, dabei hält sie sich mit einer Hand am Klavier fest.

«Warte, ich weiß gar nicht, wie ich mich am besten hinsetzen soll», sagt sie zu meinem Sohn.

Dann sitzt sie endlich auf dem Boden, sodass sie die kleinen Legofiguren, die mein Sohn aufgebaut hat, besser sehen kann.

«Der hier», sagt er, «der hat ganz besondere Superkräfte.»

Ich wüsste gerne, ob meine Mutter meinen Geschwistern dieselben Namen gegeben hätte, die sie in meinem imaginären Leben trugen. Anton, Alissa, Aljoscha. A-Namen, vielleicht, weil meine Mutter mich Aljonka rief. Ruft, manchmal immer noch, zärtlich.

Ich weiß immer noch zu wenig, frage immer noch nichts. Will nicht weh tun, da, wo schon Wunden sind, deren Tiefe ich nicht kenne.

Nun liest meine Mutter nachts alte Postkarten von ihrer einzigen Tochter, von ihrem einzigen Sohn. Die Diplome hat sie vermutlich vergessen. Hakte sie jemals nach, ob ihre Diplome nicht doch noch hier anerkannt werden könnten, stellte sie das jemals in Frage? Kam vielleicht gar nicht auf die Idee, in jenen ersten Monaten, in denen auch das Busfahren eine Mutprobe war. Wo kauft man die Fahrkarte, wo steigt man aus? Beamte haben immer recht, auch das ist eine Tradierung. Wir kommen aus einem Land, in dem Beamte entscheiden, willkürlich oder anhand der Menge der unter dem Tisch gereichten Dinge: Banknoten, Pralinen, Kaviardosen. Sind in ein Land gekommen, in dem Gesetze herrschen und diese Gesetze in lange, zusammengesetzte Worte gefasst werden.

Ich sitze in einem Amtszimmer, muss für mein Kind kämpfen, es geht um seine Beschulung, geht um Gesetze, die in lange Worte gefasst werden, geht um die Auslegung dieser. Ich kämpfe eigentlich nicht, sitze da nur, überlasse das Sprechen dem Vater. Muss mich zwingen, in diesem Raum mit einer festen Stimme zu sprechen, was ich auf meine Eltern und auf weitergereichten Gehorsam schiebe, auf deren Angst vor der Amtsautorität. Erst auf dem Nachhauseweg, auf dem ich das Fahrrad schiebe, fällt mir meine Mutter ein, die meiner ersten deutschen Schuldirektorin gegenübersaß und für mich bettelte: «Kann sie bitte in normale deutsche Klasse?»

Mit fester Stimme, mit angespannten Schultern. Weiß nicht mehr, was ich selbst bin, und wofür gebe ich gerne anderen die Schuld, vornehmlich meinen Eltern?

Meine Mutter ließ sich in Deutschland umschulen. Jeden Morgen fuhr sie in die Schule, wie ich. Packte ein Pausenbrot ein, ihre Hefte, einen Kugelschreiber. Die Hefte hatten wir aus der Sowjetunion mitgebracht, blassgrün und quadratisch. Dorthinein schrieb sie Zahlen, Rechnungen, Formeln. Durchstreichen musste sie selten etwas, alles war richtig gerechnet. Sie war vermutlich die Älteste zwischen den anderen Schülerinnen und Schülern. Machte abends Hausaufgaben, am Wohnheimtisch, auf dem Nachhauseweg kaufte sie für das Abendessen ein. Eines Tages sagt ihr Lehrer zu ihr:

«Wissen Sie, ich will Sie schon seit Monaten etwas fragen. Immer sehe ich Sie mit diesen Heften, die Sie aus Russland mitgenommen haben. Und immer frage ich mich, was würde ich mitnehmen, wenn ich meine Heimat verlassen müsste? Und ich denke mir, ich würde wahrscheinlich Fotoalben mitnehmen oder Bücher oder Erinnerungsstücke, aber doch keine leeren Hefte? Und Sie haben so viele davon, sie gehen Ihnen nie aus. Warum haben Sie denn Hefte mitgebracht?»

Meine Mutter erzählt uns abends diese Geschichte, lachend, bevor sie sich an den Tisch setzt, um Zahlen in Kästchen zu schreiben, genau wie ich. Wir wussten nichts über den Alltag in Deutschland, kannten nur vage Gerüchte von jenen, die vielleicht jemanden kannten, der jemanden kannte, der ausgewandert war und Briefe geschickt hatte. Seife sollte angeblich teuer sein und eben Hefte, deshalb brachten wir Mengen davon mit. Meine Mutter hat sie während ihrer Umschulung alle aufgebraucht, mir war es zu peinlich, sie mit in die Schule zu nehmen, wo die anderen nummerierte Hefte hatten, liniert, mit Rand oder ohne. Jahre später, bei einer Reise nach Russland, kaufe ich mir so ein dünnes, blassgrünes, quadratisches Heft, nun liegt es seit Jahren in der Schublade zwischen den schönen Notizbüchern, die ich zum Schreiben verwende. Es wartet auf den richtigen Augenblick. Wofür könnte ich es nehmen, was hineinschreiben? Also bleibt es vorerst, seit über zehn Jahren, in der Schublade liegen.

«Bist du gut in deiner Schule?», frage ich meine Mutter, als sie sich umschulen lässt. Ich blicke von meinem Stockbett auf den Tisch, an dem sie Hausaufgaben macht.

«Ja», sagt sie stolz. «Die wundern sich alle, dass ich ohne Taschenrechner im Kopf alles ausrechne. Sogar der Lehrer. Nicht mal der Lehrer kann das.»

Meine Großmutter nickt zufrieden. Was antworte ich, dass es mir genauso geht, dass sich bei mir in der Schule auch alle wundern? Meine Großmutter ist sofort besorgt. Was, wenn die in Deutschland Mathematik nicht gut unterrichten? Mathematik stand bei uns an erster Stelle, und ich weiß bis heute nicht, ob das am Bildungssystem der Sowjetunion oder an meiner Familie liegt. Kopfrechnen war ein Zeitvertreib, wenn wir auf Busse und Trambahnen warteten.

«Zeig mir mal dein Lehrbuch», sagt meine Großmutter fast ängstlich, «ich will mal sehen, was sie euch hier beibringen!» Also steige ich mit den nackten Füßen die kalte braune Stahlleiter hinunter und hole mein Lehrbuch aus dem Schulranzen.

Irgendwann schließt meine Mutter ihre Umschulung ab und muss nicht mehr in die Schule gehen. Wir leben inzwischen nicht mehr im Wohnheim, sondern in unserer eigenen Wohnung, so viel ist also passiert. Ich muss weiterhin in meine Schule gehen, endlose Jahre lang. «Warum dreizehn Jahre?», fragt meine Großmutter erschrocken. «Was lernen die denn da so lang? Und wann kannst du denn dann anfangen zu studieren?» So gerät der ganze Plan durcheinander: mit achtzehn an die Universität, mit Anfang zwanzig der erste Job, spätestens mit dreiundzwanzig das erste Kind. Wann denn sonst, fragt meine Großmutter kopfschüttelnd. Sonst werden die Kinder doch ungesund, die dann erst geboren werden.

«Vielleicht will ich ja gar keine Kinder haben», sage ich, nicht weil ich das denke, sondern weil ich ihr Gesicht sehen will, wenn sie das hört.

«Ein gesund'n Kopp», wünscht sie mir auf Jiddisch und wendet sich dann vernünftigeren Dingen als diesem Gespräch zu, zum Beispiel dem Geschirr.

Sie haben mich eine Klasse überspringen lassen, jetzt bin ich die Steigerung von Streberin: die, die eine Klasse übersprungen hat. Auf dem Schulweg streite ich mich mit meinem imaginären Zwillingsbruder. Meine Mutter hat ihre Umschulung abgeschlossen. Nun bewirbt sie sich, schickt die Bewerbungen in schönen Mappen ab, weil sie gelernt hat, dass man das in Deutschland so macht. Die Absagen sammelt sie in einer weniger schönen Mappe, einer, die ich aussortiert habe aus der Schule. Ein deutscher Bekannter erzählt, auch viele Deutsche in ihrem Alter hätten es schwer, eine Arbeit zu finden. Meine Mutter seufzt vermutlich, nun, wenn es Deutsche schon schwer haben, und legt die schönen Mappen eine Zeitlang beiseite. Sie meldet sich auf eine Zeitungsannonce hin, die nach einer Putzkraft sucht.

Zeitungsannonce tippe ich so hin. Und während ich dieses Wort tippe, das meine Eltern bis heute nicht aussprechen können, frage ich mich, wirklich: Hatte meine Mutter eine deutsche Zeitung gekauft, oder woher wusste sie, dass man darin nach Stellenanzeigen sucht? Wie war dieser Anruf, wie war es für sie, die beinahe fünfzigjährige Ingenieurin, die Universität mit Summa cum laude abgeschlossen, in einer fremden Sprache irgendwo anzurufen, um zu fragen, ob sie vielleicht ein fremdes Haus putzen darf?

Ich erinnere mich nicht an die Zeitung. Ich erinnere mich nicht an den Anruf. Nur daran, wie mein Vater in dem dicken Buch mit den Busfahrplänen blätterte und siegreich verkündete, sie könne von uns aus direkt durchfahren zu dieser Arbeitsstelle. Ich erinnere mich, wie sie zurückkam von ihrem Vorstellungsgespräch als Putzkraft. Putzfrau, sagte sie natürlich, nicht «-kraft». Wie sie hereinkam und uns verkündete, dass sie jetzt einen Job hat, die erste von uns mit einem Job in Deutschland. Haben wir gefeiert, haben wir angestoßen? Warum glaube ich das heute, dass wir gefeiert haben, Wein, ein Schluck Saft für mich in einem Weinglas. Meine Mutter fuhr also mit dem Bus direkt zur Arbeit, ohne Umsteigen. Räumte auf, putzte, kochte, erzählte uns verwirrt, dass die Deutschen Abendbrot von Holzbrettern essen. Wir unterschieden noch nicht in «manche Deutsche», übernahmen alles, was wir sahen, als allgemeingültig, so wird das hierzulande gemacht. Obwohl sie Teller haben, essen sie von Holzbrettern, ich starre auf meinen Teller und verstehe das nicht.

Meine Mutter erzählte uns stolz, dass sie сырники (syrniki), russische Quarkküchlein, für die Kinder der Familie gemacht habe.

«Und die haben sie gegessen?», frage ich zweifelnd, ich schäme mich für das russische Essen, obwohl ich diese beiden Kinder doch gar nicht kenne. Habe schon kleine gerümpfte Nasen gesehen, die über mein russisches Essen lachen, kriege diese kleinen gerümpften Nasen nicht aus dem Kopf.

«Sie haben sie verschlungen», erzählt meine Mutter. «Wollten mehr und mehr.» Und fügt bemitleidend hinzu: «Ist doch klar, sonst bekommen sie zum Abendessen nur Brot auf Holzbrettern.»

Einmal macht ihre Arbeitgeberin ein großes Gartenfest und lädt auch meine Mutter samt Familie ein. Mein Vater weigert sich mitzukommen, was soll er da, er kennt niemanden, würde sich unwohl fühlen, was sollte er auf einem Fest in einem Haus, das seine Frau täglich putzt? Meine Mutter nimmt also meine Großmutter und mich mit. Die Gastgeberin stellt meine Mutter den anderen Gästen als «meine Perle» vor, den merke ich mir, diesen Satz, bis heute, der damals macht, dass ich mich beeile, mich aus der Menschentraube zu entfernen. Ich spiele mit den kleineren Kindern der Familie, und immer wenn ich zu meiner Mutter und meiner Großmutter blicke, sitzen sie alleine an einem Tisch, gelangweilt. «Bald können wir gehen», sagt meine Mutter. Monate später gibt sie den Putzjob auf, weil sie eine Arbeit als Buchhalterin in einer Sparkasse gefunden hat. Wieder fährt sie mit dem Bus, ebenfalls ohne Umsteigen, und sehnt sich manchmal nach jener Freundlichkeit der Frau, deren Haus sie putzte.

Viel später bestellen meine Freund:innen, erst aus der Schule, und später im Studium, bei meiner Mutter syrniki, die einen mögen sie mit Rosinen, die anderen ohne, und meine Mutter merkt sich, wer wie.

«Hier, die sind für M. Und die sind für S., die sind ohne Rosinen. Hast du dir gemerkt, welche die ohne Rosinen sind? S. mag sie nicht mit Rosinen.»

Ich merke mir, welche ohne Rosinen sind, beeile mich, die Scham für meine Eltern beiseitezulegen. Diese hässliche Erkenntnis: Ich bin es, mit der etwas nicht stimmt, weil sie sich schämt.

«Hat deine Mutter mir dieses Mal keine syrniki geschickt?», fragt eine Freundin entrüstet.

Meine Mutter freut sich, freut sich über die Freuden meiner Freundinnen, freut sich, mir so vielleicht näher zu sein, über die vielen Dankeschöns, die sie ihr schicken. Jahre später schreibt sie die Geburtstage der Kinder dieser Freundinnen in ihren Kalender und schickt diesen Kindern, die sie nie zu Gesicht bekommen hat, kleine Geschenke. Noch später entdeckt sie eine weitere Marktlücke in meinem Freundeskreis: Der Buchweizen, den man in Deutschland kaufen kann, ist nicht geröstet. Der geröstete, den es in osteuropäischen Supermärkten gibt, schmeckt besser, er zerfließt nicht, wenn man ihn kocht. Sie schickt ihn erst mir, dann der Freundin ihres ehemaligen Schwiegersohnes, dann einer anderen Freundin von mir. Sie bedanken sich mit Postkarten. Meine Mutter erzählt mir mit Tränen in der Stimme davon.

«Du hast so nette Freundinnen, das macht mich so glücklich, dass ich das weiß», sagt sie. Fühlt sich mir näher, schnappt zaghaft nach mir. Ich jogge, während sie mir das am Telefon erzählt, werde schneller, bis ich außer Atem bin.

DEUTSCHE SCHÜSSELN

Meine Eltern haben Salatschüsseln auf dem Flohmarkt gekauft oder auf dem Sperrmüll gefunden, weil es immer entweder das eine oder das andere ist. Meine Eltern wissen nicht, was eine Salatschüssel ist, auf Russisch gibt es nur миска.

Миска, miska, Schüssel: emailleweiß, oben schwarzer Rand. Die Schüssel hat Dellen, im Schwarz sind Risse. In eine миска kommen kleingeschnittene, hellgrüne Salatblätter, Gurkenwürfel, Tomaten, Radieschen in dünnen Scheiben, Petersilie, Dill, Koriander. Alles in Smetana getunkt. Das Wort Dressing kennen wir nicht, und Jahre später schleppe ich Gurken von der Datscha des Onkels bei Petersburg in einem Koffer nach Deutschland, um meinem damaligen Freund zu zeigen, dass eine Gurke tatsächlich einen eigenen Geschmack haben kann.

Schüssel, die: Salatschüssel, Nudelschüssel, Rührschüssel, Dessertschüssel, Puddingschüssel. Im Russischen gibt es keine Worte, die zusammenwachsen können, vielleicht ist es ein Privileg, Wörter aneinanderzuhängen, ihnen quasi personalisierte Eigenschaften zu verleihen. Wie viele Schüsseln braucht man eigentlich, wofür alles?

Brauchen ist ein Verb, das ich im Deutschen viel häufiger als im Russischen verwende. Wer zu viel hat, verlernt zu unterscheiden: Was ich will, möchte, wünsche, denke, als Möglichkeit sehe, als Alternative, in verschwommenen, weil geträumten Farben. Brauchen ist ein Verb, das sich knallend in den Raum stellt, danach ist erst einmal Stille. Wer tatsächlich braucht, sagt das selten.

Einmal kommt mich eine deutsche Freundin besuchen, lange ein kleines Wunder.

«Was werdet ihr zu Mittag essen?», möchte бабушка im Vorfeld wissen. Sie steht mit dem Pfannenwender in der Hand am Herd, rührt Bratkartoffeln. Ich sitze am Tisch, auf dem eine Plastiktischdecke klebt, die mit den roten Blumen, löffle Suppe, habe ein Buch aus der Bücherei vor mir aufgeschlagen.

«Ich mache selbst was, wenn sie kommt.»

Damit ihr nicht auffällt, wer wir sind. Damit sie ihr Einfamilienhaus und ihre Hausfrauenmutter und ihre immerzu ordentlich frisierte kleine Schwester nicht vermisst, während sie bei mir ist.

«Ich bereite euch ein Mittagessen zu. Suppe und als Zweites dann ...»

На первое, на второе (na perwoje, na wtoroje): zum Ersten, zum Zweiten. Der erste, der zweite, der dritte Gang. Mittagessen, обедать (objedat): ein dreigängiges Ritual, die wichtigste Mahlzeit des Tages. Suppe vorab, Borschtsch, Fischsuppe, Soljanka oder die von mir verhasste Щи. Zum Zweiten Fisch oder Fleisch, es gab in der Sowjetunion kaum vegetarische Speisen. Als Nachtisch, zum Dritten also – aber bestimmt nur in meiner Erinnerung –, jeden Tag Kompott.

Zische бабушка an: «Wir essen alleine», zische alles an Unsicherheit hinaus.

Einmal kommt mich also eine deutsche Freundin besuchen. Ich kaufe selbst ein, Nudeln und Tomatensoße im Glas, um ihr das Erste, das Zweite und das Kompott zu ersparen. Koche die Nudeln auch selbst, bitte бабушка, in ihrem Zimmer zu bleiben.

«Sind wir alleine zu Hause?», möchte die Freundin wissen, blickt sich um.

«Ja.» Ich schließe die Tür, sodass wir бабушка hoffentlich nicht hören, wenn sie ihr Zimmer – hoffentlich nicht – verlässt, um ins Bad zu gehen.

Wir sitzen am Küchentisch, warten, bis das Wasser kocht. Ich gieße die Nudeln ab, in das grüne Plastiksieb, der ist auf jeden Fall vom Sperrmüll. Hole die Glasschüssel aus dem Schrank, die deutsche. Schütte die Nudeln hinein.

«Das ist ja lustig, dass ihr Nudeln aus einer Salatschüssel esst.»

Der Satz klebrig auf unserem Tisch wie die Plastikdecke. Ich erinnere mich nicht mehr, was wir an jenem Tag nach dem Essen taten. Spielten wir, sprachen wir, hörten wir Musik?

Ich haue meine Mutter auf der Straße. Zerre an ihr, am Ärmel, an allem, was ich nicht werden kann, renne davon. Heute sehe ich, wie lachhaft, dass ich dachte, ich könnte vor mir davonrennen. Heute denke ich, wie schlimm, warum meine Mutter? Kehre wieder zurück, kreische.

Ich weiß nicht mehr, wie wir auf der Straße gelandet sind. Vielleicht sind wir meines Vaters wegen hinausgegangen, er kann das nicht, dieses Weibergeschrei. Bin dreizehn, vierzehn Jahre alt, denke, ich werde für immer bleiben, was ich heute bin. Allein und mit diesen Locken, die nicht aufhören wollen, sich zu kringeln. Streberin, obwohl ich mir keine Mühe beim Lernen gebe, obwohl ich mich anstrenge, schlechte Noten zu schreiben, obwohl ich nicht die Hand strecke, auch wenn ich die Antworten weiß, und die Lateinworte nicht auf Vokabelkärtchen abschreibe wie die anderen Streber, bin anders, bin nichts. Meine Haare sind nicht blond, und sie wollen das auch nicht werden, wenn ich sie zu färben versuche. Bin dreizehn, weiß nicht, wie man sich die Wimpern tuscht, und beim Tanzkurs will niemand mit mir tanzen. Nur der Junge, der einen Kopf kleiner ist als ich und der der Pflegebruder eines anderen ist. Mit dem anderen wollen alle tanzen, und der sagt:

«Ich muss den mitnehmen. Hat mein Vater gesagt.» Er sagt es so, dass es alle hören können, auch der Pflegebruder. Sagt es, zuckt mit den Schultern. Mit dem Pflegebruder will niemand tanzen, deshalb tanzt der mit mir. Willi heißt er, er sagt nicht viel, und meine Eltern meinen, ich muss zum Abschlussball und den Tanzkurs zu Ende machen, immerhin, sie haben ihn bezahlt.

Ich habe mir Wimperntusche von dem Geld gekauft, das ich beim Babysitten verdiene. Stand vor diesem Regal, als würde ich klauen wollen, und blickte mich schuldbewusst um. Als könnten die anderen alle sehen, dass ich nicht weiß, was man genau mit Wimperntusche macht, und wie die anderen Produkte in der Kosmetikabteilung heißen. Ich hab versucht, das schwarze Zeug mit der kleinen Bürste an die Wimpern zu bringen, aber die Augen brannten.

«Nun, ja, du bist eine Frau, du musst schön sein», sagt mein Vater, als er mich mit getuschten Wimpern sieht.

«Guckt mal, sie hat versucht, sich zu schminken!», sagt eines der Mädchen, das ganz genau weiß, was Wimperntusche ist, schon seit zwei Jahren. Sie gucken, sie lachen. Ich gebe meiner Mutter die Schuld für alles, bleibe immer noch ich. Sie wird wütend: «So nicht», sagt sie, dann schweigt sie. Sie schluckt meine Verzweiflung einfach hinunter. Wir gehen nach Hause, langsam.

«Habt ihr euch beruhigt?», fragt mein Vater. Ich sitze auf meinem Bett, weiß noch nicht, dass es auch anderen so geht, denen mit den blonden Haaren. Denke, dass die Pubertät an mir liegt, dass das alles daher kommt, dass ich nirgendwohin gehöre.

Wir fahren nach Russland, zu Besuch, für zwei Wochen. «Schau mal, wie du läufst», sagt meine Tante zu mir. «Was ist das für ein Gang?»

Ich laufe durch ihre Wohnung von der Wohnzimmercouch, die sie abends zum Bett ausklappt, dasselbe Fabrikat, das wir auch früher hatten, laufe zum Bücherregal und wieder zurück. Und dann wieder zum Regal, immer wieder, seit einer halben Stunde. Ich übe laufen, ich kann nicht laufen, hat meine Tante gesagt. Ich bin vierzehn, und das erste Mal seit der Auswanderung sind wir wieder in Russland. Mit meiner Mutter, meiner Großmutter, fahren zu den Gräbern, zur Familie, zu Freunden, nach Hause, zu uns. Zwei Wochen lang schlafen wir in der Zwei-Zimmer-Wohnung meiner Tante, in der zu meiner großen Freude alles noch so aussieht wie früher. Meine Mutter und ich teilen uns das Klappsofa im Zimmer meiner Cousine, die bei ihrer Mutter auf dem Klappsofa schläft; meine Großmutter wiederum auf einem Klappbett, quietschende, metallene Streben. Die Tapeten abgewetzt, антресоли, der Zwischenboden, auf dem meine Tante ihre Liebesromane aufbewahrt: Auf der

Vorderseite küsst ein verwegener Mann eine Frau, deren Dekolleté den Großteil des Bildes einnimmt. Die Frau sieht aus, als würde sie mitten im Kuss geradewegs in die Ohnmacht sinken. In den Bücherregalen im Wohnzimmer, auf die ich zustolziere, hingegen Dostojewski, Puschkin und Tolstoj.

«Lena, hast du das gelesen?»

«Aber warum nicht, das muss man gelesen haben, weißt du, dass das ein Klassiker ist?»,

Und nun stimmt auch noch meine Mutter ein:

«Ja, nimm dir das doch aus dem Regal. Lies mal was auf Russisch.»

Mein Russisch ist vollkommen in Ordnung, und ich habe bereits aufgegeben, was ich mir vorgenommen hatte: hier möglichst mit deutschem Akzent zu sprechen, damit niemand vergisst, wer ich jetzt bin, eine aus Deutschland. Ich nehme den dicken blauen Band aus dem Regal, «Anna Karenina», sie sagen, da geht es um Liebe. Tut es aber nicht, da geht es um landwirtschaftliche Probleme, seitenlang, endlos. Sie hören gar nicht mehr auf, über Landwirtschaft zu diskutieren, und ich bin vierzehn Jahre alt und habe noch nicht gelernt, wie eine Frau zu gehen. Ich stibitze mir die Liebesromane von oben aus dem Zwischenboden, muss dafür auf einen hohen Hocker steigen. Mit ihnen schlage ich mir die Nächte um die Ohren. Einen nach dem anderen, während meine Großmutter neben mir schnarcht und meine Tante und meine Mutter in der Küche die Liebesprobleme meiner Cousine lösen. Meine Cousine kommt spät nach Hause, mit roten Backen, langen dunklen Haaren, hohen Wangenknochen, perfekt gefeilten Fingernägeln und genau dem Gang, den ich zu erlernen versuche, während ich so auf und ab laufe, zwischen Tolstoj und dem Klappsofa. Es gibt zwei Männer, die meine Cousine abwechselnd nach Hause begleiten, und der eine weiß nicht, dass es den anderen gibt. Das ist in den Liebesromanen, die ich verschlinge und schnell unter das Kopfkissen stecke, sobald meine Mutter das Zimmer betritt, genauso.

«Wie läufst du denn?», sagt meine Tante zu mir. «Schau mal, wie du läufst. Du willst doch mal eine Frau sein.»

Ich weiß nicht, warum sie mich das immer fragen, ob ich eine Frau sein will. Es klingt, als stünde die Möglichkeit im Raum, dass ich das niemals schaffen könnte.

«Stell dir vor», sagt meine Tante, «du hättest einen Bleistift zwischen den Pobacken. Und jetzt lauf, ja, der Bleistift darf dir nicht rausfallen, ja, genauso, aufrecht.»

«So?»

«Gut, noch aufrechter. Halt den Bleistift fest.»

«Wie lange muss ich denn noch so laufen?»

«Lange. Du musst das üben, wenn du eine Frau werden willst.»

Nie sagen sie, was ich würde, wenn ich das nicht schaffe, eine Frau zu sein. Jahre später lebe ich in Israel und fliege zwischendrin für eine Woche nach Deutschland. Als ich zurückkomme, haben meine Mitbewohner:innen einen Kuchen zur Begrüßung gebacken.

«Wir haben dich vermisst», sagen sie, und einer fügt hinzu: «Am meisten deinen lustigen Gang.»

Wir stehen bei den Gräbern, Blumen in den Händen. Ich weiß, dass ich zu weinen habe, nur die Tränen wissen das nicht und bleiben weg. Meine Mutter geschäftig, ordnet Blumen an, zupft Unkraut, legt Steinchen auf den schwarzen Grabstein, auf dem ein Bild meines Onkels eingraviert ist, eines, auf dem er nicht er ist, er lächelt nicht auf dem Bild. Ich habe keine Erinnerung an ihn, in der er nicht schallend lacht. Meine Mutter rennt zur Friedhofsverwaltung, um sich über die schlechte Grabpflege zu beschweren. Petersburg ist auf Sumpf erbaut, die Böden zu feucht, die Grabsteine sinken ein, Zentimeter für Zentimeter.

«Ich gehe mit dir», sage ich.

«Nein, bleib bei бабушка. Bleib mit ihr stehen.»

Also stehe ich mit бабушка. Бабушка weint. Lege ihr unbeholfen einen Arm um die Schulter. Wage es nicht, auf die Uhr zu blicken.

Mit der Metro und dann der Tram tuckern meine Mutter und ich eine Stunde lang zu unserem alten Haus.

«Warte, ist es die richtige Trambahn? Hab schon alles vergessen», sagt meine Mutter. Ich habe auch alles vergessen, nur die Farbe der Trambahn nicht. Rot. Die Schlaglöcher habe ich vergessen und wie die rote Trambahn schaukelt und ruckelt und manchmal in den kaputten Schienen hängenbleibt, die Richtungsschilder, die niemand wechselt, weshalb man nie weiß, ob die Tram auch tatsächlich in die Richtung fährt, die auf ihr angegeben ist. Die kleinen Fahrkarten habe ich nicht vergessen, die aus hauchdünnem Papier, auf denen eine achtstellige rote Zahl abgebildet ist. Mein Vater hatte mich immer eine Hundert aus den acht Zahlen bilden lassen, das ging so: Ich durfte sie beliebig zusammensetzen und beliebige Rechenzeichen dazwischensetzen, damit ich auf die Hundert kam. So standen mein Vater und ich zwischen die anderen Menschen gedrängt nebeneinander, jeder hielt eine Fahrkarte in der

Hand, rechnete, während die Trambahn in den Schienen klemmte.

Meine Mutter und ich steigen aus, überqueren zwei mehrspurige Straßen. Stehen vor dem langen, grauen Hochhaus, Löcher in den Ziegelsteinen, das Grau ist an manchen Stellen schwarz. Weiße Vorhänge in den geschlossenen Fenstern, hinter unserem Rücken der Spielplatz, auf dem ich alles lernte, was wichtig war. Vor unserem Aufgang immer noch die stinkende, für deutsche Verhältnisse überdimensionierte Mülltonne und die grünen Garagen. Manchmal kletterten wir Kinder auf die Dächer, bis uns jemand verscheuchte. Nach Neujahr zogen wir einen der entsorgten Tannenbäume aus der Mülltonne, steckten ihn in den Schnee, schmückten ihn mit Resten von Lametta, die wir ebenfalls in der Mülltonne fanden. Meine Mutter und ich stehen vor dem Aufgang, blicken hinauf, in den sechsten Stock.

«Всё также», sagt sie. Alles noch genauso.

Alles noch genauso, aber das Haus fällt nicht mehr, egal, wie sehr ich die Augen zusammenkneife. Obwohl der Himmel bewölkt ist, ganz sicher.

Wir kommen zurück nach Deutschland, und ich bin immer noch keine Frau.

«Was ist das für ein Gang?», sagt mein Vater. Wenn ich Schuhe kaufen gehe, bekomme ich mehr Geld mit, wenn ich Schuhe mit Absätzen kaufen will, als für Sneakers. Turnschuhe, die braucht man für Sport.

«Du willst doch einmal eine Frau sein.»

Ich habe die Hoffnung nicht aufgegeben, eines Tages eine Frau werden zu können, aber ich mag nicht, wie die

Füße an den Ballen in den Schuhen mit Absätzen schmerzen. Weil ich eh noch keine Frau bin, eile ich sofort nach der Schule in die Bibliothek. Bücher haben keine Meinung zu der Frage, ob ich eines Tages eine Frau sein könnte, aber unzählige Seiten.

Die Straße, in der ich meine Mutter haue, ist nicht weit von unserem neuen Zuhause entfernt, einer Wohnung, die wir eine «richtige» nennen, um jedes Mal zu statuieren, dass wir nicht mehr im Wohnheim sind, weil man das nicht oft genug feststellen kann. Unsere «richtige Wohnung» befindet sich in einer ehemaligen amerikanischen Kaserne, die Amerikaner sind nach Hause gegangen, weil Deutschland jetzt demokratisch geworden ist, und das demokratische Deutschland hat aus den ehemaligen amerikanischen Kasernen Sozialwohnungen gemacht. Ein großer, stromfressender, amerikanischer Kühlschrank steht noch in der Küche, als wir da einziehen, einer, aus dessen Tür man theoretisch Getränke zapfen könnte. Praktisch funktioniert die beste Funktion des Kühlschranks nicht. Meine Eltern halten unsere «richtige Wohnung» immer noch für einen Palast, weil sie nie gehört haben, wie jemand sagt: «Ach, da wohnst du, in der Kasernensiedlung?»

Heute denke ich, vielleicht haben sie den Satz gehört, aber erzählten nicht, so wie ich auch nicht erzählte. Oder sie überhörten ihn, weil etwas anderes lauter war, die Stille zum Beispiel, weil die Stimmen der Nachbarn, die Schreie, die tapsenden Schritte im Barackenflur nicht mehr da waren. Sie muss laut gewesen sein, die Stille. Wie erkläre ich mir sonst, was meine Mutter mir erzählt? Wie sie und бабушка nachts durch die neue, richtige Wohnung tappten, um die Wände zu streicheln. Die Hand meiner Großmutter, die weichen Finger mit oval gefeilten Fingernägeln, müde, aber stets gepflegt, die über die Raufasertapete fahren. Nacht für Nacht.

Außer uns leben hier Türken, Italiener, Jugoslawen, Polen, Russlanddeutsche. Dahinter beginnen Maisfelder, in denen sich die Stadtgrenze verläuft. Jeden Tag geht meine Großmutter da spazieren, eine Stunde, zwei. Verlässt die Siedlung, läuft, vermutlich immer dieselbe Strecke. Am Wochenende gehen meine Eltern mit, ich selten. Wenn ich aus der Schule zurückkehre, steht ein Mittagessen bereit, первое, второе, третие, das Erste, das Zweite, das Dritte. Die Suppe wärmt sie in der Mikrowelle auf, das Fleisch kommt direkt aus der heißen Pfanne.

«Nu, habt ihr irgendwelche Klassenarbeiten zurückbekommen? Mathe habt ihr doch schon vor einer Woche geschrieben.»

Ich klemme mein Buch unter den Suppenteller.

«Nein, wurde noch nicht korrigiert.»

Ich habe gerade eine Klasse übersprungen, jetzt hasst mich meine neue Klasse dafür. Schreibe immer noch die besten Noten in der Klasse, leider, habe die falschen Jeans, Turnschuhe, Haare. Sehe niemandem in die Augen, bin noch nicht auf die Idee gekommen, die Klassenarbeiten leer abzugeben, damit sie alle, die Schüler:innen und die Lehrer:innen, sehen können, dass Lernen mir nicht wichtig ist. Alle zwei Tage gehe ich in die Stadtbücherei. Im offenen Foyer kann man hinauf zu den Regalen im oberen Stockwerk blicken, was für ein fürchterliches Klischee das ist, dass außer Büchern nichts zählt. Ich bin noch zu jung und zu einsam, um über Klischees nachzudenken, also halte ich andächtig inne, kann es nicht fassen, dass ich jedes Buch ausleihen darf.

«Warum lädst du nicht mal eine Freundin ein?», fragt Großmutter.

Weil ich keine habe, schweige ich.

«Streberin», sagen sie, also beginne ich, leere Klassenarbeitsblätter abzugeben, also setze ich mich mitten im Lateinunterricht auf den Tisch. Blicke aus dem Fenster, Herbstblätter auf dem Schulhof.

«Setzt du dich bitte auf den Stuhl?», fragt der freundliche, überforderte Lehrer.

«Nein», antworte ich so laut, dass sie nun alle zu mir blicken.

«Pubertät», sagt meine Klassenlehrerin zu meiner Mutter und zuckt mit den Schultern. «Sie provoziert gerne, das ist das Alter», erklärt sie. Ich stehe neben den beiden an der Tafel, schlage im Kopf nach, finde das Wort Pubertät im Russischen nicht. Ich glaube, die war bei uns nicht erlaubt, vielleicht hatten die Eltern nicht die Zeit dafür, nicht den Kopf. Kinder spüren so etwas, selbst pubertierende Kinder. So wie meine Mutter sagt: «Wir hatten keine Zeit, mit dir zu spielen. Wir mussten arbeiten, einkaufen, die langen Wege in Petersburgs überfüllter Metro, den Trambahnen, Trolleybussen, dann kochen, spülen, Kleidung waschen, alles mit der Hand.» Sie sagt das bedauernd, und ich sehe ihr zu, wie sie mit ihren Enkelkindern spielt, stundenlang imaginäre Speisen aus der Kinderküche lobt und sich später alle Details von Harry Potter anhört, obwohl sie den Großteil des Vokabulars nicht versteht. Für dich hatten wir keine Zeit, sagt sie, aber ich erinnere mich nur an die Sommer auf der Datscha, in denen ich mir in den Wäldern Kratzer und blaue Flecken holte, und an Wochenendtage, an denen mein Vater mich in Museen und in die Philharmonie schleppte, der Bildung wegen.

«Streberin», sagen sie, also färbe ich mir die Haare grün. Sie fragen mich um Hilfe, wenn es um Hypotenusen geht.

Manchmal brauchen die Lehrer meine Hilfe. Yitzhak Rabin wird von einem Fanatiker erschossen. Der Geschichtslehrer bittet mich, der Klasse den Nahostkonflikt zu erklären. Der katholische Religionslehrer findet das eine gute Idee, lädt mich in seinen Unterricht ein, das Passah-Fest zu erklären, das er nicht Pessach nennt. Das Passah-Fest muss ich zu Hause nachschlagen, in dem dicken, grauen Buch über jüdische Bräuche und Rituale, mit dem eine freundliche evangelische Pfarrerin versucht hat, meinem Vater ehrenamtlich Deutsch beizubringen. Es ist sehr eng bedruckt, dieses Buch, und sehr langweilig zu lesen. Der katholische Religionslehrer schlägt vor, ich könne doch einen «Passah-Fest-Teller» mit in die Schule bringen, dann spielten wir das «Passah-Fest» im Unterricht nach. Wir besitzen keinen Pessach-Teller, aber meine Mutter kocht Eier, die neben anderem auf den Teller gehören, und murmelt etwas von einem Urgroßvater in einem weißrussischen Schtetl.

Eines Nachmittags klingelt das Telefon. Ein Mädchen aus meiner Klasse möchte wissen, wie das mit der Wasserknappheit in Israel ist, das habe sie nicht verstanden. Morgen schreiben wir Geschichte.

«Hast du eine neue Freundin?», fragt бабушка.

Ich schäme mich jeden Tag an den falschen Stellen und gebe meiner Mutter die Schuld. So ist es am einfachsten, vielleicht, weil ich weiß, dass sie mir keine Schuld gibt. Sie bleibt, liebt mich immer noch, auch als ich mich nicht mehr liebe. Ich schweige, schreie, haue sie einmal. «Hör auf», sagt sie, «wer bin ich denn für dich?» Dann hält sie mich wieder, bis die Wut vergangen ist, bis ich weinen kann oder einfach nur wieder schweigen. Ich drücke mich an sie, habe gelernt, wie Alleinsein riecht, vergesse, «entschuldige» zu sagen. So einfach wäre das, Мама, прости меня. Mama, verzeih mir. Mit einem Bitte dahinter. Пожалуйста.

BUCHSTABEN

Ich weiß nicht, wann ich damit beginne, mich hinauszuschreiben aus alldem, der Unsicherheit, dem Fremdsein. Ob ich, während ich mich hinausschrieb, wusste, dass es Worte sind, die mich hinaustragen werden.

Wenn sie mich als Kind fragten, was ich werden wolle, später mal, ob Ärztin oder Ingenieurin, viel dazwischen gab es nicht, so antwortete ich, ich werde eines Tages Zoschtschenko. Meinte Michail Michailowitsch Zoschtschenko damit, einen sowjetischen Dichter, der auch regimekritische Texte schrieb und der stalinistischen Zensur zum Opfer fiel, mich aber gerade aus gegenteiligen Gründen interessierte. Ich liebte seine Kurzgeschichten über den kleinen Wladimir Lenin, der so gut war, wahrlich gut sozusagen. Deshalb wollte ich später, wenn ich es nicht schaffen würde, so gut wie Lenin zu sein, dasselbe wie Zoschtschenko machen: Geschichten über den kleinen, guten Wladimir schreiben.

Den hat dir dein Vater vorgelesen, antwortet meine Mutter, als ich sie frage, ob ich mich richtig erinnere, ohne zu fragen, ob es bei Erinnerung ein Richtig gibt, ob ich wirklich Zoschtschenko werden wollte. Hat dir dein Vater vorgelesen, sehr langweiliges Zeug, wenn du mich fragst. Meine Erinnerung trügt mich, verschleiert, verschwimmt, oder ist es die ihre? Ich kann mich nicht ans Vorlesen erinnern, aber an den samtenen, leicht vergilbten Einband, an Band zwei der gesammelten Erzählungen in meinen Händen, an das Vorblättern zur richtigen Seite, zu der Geschichte, in der der kleine Wladimir Lenin die wertvolle Vase der Tante zerbricht, die Schuld auf seinen Bruder schiebt und später, aus schlechtem Gewissen, die Lüge beichtet. Kann mich vielleicht deshalb besser an den Einband als an die Stimme meines Vaters erinnern, weil die Bände immer noch in meinem Bücherregal stehen, nicht unter Z wie Zoschtschenko, sondern dort, wo ich die besonderen Bücher aufbewahre. Kann mich nicht erinnern, wie mir vorgelesen wurde, aber kann mich ans Lesen erinnern, an Stunden auf dem harten Bett. Unter der Matratze liegt ein Brett, weil es angeblich gut für den Rücken ist, auf etwas Hartem zu schlafen, und darüber eine gelbe Tagesdecke, und bis heute kann ich nicht auf weichen Matratzen schlafen. Kann mich nur erinnern, wie meine Mutter mir Puschkin vorlas, «Jewgenij Onegin», dessen ersten Vers ich immer noch auswendig kenne. Ich hörte hin, wusste nicht, warum das so bedeutungsvoll sein soll, dieses Buch, sagte nichts. Weil sie mich alle lobten, meine Mutter, meine Tanten, für das ausgeprägte Interesse an Puschkin, bereits so früh, dieses Kind; kann mich erinnern, wie ich mir, als wir das Puschkin-Museum besuchten, eine Feder wünschte, wie Puschkin sie hatte. Mein Vater kaufte mir eine, eine Kugelschreibermine in einer billigen Feder, mit der ich meine großen Romane an meinem Sekretär zu schreiben plante, in Hefte hinein, die ich meist mit Kapitelüberschriften, aber aus Faulheit mit nur wenigen Zeilen füllte und gewissenhaft in der verschließbaren Schublade des Sekretärs einschloss. Ich kann mich nicht erinnern, wie mein Vater an meinem Bett sitzt und mir vorliest, nicht Zoschtschenko, nicht andere Bücher, aber daran, wie er mir das Lesen beibringt. Wie ich auf seinem Schoß sitze, er trägt diese synthetische blaue Trainingshose, die er in meiner Erinnerung meine gesamte Kindheit lang trägt. Ich bin vier Jahre alt und kann die Buchstaben alle, verstehe aber nicht, wie sie zusammengehören, warum sie zu Worten werden sollen oder sogar zu Geschichten. Mein Vater wird ungeduldig, hält das Buch in der Hand, angespannte Finger, angespannte Stimme, ich werde auch ungeduldig, will das endlich können, lesen.

«Was ist das für ein Buchstabe?»

«M.»

«Und das?»

«A.»

«Und zusammen ergeben sie?»

«Ich weiß nicht.»

«Denk nach!»

Ich denke nach, kann aber nur die Buchstaben sehen. Und Bilder kann ich sehen und weiß, dass da Worte stehen, weiß, dass die Worte sich zu Sätzen, Geschichten und sehr vielen Reimen (Puschkin schrieb auch Kindergedichte) formen, weiß, dass die Erwachsenen mehr von der Welt haben als ich. Ich bleibe auf dem Schoß meines Vaters sitzen, es ist dunkel draußen, und ich bin erkältet.

«Sie muss ins Bett», ruft meine Mutter aus dem Flur.

«Warte», rufen mein Vater und ich, rufen wir beide. Wir wollen vielleicht dasselbe, oder ich habe diese Erinnerung so am liebsten, habe sie mir so in den Rahmen gelegt.

«Was ist M und A?», fragt mein Vater noch einmal.

«Mama!», da steht es, ganz plötzlich, das Wort. Es hat

die Buchstaben beiseitegeschoben und steht da, jetzt, so stolz, als Ganzes.

Ich springe von seinem Schoß auf, will zu meiner Mutter rennen, werde aufgehalten.

«Warte, lies mal den Satz.» Ich lese, lese den Satz, renne durch den dunklen Flur in die Küche. «Ich kann lesen!»

Am nächsten Tag sitze ich mit meiner Großmutter im Wartezimmer der Poliklinik, immer noch krank. An den Wänden hängen Märchenillustrationen, darunter die Zusammenfassungen der Märchen. Ich laufe von Bild zu Bild, sehe die Bilder nicht mehr, lese Worte, Sätze, schnappe mir alle Geschichten.

«Wie alt ist sie?», fragt eine Frau, die ebenfalls mit ihrem Kind wartet.

«Vier», antwortet meine Großmutter mit stolzgeschwellter Brust. Ich aber, ich schnappe nur noch nach Geschichten.

Die Ärztin, im Behandlungszimmer: «Zeig mir mal deinen Hals.»

Ich öffne den Mund, pflichtbewusst und wie immer in Arztzimmern ängstlich, schaffe es aber noch unterzubringen: «Wissen Sie, ich kann schon lesen.»

Diese Erinnerung, dieser Moment: wie ich auf dem Schoß meines Vaters saß, lesen lernte. Wie er mir das Lesen beibrachte. Es fühlt sich, ohne jegliches Pathos, an wie die Welt.

Ich lese mich durch die Kindheit, fange viele Bücher noch mal von vorne an, wenn ich sie ausgelesen habe. Sehne mich bis heute beim Lesen nach dieser einen Gefühlsmischung, wenn die ungelesenen Seiten immer weniger werden: wissen wollen, wie es weitergeht, und zugleich die Angst, weil das Buch bald zu Ende ist. Träume davon, selbst genau solche Geschichten zu schreiben, träume leise, erzähle viel, erzähle Geschichten, die in meinem Kopf wirklicher sind als das tatsächliche, das langweilige Leben. Erzähle Nachbarn im Sommer auf der Datscha, während ich Himbeeren mehr esse als ernte und sie ein Beet auf ihrem Grundstück bepflanzen, das ein schmaler Graben von unserem trennt, wie ich monatelang schwerkrank im Krankenhaus lag, wie meine Eltern um mein Leben bangten. Wie die Ärztinnen und Ärzte weinen mussten, als ihnen meine Rettung gelang. Habe selbst Tränen in den Augen, wenn ich davon erzähle: wie ich um Luft rang, wie sich alle sicher waren, dass das Kind es nicht schafft, erzähle die Abschiede, die herzzerreißenden. Sie schütteln, sprachlos, die Köpfe – «deine Eltern haben ja gar nichts erzählt!».

«Ja, es fällt ihnen schwer, darüber zu sprechen. Sie wollen die schlimme Zeit am liebsten vergessen.»

Ein paar Stunden später beobachte ich, wie meine Mutter sich mit den Nachbarn unterhält, und verschwinde in Richtung Wald, bevor sie mich mit dieser entrüsteten Stimme rufen kann: «Lena!» Nichts Gutes passiert, wenn sie mich Lena nennen.

Später, als wir das erste Mal wieder nach Petersburg reisen, besuche ich meine alte Schule. Die Freundinnen sind keine Freundinnen mehr, sprechen über Jungs, die ich nicht mehr kenne, haben ihre eigenen Themen, ihre eigene Sprache. Verbring ruhig den ganzen Tag mit ihnen, sagt meine Mutter, und zu ihnen sagt sie, dass es gut wäre, wenn sie mich nachher mit der Metro zu meiner Tante begleiten würden, ich würde mich in Piter nicht auskennen wie sie. Ist mir peinlich, von Freundinnen nach Hause gebracht werden zu müssen, sie plappern miteinander, uns sind die Gemeinsamkeiten ausgegangen, drei lange Jahre liegen zwischen uns, Sprachen, Länder wahrscheinlich. Sie sind erwachsener als die deutschen Kinder, die ich kenne, verantwortungsvoller irgendwie. Niemand fährt sie irgendwohin, und um das Mittagessen haben wir uns schon selbst gekümmert, als ich noch in diesem Land lebte.

In der Schule besuche ich meine alte Grundschullehrerin, die ich sehr liebte. «Lenotschka, Lenotschka!», ruft sie aus, fährt mir über die Wange, als könne sie nicht glauben, dass ich wieder da bin, aus dem fernen Westen, aus dem doch niemand zurückkommen will. «Ich glaube es ja nicht, Lenotschka!» Dann kramt sie in einer großen Kiste, holt ein Plakat heraus. Alle Schülerinnen und Schüler in der Klasse hatten eine große Blume mit kleinen Blüten gebastelt und auf die Blüten ihre Geschwister, ihre Lieblingsfarbe und ihr Lieblingstier geschrieben. Auf einer der Blüten steht auch «Berufswunsch». Vorsichtig drehe ich die Blüten meiner Blume um: Lieblingsfarbe Grün, Lieblingstier Hund, was beides bis heute noch gilt. Berufswunsch: Schriftstellerin. Ich erinnere mich, wie ich die Blüte fotografierte, aber nicht mehr, ob ich das Bild jemals entwickelt sah.

In der Schule in Deutschland schreibe ich während des Unterrichts sinntriefende Gedichte unter der Schulbank. Die meisten handeln davon, wie alleine ich bin mit meinem Wissen, dass der Rest der Welt vollkommen oberflächlich ist. Sie erzählen von einer schwarzen Masse, in der ich mich durch die Tage bewege, ich bin vierzehn und verzweifelt auf der Suche nach dem Lebenssinn. Ich schreibe Gedichte im Geschichtsunterricht, in Latein, in Deutsch. Die Deutschlehrerin erwischt mich: «Was schreibst du da, zeig mal her!» – «Nichts, nichts.» Ich schreibe nichts.

Später fragt sie mich, ob wir die Gedichte vielleicht in der Jahreszeitschrift der Schule veröffentlichen können. Können wir. Sie tragen nicht gerade zu meinem Aufstieg auf der Beliebtheitsskala bei.

Im ICE nach Berlin, ich bin sechzehn. Das sind zwei Gefühle: Ich bin sechzehn, und ich sitze ohne Eltern im Zug nach Berlin. Das erste Gefühl ist mein eigenes, das ich nicht mit der Freundin teile. Wir holen uns einen Latte macchiato im Bordbistro, einfach nur, weil wir das können, uns einen Latte macchiato im Bordbistro holen. Wieder auf unseren Plätzen, steht der Kaffee repräsentativ auf dem Tisch, als würden wir jeden Tag ohne Eltern, ohne Erwachsene nach Berlin fahren. Das zweite Gefühl ist mein eigenes, das ich der Freundin verschweige: Ich sitze im ICE. Bin die Erste in unserer Familie, die ICE gefahren ist, so. Bin anders als sie oder bin jetzt wie sie geworden. Wir sind als Familie selten Zug gefahren, ein paar Mal mit dem Regionalexpress quer durch die Republik, um alte Petersburger Freundinnen und Bekannte, die es in andere Bundesländer verschlagen hat, zu besuchen. Ich gebe mir Mühe, so ICE zu fahren, als hätte ich in meinem Leben nichts anderes getan. In Berlin steigen wir in eine S-Bahn um und springen am Alexanderplatz aus dieser heraus, einfach nur, um auf dem Alexanderplatz zu stehen, wie bei Döblin.

Ich weiß nicht mehr, was ich damals geschrieben hatte,

um am «Berlin Alexanderplatz» aussteigen zu können. Weiß nicht einmal mehr genau, wie es dazu kam, dass ich angefangen hatte zu schreiben. Irgendwann wurde beschlossen, eine Schülerzeitung zu gründen, wahrscheinlich hat jemand von den Lehrkräften zu mir gesagt, ich solle doch aufhören, unter der Schulbank zu schreiben. Vermutlich habe ich einen Aushang in der Schule gemacht, Mitstreiter:innen gesucht, und diese Freundin gefunden. Wir sind kaum fünf Leute, die die Schülerzeitung auf die Beine stellen, schreiben tun nur sie und ich. Haben uns mit der ersten Ausgabe, über hundert Seiten, bei einem Wettbewerb für Schülerzeitungen beworben. Nun sitze ich hier, in diesem ICE, nun stehe ich hier, am «Berlin Alexanderplatz». «Sie ist eingeladen, nach Berlin», hatte meine Mutter der Verwandtschaft in Russland am Telefon erzählt, während sie das gekräuselte Kabel um den Finger drehte und ich auf dem Boden neben ihr kauerte, vielleicht grinste. Zu einem Seminar für Jungredakteur:innen eingeladen, hundert Jugendliche, die nun in einer großen Empfangshalle darauf warten, ein Zimmer zugewiesen zu bekommen. Hundert Jugendliche, die mich nicht kennen, nichts über mich wissen, nicht, woher ich komme, nicht, welche Sprache meine Eltern sprechen, nicht, dass mich alle für eine Streberin halten. Hundert, die schreiben, wie ich. Wir haben Aufgaben bekommen, ich sehe Köpfe über Blätter gebeugt, Buchstaben, Füller, Bleistifte, an denen bedeutungsvoll gekaut wird, die fettigen Haare des Jungen, der neben mir sitzt. Er verdeckt mit seinem Arm die Seite, damit ich nicht sehe, was er da schreibt. Wir haben beide dasselbe Thema bekommen: einen Kommentar zur Gentechnik zu verfassen. Ich sehe Köpfe, schaue nur umher, schreibe noch nichts. Ich will hier bleiben, in Berlin, in diesem Raum, an diesem Tisch. «Alles in Ordnung?», fragt mich der Seminarleiter, ein Journalist vom Deutschlandfunk. Ja, nicke ich und beginne, endlich zu schreiben. Schreibe mich in den Abend hinein, an dem wir alle zum Essen eingeladen sind, gibt Kartoffelgratin, was ich mir bis heute merke, wie ich mir das Lokal für immer merke, und wie ich an diesem Tisch sitze und rede und lache und rede und lache und nicht mehr weiß, wer ich bin, es so herrlich vergessen habe.

«Willst du Journalistin werden?», hatte mich der Seminarleiter gefragt. Ja, hatte ich geantwortet und das Nicken vergessen. «Finde ich gut», und er hatte mich meinen Kommentar vorlesen lassen. Später stapfen wir zu viert oder fünft durch Berlin, betrunken und sechzehn und ohne Erwachsene, mit S-Bahn-Fahrkarten in den Taschen und Schlüsseln zu unseren eigenen Zimmern, und wir kommen an der russischen Botschaft vorbei.

«Guck mal, da ist deine Botschaft!», ruft meine Freundin.

«Wieso deine?», fragt der Junge, der mein bester Freund sein wird, eine jahrelange Brieffreundschaft in der Zeit, bevor es Handys gab, und später erst, als wir studieren, werden wir uns wiedersehen und uns in den Städten und Ländern, in denen wir leben, gegenseitig besuchen.

«Weil ich in Russland geboren bin.»

«Ach, echt?»

«Sollen wir sie stürmen, die russische Botschaft?», schlage ich vor. Es ist dunkel, nur unser Kichern, während wir versuchen, den Zaun hochzuklettern, und dann die lauten Schritte über dem Asphalt, als wir davonrennen, weil sich uns natürlich innerhalb von Sekunden Sicherheitsmänner nähern. Ich renne durch Berlin, renne vor russischen

Sicherheitsmännern davon, renne neben anderen, einer nimmt meine Hand, und ich meine, weil ich sechzehn bin, dass ich der Zukunft entgegenrenne.

Meine Eltern habe ich nie gefragt, ob ich anders war, damals, als ich aus Berlin zurückkehrte und mich die Eltern der Freundin, die uns am Bahnhof abgeholt hatten, vor der ehemaligen amerikanischen Kaserne absetzten, in der sich unsere Wohnung befand. Ruhiger vielleicht, oder das Gegenteil, aufgeregter.

HERR UND FRAU GORELIK

Die Züge, die von Stuttgart nach München fahren, verlassen den Bahnhof von Gleis 16. Das letzte, ganz rechts.

Ты опаздаешь, sagt mein Vater.

Не опаздаю. Я сама знаю.

«Du kommst zu spät.»

«Ich komm nicht zu spät. Ich weiß selbst.»

Я сама: (Ja sama), ich selbst. Wie ich mich losreiße, wie ich, wie sie mir hinterher, wie ich nicht hören will, wie ich nicht sehen will, nicht lesen, nicht spüren, wie sie mir nichts zu sagen haben, wie sie nichts verstehen, nichts von diesem Land, nichts von mir. Renne zu Gleis 16. Gestern war die Abiturfeier. Gestern habe ich das Zeugnis in der Hand gehalten. Der Schnitt 1,1.

«Warum nicht 1,0?», wollte mein Vater wissen. Meine Eltern verließen die Abiturfeier früh, früher als alle anderen Eltern, sitzen alleine am Tisch, schämen sich vielleicht für das, was sie sind. Wollen vielleicht nicht meine Eltern sein, wollen mir das nicht antun. Ich halte einen Preis in der Hand. Ich habe nicht viele Freundinnen und Freunde, und die wenigen lernen gerne Latein.

«Sollen wir deine Preisurkunde mitnehmen?», fragt mein Vater. «Dass du sie nicht noch verlierst.»

«Да.» Ja.

Wo ist sie, diese Urkunde, hat er sie aufbewahrt, liegt sie zwischen den anderen wichtigen Papieren, den Geburtsurkunden, den Kontoauszügen, der Haftpflichtversicherung? Sehen meine Eltern, dass meine besten Freund:innen mit mir im Lateinleistungskurs sind und was das in der Hierarchie in der Schule bedeutet, riechen sie, dass ich fremd bin in dieser feiernden Meute? Sie laufen von der Abiturfeier zum Busbahnhof, und ich beende die Schule mit derselben Scham, mit der ich sie begonnen habe, der, weil meine Eltern kein Auto fahren. Ich muss diese Stadt von Gleis 16 verlassen, um zu verstehen, dass ich mich nicht schämen muss, und um zu verstehen und stolz und froh darüber sein zu können, wie viel ich von ihnen lernte, meinen Eltern. Ich bringe sie zum Busbahnhof und laufe dann wieder zurück. Weiß, dass ich morgen alles hier verlasse, um ein Praktikum in einer anderen Stadt zu beginnen, in einer größeren, um zu studieren, in einer noch größeren Stadt, um in all diesen Städten jemand anders zu sein. Um zu schreiben.

Ich schleppe eine große graue Tasche hinter mir her, und in die Tasche habe ich selbst alles gepackt, was ich bin. Die Tasche hat zwei Räder, ist aber so voll, dass sie immer wieder umkippt, während ich sie hinter mir herziehe.

«Soll ich dir helfen?»

Я сама, ich selbst. Wenn ich jetzt, heute, einen Tag nach dem Schulabschluss in diesen Zug steige, wenn ich heute noch dorthin fahre, wo ich nicht mehr zu ihnen gehöre und nicht mehr nirgendwohin gehöre, wo ich schreiben kann, wo ein Leben auf mich wartet, wenn ich alles dabeihabe, meine Bücher, wenn ich nur eine kleine Pfanne mitgenommen habe – «Nein, ich brauche keine zweite, mir reicht eine, wie oft wollt ihr denn noch fragen?» –, wenn ich diese graue Tasche, die schon wieder nach links kippt, wenn ich eure mit Kraut und Ei gefüllten Piroggen, meiner Lieblingsfüllung, nicht mitnehme, weil ich nichts von euch mitnehme außer dieser kleinen Pfanne, weil ich mir selbst was kaufe, von dem Geld, das ich selbst verdiene, wenn ich euch aus diesem schnellen Zug winke, mit dem ihr nie fahrt, weil er euch zu teuer ist, aber mir habt ihr natürlich eine Fahrkarte gekauft, weil ich alles bin, immer alles für euch, und ich meine, immer zu wenig, wenn ich einen Blick auf die Uhr werfe, wann fährt dieser Zug denn endlich, wenn ich nicht wiederkomme, nicht nächstes Wochenende und nicht übernächstes, kann ich vielleicht jemand anders sein.

Dieser Jemand, stellt euch das vor, hätte nie ein Asylantenwohnheim von innen gesehen.

Ich sehe nicht, ob da Tränen sind auf den Gesichtern, zwischen den Falten. Meine Mutter, vielleicht ist es sogar mein Vater, der leise weint. Sehe sie, wie sie dastehen, nebeneinander. Dann drehen sie sich um, laufen zurück, Richtung S-Bahn. Am Abend essen sie die Piroggen, die ich nicht mitnehmen wollte, trinken schwachen, schwarzen Tee dazu. Teilen sich einen Teebeutel, nicht, weil sie sparen wollen, sondern weil sie den Tee sehr kurz ziehen lassen und finden, dass ein Beutel für mehrere Tassen reicht. Ihr trinkt schwarzes Wasser, sagt eine Freundin dazu. Meine Großmutter schüttelt den Kopf, sie ist immer so laut, diese Stille, in der jemand fehlt.

«Ну, как она уехала?», hatte бабушка gefragt, als meine Eltern zurück vom Bahnhof kamen. Und, wie ist sie weggefahren? Sie ist in den Zug gestiegen, ohne zu wissen, dass sie schon jemand ist, ohne danke zu sagen.

«Ну конечно, ты сама.» Sagt meine Mutter, lässt mich los. Natürlich, du selbst. Wenn ich von hier weggehe, ist da eine Welt, die auf mich wartet, eine Welt, die aus Buchstaben besteht. Bei der Aufnahmeprüfung zur Journalistenschule hatte ich aufrecht gesessen, und die Aufnahmekommission hatte ich zweimal zum Schmunzeln gebracht.

«Wie war es?», wollen mein Vater, meine Großmutter wissen. Meine Mutter auch, aber die beiden zeigen wie immer den größeren, den ehrgeizigeren Eifer. Sie hatten mir für die Tage der Aufnahmeprüfung Geld für ein Drei-Sterne-Hotel gegeben, was Luxus ist, aber man gibt alles, wenn es um die Zukunft des Kindes geht, dessen Bildung. Das Kind zuckt mit den Schultern, erzählt von den vielen anderen Bewerbern. Traut sich nicht zu sagen: Ich glaube, ich bin drin. Dann würden sie abwinken, «sag das nicht, spuck über die Schulter», was man in Russland abergläubisch tut, um zu verhindern, dass das Ausgesprochene Unglück bringt. Als der Brief mit der Zusage kommt, bin ich in Frankfurt, bin schon nicht mehr zu Hause und mache eine große Sache daraus, nicht mehr zu Hause zu sein.

Meine Großmutter ruft mich an, sie ist es, die jeden Morgen in den Briefkasten schaut, wenn meine Eltern bei der Arbeit sind. Mehrmals am Morgen geht sie hinunter, nachsehen, ob der Postbote schon da war, versichert mir, dass sie ihren täglichen Spaziergang nicht beginnt, bevor der Postbote die Post gebracht hat. Ich rufe sie an, gegen neun Uhr zum ersten Mal, dann wieder eine Stunde später.

«Glaubst du, ich hätte dich nicht angerufen, wenn der

Brief da gewesen wäre?», fragt sie beinahe beleidigt. Sie hat jetzt eine Aufgabe, meine Mutter ruft sie von der Arbeit ebenfalls an, gegen Viertel nach neun. Alle wollen etwas von ihr wissen, wir fragen sie, wir haben sie seit Jahren nichts mehr gefragt. Der Brief ist noch nicht da.

Als er kommt, ruft sie mich an.

«Mach ihn auf!», weise ich sie an. «Lies mir vor.»

Also liest mir бабушка die deutschen Zeilen vor, in ihrem Jiddisch. «Ein gesundn Kopp», wünscht sie mir hinterher.

Eines Tages, ich weiß nicht mehr, in welcher Stadt, in welchem Land ich zur Zeit dieses Besuchs lebte, hat mein Vater aufgehört, mich zum Bahnhof zu bringen. Er bleibt jetzt zu Hause, verabschiedet mich an der Wohnungstür. Meine Mutter fährt mit, «dann habe ich noch ein paar Minuten mit dir». Mein Vater bleibt zu Hause, will immer noch, dass ich den früheren Bus nehme, damit ich den Zug nicht verpasse.

«Lieber wartest du am Bahnhof, als dass du den Zug verpasst.»

«Ich verpasse aber den Zug nicht. Ich kann das selbst.»

Er sorgt sich, dass mein Rucksack und mein Koffer zu schwer sind.

«Du machst dir den Rücken kaputt.»

Ich küsse ihn zum Abschied auf die Wange, er schließt die Tür hinter mir, hinter seiner Tochter, die alles selbst weiß.

Ich erzähle meine Geschichte. Ich erzähle sie, ich frage nicht mehr, ob es möglich ist, sie zu erzählen. Erzähle sie in der Sprache, die ich am besten kann. Obwohl ich nie aufgehört habe, mir Worte in dieser Sprache aufzuschreiben, die ich mir merken will.

Die russische Sprache liebe ich wie ein Kind. Ohne ein Wissen dahinter, vielleicht auf die russische Weise. Vermisse sie manchmal, ebenfalls wie ein Kind, meistens, wenn es um Liebe geht. Mir fehlen dann die großen Worte, die nie Pathos hinter sich herziehen.

Die russischen Worte kann ich hin und her schieben, die Bedeutung rennt der Reihenfolge einfach hinterher. Das deutsche Verb hingegen steht immerzu an zweiter Stelle, es hat einen rechtlichen Anspruch darauf.

So ist das, bei uns, in Deutschland.

An diesem Satz kommt niemand vorbei. Bei uns in Deutschland zu sein hat – die deutscheste aller grammatischen Formen.

Wo die deutsche Grammatik am lautesten ist: in Briefen, die von Ämtern geschickt werden. Sehr geehrte Frau Gorelik, sehr geehrter Herr Gorelik – es sind meine Eltern gemeint. Ich bin nicht gerne ihre Tochter, nicht die von Herrn und nicht die von Frau Gorelik. Ich will die Tochter der Eltern sein, die nicht um Erlaubnis fragen, nicht in Briefen, nicht in Worten, nicht in Blicken, nicht in Händen, die leicht zittern, wenn sie entgegengestreckt werden. Ich erinnere mich an meine Eltern. Ich will nicht die Wut in den Augen meines Vaters sehen, die über sich selbst, weil er es nicht schafft, jemand zu sein, hier, in diesem Land, in dem er seinen Hund jeden Tag spazieren führt, den neuen, den anderen Hund, in diesem Land, in dem seine Tochter schreibt, Bücher, die er nicht immer versteht, in denen er durch die Sätze stolpert, durch Tage, durch Demütigungen.

Die Demütigungen erzählt er uns nicht immer, vielleicht nie, vielleicht nicht mir.

Meine Mutter schweigt nicht. Sie erzählt immer wieder dieselbe Geschichte. Wie sie etwas sagte, wie jemand sie nicht verstand und wie sie ihre Worte wiederholte. Und noch einmal, langsamer, deutlicher, dann undeutlicher, holpriger, weil die Unsicherheit wuchs und mit ihr die Buchstaben auseinanderdrifteten. Wie sie mit jedem Wort kleiner wird, vor den wartenden Augen des Gegenübers.

«Lernen Sie doch erst einmal richtig Deutsch.»

Richtig ist das Wort, das ich in diesem Satz am meisten hasse. Sie erzählt immer wieder dieselbe Geschichte, die immer an unterschiedlichen Orten spielt. In Zügen, in Wartezimmern von Ärzt:innen in öffentlichen Verkehrsmitteln, beim Einkaufen, beim Spazieren.

«Beim Spazieren? Warum hat denn überhaupt beim Spaziergang jemand mit dir gesprochen?»

«Ich wollte einen Strauch fotografieren, der aussah wie bei uns auf der Datscha. Und die Frau dachte, dass ich eine Diebin sei oder so. Fragte, was ich da mache. Und als ich es ihr erklärte, sagte sie: «Lernen Sie doch erst einmal richtig Deutsch.»

Ich will ihre Geschichte nicht hören. Herr und Frau Gorelik, das sind Menschen, mit denen ich Mitleid haben muss, ich will kein Mitleid mit ihnen haben. Ich will ihre Rücken gerade sehen, in ihre grünen Augen blicken, will nicht den Nebel darin sehen. Wenn wir essen gehen, bestelle ich für alle, obwohl die Kellner meist erst erwartungsvoll meinen Vater ansehen, den Patriarchen. Bestelle für alle, es ist ihnen am liebsten so, dass die Tochter bestellt, die ohne Akzent. Die Tochter ohne Akzent will ihre Eltern zurück, die ihr die Welt erklären, die mehr verstehen als sie. Herrn Gorelik ist das Lächeln abhandengekommen, irgendwann.

«Lernen Sie doch erst mal Deutsch.» Sagen sie. Zu mir nicht mehr, aber immer noch zu meinen Eltern. Mein Vater beeilt sich zu bestellen, in der Hoffnung, dass er den Kellnern nicht auffällt.

«Welche dunkelen Biere haben Sie?»

Da ist er, dieser Akzent. Das «ch» spricht er hart aus, wie «Dach». Vielleicht ist da auch ein Fehler, vielleicht setzt er die Worte in einer Reihenfolge, die ihm vertrauter ist, klüger scheint. Vielleicht folgt er seinem eigenen Instinkt, dem, der nicht der richtige ist. Vielleicht sagt er so was: «Welche dunkelen Biere Sie haben?» So in der Art.

«Wie bitte?» Diese zwei sonderbaren Worte, die Höflichkeit garantieren. Und weil sie das tun, erlauben sie denen, die sie aussprechen, alles. Herabsetzung zum Beispiel.

«Wie bitte?», fragt die Kellnerin meinen Vater, ungeduldig, hat keine Zeit und kein Verständnis, fragt in diesem bestimmten Tonfall, den ich nicht beschreiben kann, weil es ja eine höfliche Frage ist, eine angemessene. Ich kann den Stich nicht beschreiben, der ihn nach unten blicken lässt. Wie wenn man früher an der Tafel stand und vor sich hin murmelte, die Antwort verschlucken wollte, weil man wusste, dass sie nicht stimmt. Und die Lehrkraft dann: «Wie bitte?», und sofort dieses Gefühl, als wenn alle zu einem starren und man stünde nackt und hässlich vor dieser Tafel, obwohl niemand starrte, die meisten sehen gelangweilt aus dem Fenster.

Mein Vater hätte an der Tafel jede mathematische Antwort gewusst. Aber jetzt wiederholt er, deutlicher sprechend, rollt das «r», mit angespannter Stirn, sodass die dichten Augenbrauen angriffslustig nach vorne zucken.

«Welche dunkelen Biere Sie haben?» Dann sagt er, ganz schnell: «Einfach dunkeles Bier. Egal welche.»

Die Kellnerin nickt. Fügt nichts hinzu, kein «Gerne», kein «Kommt gleich». Als verstehe mein Vater keine Sprache.

Meine Mutter schließt sich beim Bestellen meist mir oder meinem Bruder an, auf der sicheren Seite, damit nichts falsch zu machen.

«Weißt du überhaupt, was du da nimmst?», fragt mein Vater. Er weiß, was er nimmt. Viel Fleisch und Sauce, hier im Lokal, wo meine Mutter sich zurückhält, ihn nicht an sein krankes Herz und die Cholesterinwerte zu erinnern.

«Ach, das wird schon schmecken. Wenn Lenotschka das nimmt», erwidert meine Mutter, streckt die Hand aus, um meine zu streicheln. «Sie kennt sich aus, unsere Lenotschka», und Lenotschka zieht ihre Hand weg, will sie nicht, diese Art der Nähe.

Meine Mutter sucht mich, manchmal verwirrt, an anderen Tagen verzweifelt. Verwirrt, wir beide, wann haben wir uns entlebt, wann sind wir diese Menschen geworden, wer ist diese gealterte Frau, die mir gegenübersitzt? Die Haare grau, stoppelig kurz, die Augen geschwollen. Zärtlichkeit, vorsichtig, tapsend. Ich küsse meine Mutter auf die Wange, einfach so, während wir auf das Essen warten, was mir aus unerklärlichen Gründen leichter fällt, als ihre Hand zu nehmen.

«Ich freue mich immer, wenn ich neue Sachen probiere. Das wird mir schon schmecken, bestell du für mich.»

An anderen Tagen gibt sie sich hingegen kämpferisch. Dann weiß sie, dass sie eine eigene Stimme hat, muss dieses

Wissen nur noch ins Leben übersetzen. Weiß, dass man sie nicht herablassend behandeln darf, nur weil sie «Ausländerin» ist. Ausländer, so sagt sie das über sich selbst, über uns. Hat das so in ihrer Arbeit gelernt, in der Bausparkasse, von ihrer Chefin, die ihre Sätze gerne mit «Sie als Ausländer» begann. Müde kam meine Mutter nach Hause, kleiner.

«Entschuldigung, ich suche Fondue-Topf. Wo finde ich das?», fragt sie zum Beispiel im Geschäft.

«Wie bitte?» Und ich suche nach Worten, um die Herablassung zu beschreiben, die manchmal in diesen Worten stecken kann, und ich finde die Worte nicht, finde nur das Wissen. Weiß auch um die Empörung, die folgen kann: Wieso, ist doch nur eine höfliche Frage?

Also wiederholt sie, stur, beharrend. Wiederholt noch einmal, und sie verstehen sie immer noch nicht. Am schlimmsten sind die nichtdeutschen Wörter, die aus dem Englischen oder dem Französischen stammen. Den Fondue-Topf bestellt mein Bruder später im Internet, es ist ein Geschenk für mich. Er steht oben auf dem Küchenschrank, seit wie vielen Jahren, bislang gab es genau zwei Mal Fondue.

Richtig und falsch: Ich bemühe mich, das richtige Deutsch zu lernen. «Erst einmal richtig Deutsch lernen!» Das merke ich mir als Kind. Diejenigen, die das zu mir sagen in der schwäbischen Kleinstadt, sagen das meist auf Schwäbisch. Aus der deutschen Sprache greife ich die schönsten Wörter heraus, um sie in die kompliziertesten Sätze zu packen. «Meinetwegen» zum Beispiel ist so ein schönes Wort, ich habe keine Ahnung, ob es «Ja» oder «Nein» bedeutet, und beantworte trotzdem jede Frage damit. Mit jedem Satz beweise ich ihnen, mir, wem eigentlich, dass ich hier sein darf. Dass ich nicht wie sie bin, nicht wie meine Eltern, nicht wie all die anderen, wie man damals, ohne zusammenzuzucken, sagte: Ausländer. Ich lerne richtig Deutsch, so richtig wie möglich.

Je öfter sie mich nach zu Hause fragen und damit andere Länder meinen, nicht Deutschland, desto gewählter lasse ich meine Sätze klingen. Es dauert Jahre, bis ich in kurzen Sätzen denken kann, die kein an die richtige Stelle gesetztes Verb brauchen: Ihr Rassisten.

Dauert Jahre, bis ich aufsehen kann. Bis ich denjenigen, die meine Eltern abschätzig anblicken, in die Augen sehe. Bis ich das Wort ergreife, Sätze forme, die sie wissen lassen, dass ich das kann, richtig Deutsch.

«Was haben Sie denn für dunkle Biere auf der Karte?», und: «Wir brauchen noch etwas Zeit zum Überlegen.»

Dauert zu lang, bis ich meine Eltern zu schützen beginne. Bis ich mich vor sie stellen kann, bis die Scham weicht. Bis ich widersprechen kann, bis ich nicht nur sprechen kann, sondern auch spreche. Bis ich meine Eltern aufzurichten versuche. Bis ich die Zärtlichkeit spüre, den Wunsch, die Hand meiner Mutter zu nehmen, ihr zu erklären, was der Unterschied ist zwischen «medium» und «rare» bei einem Steak. Bis ich ihr etwas empfehlen kann, ich glaube, dir schmeckt das nicht so blutig. Bis ich meinem Vater über den Kopf streicheln will, über den zarten Flaum, was ich natürlich nicht tue, nicht hier, nicht in diesem Lokal.

«Und, wie schmeckt dein dunkles Bier?», sage ich.

Ich liege auf der Couch, spreche darüber, wie ich mich manchmal nicht richtig fühle.

«Kennen Sie dieses Gefühl vielleicht von früher?», fragt meine Therapeutin, klar, was soll sie sonst auch fragen.

Kenne ich. Kenne ich aus dem Wohnheim, aus der Schule, kenne ich von den Ämtern, auf die ich meine Eltern begleitete, um zu übersetzen, um zu hören, wie sie sich beweisen müssen, wie man ihnen sagte, Sie sind zu alt, Sie bekommen hier keine Arbeit, Sie haben ihn nicht verstanden, den Brief, Sie müssen, Sie dürfen nicht, Sie sollten. Kenne ich, das Gefühl, nicht richtig zu sein. Erzähle der Therapeutin davon, in langen Sätzen, in die ich Fremdwörter einbaue und Zitate von Sigmund Freud und C.G. Jung. Beweise ihr, dass ich nicht der Ausländer bin, die Ausländerin, das Ausländerkind bin, das nicht richtig ist, dass ich ihm entwachsen bin, jenem Mädchen. Weiß, dass ich unter anderem auf der Couch liege, um nichts mehr beweisen zu müssen.

Nach der Sitzung steige ich aufs Fahrrad, weiß nicht, warum ich da eigentlich hingehe, und weiß es viel zu genau. Ärgere mich über mich selbst.

«Lernen Sie doch erst mal richtig Deutsch.» Sagt der Busfahrer zu meiner Mutter, die mir gerade eine Fahrkarte kauft. Ich bin schon nach hinten gelaufen, weil ich keine Fahrkarte kaufen wollte, für die zwei Haltestellen, ich fahre schwarz. Meine Mutter hält das nicht aus. «Bis zu Stieglmeyerstraße», sagt sie.

«Wohin?»

«Zu Stieglmeyerstraße.» Ich sitze schon hinten, bin genervt. Dass meine Mutter mich nicht schwarzfahren lässt, dass sie über mich entscheidet, dass ich ein Kind sein muss neben ihr.

«Kenne ich nicht, so eine Straße.»

«Stieglmeyerstraße.» Meine Mutter versucht es ganz langsam, betont mit jeder Silbe ihren Akzent.

«Lernen Sie doch erst mal richtig Deutsch, bevor Sie Bus fahren.»

Kein einziges Mal sieht meine Mutter zu mir, die ich hinten im Bus sitze wie ein trotziges pubertäres Kind. Was wären es, wie viele Schritte, bevor ich bei ihr bin. Zu viele, um sie vor der Erniedrigung zu erreichen.

An «Richtig» kommt man nicht vorbei, das ist ein Haus mit einer einzigen Eingangstür. Die Tür wird von einem Türsteher bewacht, der kontrolliert die Anordnung der Worte, kontrolliert die Aussprache, die verwendeten Artikel, Pronomen. Der merzt aus, alles, was einen eigenen Klang hat, jedes gerollte «r», jedes gezischte «s», jedes in einen ungewohnten Zusammenhang gestellte Wort. Merzt die Möglichkeit aus, dass sich die Sprache entwickelt, dass die Sprache gefaltet, gewendet, bemalt, entzerrt, gesprengt und verwandelt werden darf. Weiß, wer recht hat und wer nicht. Es ist schwer, das in Worte, in die Sprache zu zwängen, die Hierarchie ist eine leise, sie wird zwischen die Buchstaben gepackt. Es sei sinnvoller, erzählte mir einmal eine Professorin mit einem spanischen Akzent, wenn ihr Mann, der hier geboren, an die Schule zu den Elterngesprächen gehe, dann kämen die Kinder besser in diesen Gesprächen weg. Dann seien sie, obwohl der Blödsinn, den sie anstellten, und die Wissenslücken immer noch dieselben seien, nicht Sprösslinge dieser ausländischen Mutter. Ich hätte diese Professorin gerne umarmt, aber wir kannten uns kaum.

Meine Mutter blickt aus dem Busfenster, während sie es sagt, und knetet ihre Finger: «Вот так всегда. Опять они меня не понимают.»

«So ist es immer. Schon wieder verstehen sie mich nicht.» Dann wechselt sie das Thema. Fragt mich, ob ich den Artikel in der «Zeit» gelesen habe, den sie mir geschickt hat. Habe ich nicht.

Einmal, bei einer Lesung, als ich etwas Gesellschaftskritisches lese, ein Kommentar: «Sie müssen sich schon überlegen, was Sie in unserer Sprache schreiben.»

Ich überlege mir sehr genau, was ich schreibe. Zum Beispiel, dass ich in dieser Sprache schreibe, die ich mir nicht nehmen lasse, und dass es mir manchmal immer noch schwerfällt, «richtig» selbst zu definieren.

Mein Vater und ich sitzen im Bus, in dem schwäbischen Städtchen, in dem ich aufgewachsen bin, und fahren an einem Eiskiosk vorbei, und wir denken wohl beide dasselbe, wir denken daran, wie wir an jedem Werktag an diesem Eiskiosk vorbeimarschierten, vom Deutschkurs auf dem Weg zum Wohnheim. In kleinen Grüppchen, manche eilend, andere schlendernd, alle unsicher, und ein alleinstehender Mann schon auf dem Fahrrad, er radelte stolz an uns vorbei, als wäre er deutscher als wir. Wir Kinder hinterher, hüpfend, gelangweilt, quasselnd. Morgens hatte der Eiskiosk noch geschlossen, aber auf dem Nachhauseweg nicht. Die Eissorten bunt, wie ganz Deutschland, sechzig Pfennig die Kugel. Mein Vater und ich sitzen im Bus, und ich denke, dass die Preise ja seitdem … so etwas denke ich, irgendetwas mit Inflation, über den Wechsel von D-Mark zu Euro, denke ich nach, und wie sich auch die Eissorten mit der Zeit verändert haben, als mein Vater etwas sagt:

«Ich hasse ihn, diesen Kiosk.»

«Warum?»

«Ich hätte dir hier viel öfter ein Eis kaufen sollen. Du hast immer mit diesen sehnsüchtigen Augen hingeguckt, aber nie darum gebeten, und mir kamen die sechzig Pfennig so viel vor, und ich hatte Angst, dass wir das Geld brauchen könnten, aber es waren ja nur sechzig Pfennig, was ist das schon, und du warst doch ein Kind. Ein Kind», sagt er und blickt zum Fenster hinaus.

«Jedes Mal, wenn ich hier vorbeifahre, ärgere ich mich, warum habe ich dir nicht öfter ein Eis gekauft, du wolltest so gerne eins», sagt mein Vater. «Alles war neu, wir wussten nichts», und dann sagt mein Vater: «Aber das soll keine Entschuldigung sein.»

Wir sitzen im Bus, mein Vater und ich, als er mir von seinem Schmerz erzählt, ich weiß nicht, was ich sagen könnte, ich traue mich nicht, seine Hand zu nehmen. Wir haben nicht gelernt, miteinander zu reden, also fahren wir einfach weiter nebeneinander Bus. Ich erinnere mich daran, ein Eis gewollt zu haben, aber es machte mir nichts aus, dass ich keins bekam.

BLAUBEEREN FÜR DAS KIND

Mein Vater. Meinem Vater gebe ich einen Kuss auf die raue und trotzdem weiche Wange. Dann fahre ich weiter. Ich steige in der Stadt, in der meine Eltern leben, kurz aus, um meinem Vater diesen Kuss zu geben, meine Mutter mein Gesicht streicheln zu lassen, minutenlang. Ein Kopfbahnhof, und wie lange braucht der Mensch in der Lok, um von einem Ende des Zugs ans andere zu kommen, wie lange dauert eine Umarmung?

«Lass dich einmal drücken.» Ihre zitternden Arme um mich. Mein Vater, als wüsste er nicht, was er an diesem Bahnhof macht. Auf dem Kopf trägt er weichen Flaum, herrlich weiß, Stoppeln, die ein Fell werden wollen, sie sind ihm auf der Glatze gewachsen. Es ist das Wunder meines Vaters: wie er seine Glatze wieder verlor. Er nimmt diese Entwicklung mit Humor, wie er alles mit Humor nimmt, worüber er nicht seinen bleischweren Ernst legt, das erdrückende Muss eines Lebens. Ich springe aus dem Zug, da stehen sie, sehen sich um, aus welcher Tür ich steige.

«Mama, Papa!», suchende Blicke, eilende Schritte, gezählte Zeit. Lesereise: Das deutsche Wort hat sich in unserem Russisch breitgemacht, trennt uns voneinander.

«Я вас увижу, когда на Lesereise поеду.» Ich sehe euch, wenn ich auf Lesereise fahre.

Meine Mutter drückt mir eine alte Einkaufstüte in die Hand. Gefüllte Piroggen sind da drin, in Tupperware, und in kleine Plastikquader abgepackte Blaubeeren. Zeitungsausschnitte, eine Flasche Cola. Ein Shampoo, vielleicht.

Heute Morgen hat meine Mutter meinen Vater zum Einkaufen geschickt.

«Kauf Lenotschka Beeren.»

«Welche?»

«Blaubeeren, Himbeeren, alles, was du siehst. Stachelbeeren, wenn es welche gibt. Die liebt sie am meisten.»

Stachelbeeren gibt es nicht.

Er kauft Blaubeeren, vier Plastikquader. Blaubeeren liebt sie auch.

«Vier», sagt meine Mutter, «nimmt sie nicht. Sie nimmt höchstens drei.»

Mein Vater sagt nichts, brummt nur. Mag ihre Angst nicht, etwas falsch zu machen. Wer ist seine Tochter denn, eine Prinzessin, dass sie vier Plastikquader mit Blaubeeren nicht nimmt? Meine Mutter packt die Blaubeeren zu den Piroggen in die Tüte, ich habe schon so oft gesagt, dass ich weder eine Prinzessin bin noch Blaubeeren brauche. Steckt auch eine Flasche Cola hinein, obwohl sie es nicht gut findet, dass ich Cola trinke. Sie macht sich Sorgen, um meine Gesundheit, um mich, immerzu, schläft schlecht, die Sorgen sitzen neben ihr, reden auf sie ein. Verwenden häufig meinen Namen. Vielleicht hat sie nie gut geschlafen, ich höre, wie sie sich herumwälzt, wenn sie im Nebenzimmer schläft, wie sie seufzt. Ich kann die Sorgen deutlich, Buchstabe für Buchstabe hören. Deshalb erzähle ich wenig von meinem Leben.

Zusammen mit der Plastiktüte machen sich meine Eltern

auf den Weg zum Bahnhof. Kommen zu früh an, sie haben ja Zeit, als Rentner.

«Wir haben sonst nichts zu tun», sagt meine Mutter zu mir.

«Lass uns eine frühere S-Bahn nehmen», sagt sie zu meinem Vater, «nicht, dass die andere Verspätung hat.» Dabei haben meistens meine Züge Verspätung.

Ich springe aufs Gleis, sehe sie, rufe, sehe sie zu mir eilen, entgegen der Richtung, in die alle strömen. Mein Vater trägt ein kurzärmeliges weißes Hemd, mit grünen Flecken bedruckt. Vor vielen Jahren hat dieses Hemd seinem Schwiegersohn gehört. Da war der Schwiegersohn noch der Schwiegersohn, das war leichter einzuordnen für meinen Vater. Familie, eine klare Einheit. Einmal lag er nach einer schweren Herz-Bypass-Operation im Krankenhaus und war furchtbar schlecht gelaunt, verweigerte sich allem, trotzte, hatte hörbare Angst, er sei kein Mann mehr, kein Mensch, habe nicht mehr alles unter Kontrolle. Hatte Angst, er sei tatsächlich der, der da lag. Der Hilfe brauchte, um sich aufzurichten. Dessen Finger zitterten, sodass der Tee tropfte. Er konnte nicht einfach aufstehen und gehen, sprechen fiel ihm ebenfalls schwer. Er hasste die Schwestern, deren Hilfsbereitschaft wie Nicht-Hilfsbereitschaft gleichermaßen, er hasste das Deutsch, in dem er die Schwestern bitten musste, und am meisten hasste er: bitten müssen. Raunzte nach links und rechts, verzweifelt. Hatte keine Kraft, hatte Wut, lag hier, wie gefesselt, und meine Mutter verlangte, dass er die Vitamine aß, die sie in Tüten und Tupperware verpackt anschleppte. Orangen, Äpfel, Beeren.

«Geh mir weg mit deinen Erdbeeren, ich kann nicht mehr.»

Ich zuckte zusammen, aber meine Mutter war tapfer, stapelte die Vitamine auf den Tisch, später vielleicht …

«Eine nur, das ist gut für dich. Du brauchst jetzt Vitamine. Frag deinen Arzt.»

«Ich werde den Arzt nicht fragen. Habe ihn seit gestern nicht gesehen, meinen Arzt. Ich weiß gar nicht, warum ich noch hier liege.»

Mich raunzte er an, ich hätte ihm das falsche Buch mitgebracht, ein trauriges, wer wolle schon traurige Bücher im Krankenhaus lesen. Ich nahm das Buch wieder mit, las es selbst, es steht bis heute in meinem Regal das Buch, das mein Vater nicht lesen wollte.

Seine Bartstoppeln nahmen in diesen wütenden, endlosen Tagen ahnungslos an Länge zu, sie waren es gewohnt, morgens rasiert zu werden. Mit einem Elektrorasierer, während mein Vater las.

«Guck doch mal in den Spiegel, wenn du dich rasierst», jeden Morgen meine Mutter. Manchmal löst er beim Rasieren auch Sudokus, sucht im Kopf nach der richtigen Zahl.

Wir lernten im Krankenhaus «Bettpfanne», ein neues deutsches Wort. Tage vergingen, in denen sie sich abwechselten, ohne Abwechslung zu zeigen, jeden Tag derselbe Trott. Am vierten Tag, die Bartstoppeln hatten sich zu Härchen entwickelt, durfte sein Schwiegersohn ihn rasieren in diesem kartonengen Bad, mit dem Elektrorasierer. Ich saß am Krankenbett, weinte lautlos, so, dass sie es beide nicht sahen. Weinte und wusste gar nicht, warum. Vielleicht, weil ich wusste, mein Vater hatte sein Alter im Spiegel gesehen, er sah es an seinen zitternden Händen. Ihm blieben Jahre, und die Jahrzehnte zuvor waren Arbeit, Müdigkeit, Demütigung gewesen. Zuvor hatte er immerzu etwas gemusst, und jetzt lag er hier. Hatte eingewilligt, dass der Schwiegersohn ihn rasierte, vielleicht war es einfacher als mit dem eigenen Sohn. Von uns Frauen war gar nicht die Rede. Ich weinte, weil sein Schwiegersohn, der ihn gerade rasierte, seine Sprache nicht sprach, weil er die von mir oft schlecht ins Deutsche übersetzten jüdischen Witze meines Vaters nicht immer verstand. Weil mein Vater und ich im selben Krankenzimmer waren, aber nicht im selben Leben. Manchmal übersetzte ich die Witze mehrmals, suchte nach der richtigen deutschen Entsprechung, fügte jedes Mal hinzu:

«Auf Russisch klingt es besser.»

Und mein Vater blickte seinem Schwiegersohn erwartungsvoll ins Gesicht, wartete auf dessen Lachen. Als der Elektrorasierer sein Werk beendet hatte, wischte ich meine Tränen beiseite, das hatte ich von meinem Vater gelernt: wertlose Tränen, verschwendete Zeit.

Ein anderes Mal hat ihm sein Schwiegersohn dieses weiß-grüne Hemd vererbt, das er heute am Bahnhof trägt, als ich aus dem Zug springe, um ihm einen Kuss auf die Wange zu geben, viele andere Hemden übrigens auch. «Ich liebe euch», rufe ich, bevor der Zug abfährt, und danach sehe ich sie immer noch da stehen, an diesem Gleis.

«Du hast vergessen, was Familie ist», sagt meine Mutter am Telefon manchmal zu mir. Sie spricht gerne darüber, was eine Familie ist. Mein kleiner Sohn zählt auch gerne auf, wer alles zu unserer Familie gehört. «Patchwork-Familie», sagt er, und sie fragt ihn: «Wie spricht man das aus, Patschwok? Was heißt das genau?» Das kann er ihr nicht sagen, er kann noch kein Englisch, also sagt er ihr, was er weiß. Dass alle dazugehören, die er liebhat, die er braucht, um sich wohlzufühlen. Sie hört zu, vielleicht mit Tränen in den Augenwinkeln. Ich frage nicht, was die Tränen zählen, die Freude, die Traurigkeit, den Verlust.

Am Gleis sagt sie etwas anderes: «Ich habe dir auch ein paar Blaubeeren hineingetan» zum Beispiel. «Und ein paar Zeitungsausschnitte, von denen ich dachte, sie könnten dich interessieren. Schau mal, vielleicht interessieren sie dich auch nicht. Dann schmeiß sie sofort weg.»

Sie will mich nicht stören, wenn ich so durch die Welt fahre, auf Lesereise. Mustert mich, von oben nach unten, nicht wertend, sehnsuchtsvoll wahrscheinlich.

«Du siehst gut aus, nur müde irgendwie», sagt sie an diesem Gleis, das durch die Überdachung auch an sonnigen Tagen grau wirkt.

Wie sie dastehen, winken. Wie froh sie sind, mir eine Plastiktüte in die Hand gedrückt zu haben, die Blaubeeren und Piroggen, mehr als angekündigt, hineingeschmuggelt zu haben, wie ich verschwinde, der Zug lässt sie zurück. Wie klein sie sind, wie vergessen. Wie allein sie sind. Wie ich sind sie, wie sie und ich.

ZURÜCKFAHREN

Eine Lesung in der Bücherei, in der ich als Elfjährige die Bücher auslieh, mit denen ich Deutsch lernte. Pippi Langstrumpf zum Beispiel, weil ich das auf Russisch so gut wie auswendig kannte. Die Bücherei haben sie umgebaut, natürlich, aber das Foyer ist immer noch da, man kann immer noch hinauf zu den Büchern blicken. Ich schlafe in einem Hotel, in dieser Stadt, in der ich die Sprache lernte, zur Schule lief, zur Schule radelte, zur Schule fuhr, erst mit dem Bus und dann unerlaubterweise mit dem alten VW Jetta meiner Eltern, in dem auf der hinteren Ablagebank ein brauner Wackeldackel stand, den sie mir zum Führerschein schenkten. Ich wollte eigentlich einen echten Hund, einen Ersatz für Asta. Die Stadt, in der ich zur Schule ging, wo ich unerlaubterweise manchmal auf dem Lehrerparkplatz parkte. Aus der ich hinausrannte, am Tag nach der Abiturfeier. War stolz, dachte, irgendetwas damit erreicht zu haben. Weiß bis heute nicht, was das gewesen sein könnte.

Ich liege im Hotelzimmer im Bett, der Fernseher läuft, der Gedanke flüstert. Schleicht sich an. Ich rede nicht mit dem Gedanken, schiebe ihn beiseite, schalte um, suche nach einem spannenden Thriller. So viele Male, seit ich damals wegrannte, bin ich schon in dieser Stadt gewesen, war zum Beispiel in dem Kino, in dem ich die ersten Arthouse-Filme sah, der Nostalgie wegen, habe Kaffee dort getrunken, wo ich ihn früher getrunken hatte, als ich Sportstunden schwänzte, da, wo ihn auch die Studierenden tranken, so als gehörte ich zu ihnen. Sogar mit den Kindern bin ich hier gewesen, den Märchenpark besucht, in dem meine Mutter ihren Enkeln immer wieder denselben Satz wiederholte: «Stell dich dahin, ich mach ein Foto von dir, weißt du, dass deine Mama hier auch mal stand?»

«Fandest du das auch so gut hier, Mama?», fragt ein Kind. Das andere will weiter, zieht mich, interessiert sich nicht für das, was ich einmal war. Ich laufe ihm gerne hinterher, laufe vor den Geschichten meiner Mutter davon.

So viele Male hier gewesen, nichts vergessen, aber diesen einen Ort nicht besucht. Dieses Zuhause, das trotz allem eins war. Diesen Ort mit den braunen, hölzernen Baracken und dem Hügel, den ein Stacheldraht umzäunt. Das Zuhause, in dem wir verwahrt wurden. Am Stadtrand, da, wo uns möglichst niemand sieht. Morgens ist der Gedanke immer noch da, wartet auf mich, neckt mich aus dem Schlaf.

«Traust dich nicht?» Чего ты боишься? Er spricht Russisch mit mir. Wovor hast du Angst?

Da, wo früher der Stacheldraht war. Da, wo früher ein Feldweg zum Wohnheim führte. Eine große Tankstelle, an der Menschen halten, auf dem Weg zur Arbeit vielleicht. Aus dem Feldweg ist eine Pflasterstraße geworden und aus dem Mädchen ich. Ich kann immer noch umkehren. Da, wo früher direkt hinter dem Stacheldrahtzaun die Felder begannen, stehen jetzt Reihenhäuser, in den Vorgärten Laufräder, Trampolins, behütete Kindheit. Ich kann umkehren, und vielleicht schaffe ich es deshalb weiterzugehen.

Meinem Zuhause haben sie den Stacheldraht abgenommen. Auch die Holzbaracken haben sie abgerissen, und nun ist da ein einfacher Metallzaun aus Maschendraht, der das Gelände umgibt. Es ist kleiner als in meiner Erinnerung, das Weiß der zweistöckigen Häuser, die da immer noch stehen, inzwischen ergraut, obwohl wir damals genauso unterschieden haben: die, die das Privileg hatten, in den weißen Häusern zu leben, und die, die zur Holzbaracke verdammt waren. Später auch wir, weil die Heimleitung beschlossen hatte, die Geflüchteten nach Gruppen zu trennen: alle Juden und Jüdinnen in eine Baracke und alle aus Afrika in ein weißes Haus. Vom weißen Haus in die braune Baracke umgezogen, alles wieder in die neun Taschen verpackt. Und in Aldi-Tüten, denn die Besitztümer waren erweitert worden. Er dauerte nicht lange, der Umzug, es waren ja nur ein paar Meter von Haus zu Haus.

Da, wo unsere Baracke stand, wächst Gras, und darin stecken kleine Holzpfeiler, an denen ich sehen kann, wo diese Baracke früher einmal stand. Die Holzpfeiler laufe ich ab, die Leere, wo früher mein Zuhause aus Holzbrettern stand. Außen dunkelbraun gestrichen, innen aber, in den Zimmern, sah das Holz aus wie Holz. Es sah so aus, es roch aber nicht nach Holz; es stank. Das Wohnheim stank; wir stanken vermutlich auch. Die Strecken, die ich zwischen den Pfeilern ablaufe, sind sehr kurz. Wie kann das sein, hier, auf dieser Fläche haben doch siebzig Menschen gelebt, geschlafen, sich eine Küche, eine Dusche geteilt. Gelernt, gespielt, gestritten, wenig gelacht – und das Lieben ziemlich häufig vergessen. Eine Frau brachte ein Baby zur Welt, während sie hier im Wohnheim lebte, und ich versuche, mir das vorzustellen, wie es war, aus dem Krankenhaus mit einem Neugeborenen hierherzukommen, zu flüstern: Jetzt sind wir zu Hause, mein Kind.

Ich sehe in den Himmel. Sehe blauen Himmel, damals, als ich hinaufblickte, vom Buch auf, das ich aus der Bücherei entliehen hatte, die Astrid-Lindgren-Bände. Ich kniff die Augen zusammen, bis ich nur noch Himmel vor Augen hatte, bis der Stacheldraht nicht mehr zu sehen war, zählte Wolken. Zählte Tage, zählte rückwärts, wie lang waren wir schon hier. Zählte Tage, dann Wochen, dann Monate, «ich bin schon seit drei Monaten in Deutschland», was nach einem halben Leben klang, und als es Jahre wurden, hörte ich auf zu zählen. Der Himmel ist immer noch blau, und an jedem 2. Mai schickt jemand aus der Familie eine Nachricht an alle: So und so viele Jahre sind wir in Deutschland. Herzlichen Glückwunsch.

Unsere Erinnerungen legen wir uns zurecht in erzählbare Geschichten. Ich hatte mir auch eine zurechtgelegt, und ich achtete darauf, sie so zu erzählen, dass man lachen durfte über mein Leben: Wenn ich gefragt wurde, wie es war, neu in einem Land zu sein und die Sprache nicht zu verstehen, so erzählte ich, dass ich anfangs die Schulfächer, aufgrund nicht vorhandener Sprachkenntnisse, anhand der verschiedenfarbigen Heftumschläge unterschied: Montags hatte ich Gelb, Blau, zweimal Rot und dann Grün, dienstags Blau, Gelb, Orange, Braun, Grün. Ich erzählte, wie ich die Sprache aufsog, wie ein hungriges Tier schnappte ich nach Worten, hielt sie mit aller Kraft fest, ließ sie auf der Zunge zergehen. Als ich genug Worte gesammelt hatte, um über das Flüchtlingswohnheim zu schreiben, bildete ich diesen Satz: ein Zuhause, für das ich mich bis auf die

Knochen schämte. Und ich freute mich an der Sprache, die die meine geworden war. Und die Menschen, die mir bei Lesungen zuhörten, lachten über meine Geschichte, immer an den von mir dafür vorgesehenen Stellen. Ich hielt die Pausen im Lesefluss ein, die, an denen sie über mich lachen sollten.

Meine Geschichte hatte ich mir zurechtgelegt und gefaltet, dass ich sie vorzeigen konnte. Nichts davon war gelogen, und nichts war erzählt.

Ich fühle mich fiebrig, als ich nach diesem Ausflug zu Hause ankomme, friere. Setze mich auf den Boden, mit dem Rücken gegen die aufgedrehte Heizung. Aber die Finger bleiben kalt, die Füße, alles irgendwie. Auch zwei Tage nach diesem Besuch, auch als meine Mutter mich fragt: «Wie war es denn nun, im Wohnheim?»

Ich gebe keine Antwort darauf, weil die Antwort nur eine Frage wäre: «Warum hast du niemals geweint?»

Wir legen uns unsere Geschichten zurecht.

«Nachts habe ich geweint», sagt meine Mutter, «wenn du gehustet hast, damals, als du so krank warst, die Wände waren so dünn.»

Die Wände zwischen den Zimmern waren wie die Außenwände, aneinandergezimmerte dünne Holzbretter, und die Witze aus dem Wohnheim gehen so: Fragte einer in seinem Zimmer, wie das Wetter heute ist, so antwortete jemand drei Zimmer weiter: Gut, die Sonne scheint.

«Nachts», sagt meine Mutter, «wenn du gehustet hast, als du so krank warst, da schrie der Mann aus dem Zimmer nebenan, dessen viel jüngere Frau immerzu drohte, ihn zu verlassen, warum nur hat er sie hergebracht: Tut das Kind weg! Bringt eure Tochter raus, so kann meine Frau nicht schlafen!»

Ich erinnere mich nicht an den Mann, erinnere mich nur, wie die Lunge und der Kopf schmerzten, wie ich nicht aus dem oberen Bett nach unten zu den anderen blicken konnte, weil in den Stirnhöhlen sofort so ein Druck war, dass ich die Augen schließen musste.

«Was?», fragten sie nach oben. «Geht es dir wieder schlechter?» Erinnere mich an den Arzt, der mit langen Metallstäben in meine Stirnhöhlen stach, sie einfach hineinschob in meine Nase. Erinnere mich nicht mehr an das deutsche Wort dafür, nur an das russische: проколы. Prokoly. Durchstechungen, es gibt sicher einen medizinisch adäquateren Begriff. Erinnere mich an seine Ungeduld, seine ruhigen, aber drängenden Hände.

Im Wartezimmer: «Fragst du, ob das sein muss? Ob er das machen muss?»

«Ja, frage ich.»

Das Wartezimmer ohne Hoffnung.

«Willst du nicht lesen?»

Es ist eine der wenigen Zeiten in meinem Leben, in denen ich nicht lesen will. Erinnere mich an die Hände meiner Mutter, die mich auf den Behandlungsstuhl schieben, immer wieder in jenem Winter, die mich festhalten, und an das Gesicht dieses Arztes, die Metallstäbe auf dem Tischchen neben ihm bereit. Die Tränen liefen aus den Augen direkt auf seine behandschuhten Hände, die er nach der Behandlung, beinahe angewidert, in den Mülleimer schmiss. Erinnere mich, wie ich angestrengt versuchte, nachts nicht zu husten, damit alle dachten, ich sei wieder gesund, damit ich nie wieder zu diesem Arzt musste. Erinnere mich, wie die Brust raschelte beim Atmen, wie alles auch tagsüber dunkel war, wenn das Fieber stieg. Dunkel, zu laut, erinnere mich an die Endlosigkeit jenes Winters.

«Weißt du noch», sagt meine Mutter, «wie der Mann geschrien hat, wegen seiner jungen Frau, und wie du versuchtest, nicht zu husten. Nächtelang saß ich neben dir, habe deine Brust gestreichelt, damit der Husten aufhört, und deine Stirn glühte so sehr.»

Ich erinnere mich nicht. Ich frage auch nicht, aber ich habe doch oben im Stockbett geschlafen, wie willst du da neben mir gesessen haben? Die Erinnerung betrügt mich, sie, uns beide, ich habe das Wohnheimgelände nach dreiundzwanzig Jahren zum ersten Mal wieder gesehen.

«Was hat Papa gemacht, hat er zurück-, den Mann angebrüllt?», frage ich, und meine Mutter zuckt mit den Schultern. «Das weiß ich nicht mehr», auch sie von der Erinnerung betrogen.

Ich betrete eines der grau-fauligen Häuser, betrete das Haus, das mein erstes Zuhause in Deutschland war, bevor wir degradiert, in die Holzbaracke gesteckt wurden. Mein Vater räumte unsere wenigen Sachen schweigend um, das Eingeständnis einer Niederlage. Wer sind wir hier, in diesem Land. Wer sind wir hier, in diesem Wohnheim. Irgendjemand lacht im Hof, während wir die Taschen von Haus zu Haus schleppen. Irgendwo liegt ein Fußball ohne Luft herum. Irgendwo hinter dem Haus ist ein Hügel.

Nichts hat sich im Haus getan, dieselben braunen Türen, die in die Zimmer führen, dieselbe abgenutzte Holztreppe, der Flur, scheinbar enger geworden, derselbe erstickende Gestank. Ich stehe im Eingang, muss mir nicht sagen: «Ich habe mal hier gewohnt», ich habe nie aufgehört, das zu wissen. Die Küche, ein paar Spülen, ein paar Herdplatten, keine Schränke oder Ablagemöglichkeiten, ein schwarzer Mann kocht, er könnte seit damals hier stehen. Ich nicke ihm zu, ich bin damals, und der Geruch, und die Decke ist auch dieselbe: Da sind die weißen Löcher, die ich beim Einschlafen zählte. Einmal bin ich die Treppe hinuntergefallen, das Knie blutete sehr. Irgendjemand brachte mir ein Pflaster, das ich meinen Eltern stolz zeigte, als sie vom Deutschkurs zurückkamen. Geht man die Treppe hoch, so findet man dasselbe oben noch einmal: dieselbe Küche, dieselben Zimmertüren, dasselbe Bad, dieselben Menschen, die sich in der Enge und der Erniedrigung an einem Leben versuchen, die in ihren eigenen Sprachen nach Geborgenheit suchen, die sich nachts wälzen und sich durch Tage quälen. Die warten, aber nicht sagen können, worauf. Ich gehe die Treppe hoch auf der Suche nach einer der wenigen guten Erinnerungen: Das ist die Küche, in der ich das Wunder von Scheibenkäse entdeckte. Gelbe Toast-Schmelzkäse-Scheiben, einzeln in Plastikfolie eingepackt. Wie ich die Treppe hinunterrannte in unser Zimmer: «Mama, die da oben, die haben so einen Käse, da ist jede Scheibe einzeln in Folie verpackt!» Deutsche Wunder, für die meine Eltern nicht immer den Kopf frei hatten.

«Käse, was für Käse? Mach die Tür hinter dir zu.»

Im Zimmer stand ein kleiner Schwarz-Weiß-Fernseher, den mein Bruder vom Sperrmüll angeschleppt hatte. Auch ein deutsches Wunder: Die Deutschen stellen einfach ihre Sachen vor die Tür, damit man sie abholen kann. Mein Vater hatte zwei Tage am Fernseher geschraubt, nun geht er, nun können wir deutsches Fernsehen gucken. Wir verstehen nichts, aber in ein paar Monaten werde ich sagen:

«Die sprechen komisch in dieser Tagesschau.»

Ich bin seit drei Monaten in Deutschland und habe schon Schwäbisch gelernt.

Ich steige ins Auto, gebe Gas. Fahre, was sind es, fünf bis sechs Kilometer. Die Straßen immer noch dieselben, nur der Kaugummiautomat fehlt. Ich weiß noch genau die Hausnummer, weiß noch genau den Hof. Was sage ich zur Begrüßung nach all diesen Jahren, in denen ich Anita ein paarmal im Jahr eine Postkarte schickte, was sage ich heute? Kann ich mit danke beginnen? Und dann stehe ich einfach nur im Hof. Buschel ist nicht mehr da, auch nicht Wuschel, auch die Hundehütte ist weg. Der Stall sieht anders aus, umgebaut vielleicht, oder ich bin nur größer geworden. Stehe im Hof, vielleicht sollte ich gleich wieder ins Auto steigen, nichts sagen. Sie streckt den Kopf aus dem Fenster.

«Lena?»

«Ja. Die bin ich.»

Und ich erzähle ihr was von der Lesereise und auch, dass ich am Wohnheim war.

«Da ist jetzt ein Obdachlosenheim drin, gell?» Da ist es wieder, das Schwäbisch.

Aber was das heißt, dass ich dort war, das kann ich ihr nicht erzählen, und dass ich das «Gell» von ihr gelernt habe, das ist gerade fehl am Platz. Alles ist fehl am Platz, ich weiß nicht, wie ich hier, in diesem schwäbischen Dorf von mir erzählen soll, von dem Menschen, der ich geworden bin, der nicht an Jesus glaubt, aber an sehr viele Dinge, die man hier nicht kennt. Wie sage ich Anita, dass alles, was mich ausmacht, ihr fremd ist, aber dass ich all das ihr zu verdanken habe. Also frage ich viel, nach der Familie, nach den Kühen, den Hühnern, gehe ins Haus, sehe mich um. Der Tisch, an dem ich Uno erst spielen und dann gewinnen lernte. Im nächsten Zimmer das Bett, das ich mir mit der anderen kleinen Lena teilte, und an einem Nachmittag, an dem die kleine Lena im Stall verschwunden blieb, mit einem Jungen aus dem Wohnheim. Ich erinnere mich nicht mehr sehr genau an den Jungen, aber an Anitas Satz, als wir irgendwann mal wieder im Hof auftauchten: «Seid ihr zwei verliebt oder was?» Und sie lachte, ihr Lachen.

Wir hatten wahrscheinlich errötete Gesichter.

«Was hat sie gesagt?», wollte der Junge wissen.

«Weiß ich nicht, das habe ich nicht verstanden. Das kenne ich auch nicht, das Wort.»

Obwohl ich das Wort bereits kannte. Später übersetzte es ihm jemand, und er schüttelte entrüstet den Kopf: «In Lena doch nicht!», und ab da sprachen wir einen langen Monat nicht miteinander, aber das ganze Wohnheim sprach über uns: «Was ist denn mit Borja und dir?»

Ich stehe vor diesem Bett, an dem ich kniend betete, kann den Braten aus der Küche riechen, die Kühe von draußen, einmal gab es ein starkes Gewitter, da kletterten die kleine Lena und ich in Anitas Bett.

«Habt ihr Angst vor Gewitter?»

Ich sage ihr nicht, dass Gewitter eines der Worte ist, die ich von ihr lernte. Sage nur: «Weißt du noch, wie du zum Wohnheim kamst und wir immer auf dich warteten?»

Jeden Freitag, an dem Feldweg, der von der Landstraße zum Wohnheim führte, jeden Freitag, an dieser Kreuzung, in die fast nie ein Auto abbog, jeden Freitag mit derselben Hoffnung und gepackten Sachen. Vielleicht nimmt sie uns übers Wochenende mit. Ich sage nichts von der Hoffnung, sage nur etwas, das die Stimme auf keinen Fall zittern lässt: «Weißt du noch, dein VW Passat, und wie wir hinten im Kofferraum sitzen durften?»

«Ja, jetzt ist da eine Tankstelle an der Ecke, wo ihr immer gewartet habt. Schon lang, seit zehn Jahren.»

Ich setze mich wieder ins Auto, verlasse dieses schwäbische Dorf. Drehe die Heizung im Auto auf.

«Hast du niemals gezweifelt?», frage ich meine Mutter. «Hast du dich nicht zurückgesehnt?»

Wie konntest du, frage ich nicht, wie konntest du dein Kind da sehen, in diesem Wohnheim, in diesem Elend, hinter dem Stacheldraht?

«Vielleicht», erklärt meine Mutter, die ich nicht gefragt habe, «vielleicht habe ich nichts in Frage gestellt, weil ich wusste, wie schlimm es vorher war. Weil ich dir dort im Wohnheim etwas zu essen geben konnte, das konnte ich dort, bei uns zu Hause, nicht immer. Das willst du dir nicht vorstellen», sagt meine Mutter, «wie das ist, das eigene Kind nicht füttern zu können.»

Das will ich mir nicht vorstellen, nicht, während meine satten Kinder nebenan in einem Berg von Kuscheltieren schlafen. Das stelle ich mir lieber nicht vor.

SCHWIMMEN LERNEN

Niemand bestimmt, wem die Erinnerung gehört, also zerren wir an ihr. Zerriebene Seile, Furchen an den alten Händen. Aufgedunsene Vergangenheit, die jetzt in den Fingern meiner Mutter steckt. Die Finger kann meine Mutter nur noch schwer bewegen. Einmal die Woche geht sie zur Ergotherapie. Ich habe keine Ahnung, was sie dort macht, kneten möglicherweise, Bügelperlen aufstecken vielleicht, so Kindersachen. Ich frage sie nicht.

«Du interessierst dich nicht für uns», sagt meine Mutter. «Was soll ich denn erzählen, so am Telefon, während du irgendwo herumrennst?» Ich renne tatsächlich, rufe sie von unterwegs an, Autolärm im Hintergrund, ein Zug.

«Du hast vergessen, was Familie ist», sagt meine Mutter auch manchmal. Weil ich Familie anders lebe, meistens ohne sie. «Irgendwo haben wir uns verloren.»

Vielleicht sagt sie auch: irgendwie.

Ich schwimme. Ganz ruhig schwimme ich, schiebe das Wasser weg, drifte, atme, befehle dem Wasser zu weichen. Schwimme in einem Meer, in einem See, einem Becken, einem Pool. Im Pool eines Hotels.

Das ist die Geschichte des Mädchens, das manchmal fehl am Platz ist, immer noch. Es hat dann keine Sprache, in diesen Momenten, die es sich nicht aussuchen kann, es sucht dann einfach nur wieder den Boden unter den Füßen, den deutschen, irgendeinen. Ich schwimme und langweile mich dabei. Eine Bahn nach der anderen, ich beobachte die Uhr an der Wand, zähle die Minuten. Irgendein Hotel, irgendein Pool. Ich spüre nicht, dass mir gleich zwei, drei, sieben Tränen über die Wangen rollen werden, Tropfen ohne Sinn.

Habe ich mir selbst beigebracht, das Schwimmen. Gab kein Seepferdchen bei uns, gab kaum Schwimmbäder, und zu den wenigen hatten nur besondere Menschen Eintritt oder Menschen, die besondere Menschen kannten. Meine Eltern, die selbst kaum schwimmen konnten. Bei der Datscha gab es einen See, da tobten wir herum, japsten nach Luft, schluckten Wasser. Wälzten uns dann im Sand, sprangen von Baumwurzeln, die aus einem Hügel ragten, und warfen uns noch einmal in den See, schnappten mit den Zehen nach Algen, waren glücklich, waren Kinder. Mehr nicht, und auf keinen Fall weniger. Nachdem Ljowa ertrunken war, gab es keinen See mehr für mich, wegen Babuschka. Sie ging nicht mehr zum Wasser, nicht an den See oder zum Fluss, und alleine durfte ich nicht.

In Deutschland gab es Schwimmbäder, die jeder betreten durfte, jeder, der das Eintrittsgeld bezahlt. Am dritten Tag im neuen Land verließen wir vorsichtig die erste Aufnahmestelle, in der wir, zwei Familien, die sich nicht kannten, zwischen nicht ausgepackten Taschen und Koffern in einem Zimmer hausten, nachts dem Schnarchen, den Seufzern Fremder lauschten, ihren Ängsten. Und draußen der fremden Sprache, wir warteten darauf, in unser «richtiges Asylantenheim» verschickt zu werden, in dem wir anderthalb Jahre bleiben sollten. An diesem dritten Tag in Deutschland verließen wir die Aufnahmestelle, um einen Supermarkt zu finden, die Angst lief voraus, mein großer Bruder hielt mich an der Hand, während wir uns auf deutsche Straßen wagten. Das Adjektiv deutsch: In jenen Wochen verträumt und fern, jetzt hat es nationale Sonnenbräune bekommen. Vor uns ein Freibad: Diese blaue Rutsche, von der wir nicht wussten, wozu, was macht man damit, wir konnten uns nicht vorstellen, dass sich jemand traut, dass jemand da hineindarf, in dieses Blau. Ein Mädchen, das schon seit ganzen zehn Tagen in Deutschland lebte, erklärte: «Das ist für die Reichen. Da gehen sie schwimmen.»

Durch Zaunstäbe sahen wir lachende, rennende Kinder, gaben den Zaunstäben noch keine symbolische Bedeutung, staunten nur. So kann man auch leben. Noch später in Deutschland, in der deutschen Schule, all die Kinder, die schwimmen konnten, woher eigentlich? Es gab in diesem Deutschland den Montag mit dem Schulschwimmen, und es gab meine Tränen: «Ich will da nicht hin! Ich bin die Einzige, die das nicht kann!»

Es gab meine Mutter, die mir manchmal eine Krankschreibung schrieb, weil sie meine Tränen nicht ertrug, manchmal nicht, es gab meinen Vater: Такова жизнь. So ist das Leben.

Die Angst vor deren Lachen, vor der Umkleide, vor dem Sprungblock, vor dem Sonntag, weil nach dem Sonntag der Montag kam, zuverlässig. Meinen Vater mit seinem Satz, so ist das Leben, er packte ihn in mich hinein, um mich vor diesem Leben zu schützen. Das Schwimmen habe ich mir Jahre später alleine beigebracht, wie immer. Hab meinen

Eltern nie die Schuld gegeben, nicht für das «alleine», nicht für das «wie immer». Weil sie mir die anderen Dinge beigebracht haben, die wichtigen Dinge im Leben.

Hab geübt, schau mir zu, sag mir, was ich falsch mache. So, ist das so besser, und warum, was mache ich da falsch? Und die Arme, sind die richtig? Hab mich konzentriert, auf das Schwimmen, die Armhaltung, die Beine, und darauf, sich nicht für diese Fragen zu schämen. Hab's gelernt, sag aber nicht, wann. Hab es meinen Kindern beigebracht, jetzt können wir nebeneinander schwimmen. Meinen Eltern erzähle ich am Telefon davon; mein Vater geht nicht ins Schwimmbad.

«Kannst du das denn, schwimmen?», fragt er skeptisch.

Tropfen ist ein schönes deutsches Wort. Aus dem Himmel fallen Regentropfen, wissen nicht, dass sie in Pfützen fallen, in Pfützen Kreise ziehen. Wissen nicht, fallen nur. Tränen: Tropfen, die ohne Wissen aus Augen fallen.

Ein Pool im Hotel, ein Wort, das meine Eltern nicht richtig aussprechen, diese zwei Os, die im Englischen zu einem U werden.

«Wir waren im Pool», sagt mein Sohn.

«Wo wart ihr?», fragt meine Mutter. «Weißt du, ich kann doch kein Englisch. Ich kann nichts, bin schon eine alte Oma, komme aus einem anderen Land.»

Wir hatten ja nichts, so beginnen die Geschichten meiner Mutter, so hören sie auch oft auf. Dass sie auch vergisst, was wir stattdessen hatten, statt der Pools, wie ich.

Ich schwimme im Pool. Draußen, vor dem, Fenster, fallen Tropfen, es regnet in die Berge hinein, in den See, der sich vor dem Hotel erstreckt. Blicke in den Regen hinaus, jetzt fallen Tränen aus den Augen, ich weiß nicht, warum, auch nicht, warum jetzt. Als hätte ich es mir nicht verdient. Hier zu sein, dem Regen zuzusehen, wie er in die Berge fällt, zu schwimmen.

Ich kann schnell schwimmen und langsam, ich strecke die Arme aus, ich ziehe Bahnen, ich schwimme, bis beides eine Selbstverständlichkeit wird: dass ich schwimme und dass ich hier schwimme.

Tränen sind Tropfen, in denen eine Geschichte steckt.

Ich schicke meiner Mutter ein Video, auf dem mein Sohn vom Drei-Meter-Brett springt.

«Siehst du, jetzt hat er dich übertroffen», schreibt sie zurück. «Weißt du noch, die Dienstage, an denen du nicht in die Schule wolltest.»

«Die Montage», antworte ich, «die Montage waren es.»

«Nein, die Dienstage», widerspricht sie mir. «Montags bekamst du Kopfschmerzen, begannst zu weinen.»

Wie willkürlich unsere Erinnerung doch ist, schon bei Wochentagen. Ich antworte nichts mehr. Liege lesend im Gras, mein Sohn springt währenddessen vom Drei-Meter-Brett ins Wasser. Fragt sich nicht, wo er hingehört, springt einfach.

Diese Geschichte ist ein Trotz, sie ist ein Trotzdem.

У нас же ничего не было.

«Wir hatten ja nichts», erzählt meine Mutter immer wieder. Den Hertels, den Brauns, den Dürrs, all diesen neuen deutschen Freunden, die nicht mehr neu sind, aber immer noch die deutschen Freunde im häuslichen Sprachgebrauch, obwohl sie sich schon lange kennen. Sie kann jede Geschichte so beginnen: «Wir hatten ja nichts», während ich beim Schreiben so lange nach einem Anfang suche, nach diesem einen Wort, mit dem ich unsere Geschichte beginnen kann oder meine.

Ich kneife die Augen zu, sehe den Himmel, sehe meine Mutter, die sich vom Himmel absetzt, ihren gealterten Körper, schwarzer Badeanzug, auf dem bunte Blumen prangen, Sonnenbrille, hinter ihr im Himmel schwere, faule Wolken.

Как же это, мы когда-то жили, без телефона?

«Wie haben wir denn damals überhaupt, ohne Telefon, gelebt?»

Ich lege mein Handy beiseite. Wir hatten nichts. Die Enkel rutschen die Freibadrutsche hinunter, bespritzen sich mit bunten Wasserpistolen, fragen in zehn, elf, zwölf Minuten nach einem Eis. Die Tochter legt das Handy beiseite, seufzt, sieht ihre Mutter an, sieht dahinter blauen Himmel. Ist blauen Himmel gewöhnt.

«Wir hatten ja nichts. Nicht mal ein Telefon zu Hause. In der Arbeit war von eins bis drei Mittagspause, da konnte ich mich anstellen zum Telefonieren. Wenn Papa wegfuhr, für lange, habe ich immer Babuschka Bepa angerufen, seine Mutter. Großmutter Vera. Hab dann auf mein Mittagessen verzichtet, um sie zu fragen, wie es ihr geht. Stand in der Schlange zum Telefon, eins im ganzen Betrieb. Das könnt ihr euch heute nicht vorstellen mit euren Handys.»

Ich sehe den Himmel, die Wolken, sehe meine Mutter, habe das Kind aus Faulheit nicht eingecremt, hoffentlich kommt er nicht mit Sonnenbrand wieder.

«Aber abends anstellen an einer Telefonzelle, nach der Arbeit, ich bin ja eine Stunde lang nach Hause gefahren, mit Einkaufstaschen, das wäre nicht gegangen. Das konnte ich nicht mehr. Wobei, manchmal haben wir abends zur Telefonzelle angestanden, um nach Charlie zu fragen. Wenn dein Bruder mal Charlie, den Affen, bei бабушка und дедушка vergaß. Dann mussten wir da anrufen und fragen, wie es Charlie ging.»

Die kenne ich schon, die Geschichte von Charlie. Die Geschichte meines Bruders, der mit neun noch seine Kuscheltiere brauchte, in einem Land, in dem Jungen zu Männern werden müssen, in dem «Du wirst doch nicht weinen, du bist doch kein Mädchen» einer der wichtigsten Sätze der Erziehung von Jungen ist. Jetzt sehen meine Eltern ihre Enkelsöhne, beide mit langen Haaren, einen davon im Kleid. Sehen sie an, es dauert, dann sagt irgendwann mal mein Vater: «Sieht schon gut aus, diese langen Haare, das steht ihm.» – «Nur sehen kann er nichts mit den langen Haaren», fügt meine Mutter hinzu. Ich frage nicht mehr, warum sich niemand beschwert, dass Mädchen mit langen Haaren nichts sehen können. Mein Bruder sei zu groß für Kuscheltiere, sagten alle und fügten hinzu: Wenn deine kleine Schwester oder dein Bruder auf der Welt ist, gibst du sie aber ab, schenkst sie dem Brüderchen oder Schwesterchen. Bist dann ja ein großer Bruder, sagte meine Mutter. Ja, sagte mein Bruder, neun Jahre alt, schmal, Sommersprossen, ein schüchternes Kind. Dann kam ich auf die Welt, beinahe an seinem Geburtstag. Wurde in Wolldecken gewickelt und als Paket mit roten Punkten im Gesichtchen im verschneiten Februar in die Wohnung getragen. War da, schrie, wurde wegen der frischen Luft im Kinderwagen auf den Balkon gesetzt, sechster Stock über einer sechsspurigen Straße. Kann ich meine Kuscheltiere nicht doch noch behalten?, fragte mein Bruder.

«Da konnte ich nicht nein sagen», erzählt meine Mutter,

die ich mit zusammengekniffenen Augen ansehe, gegen die Sonne. «Obwohl alle sagten, er sei viel zu groß für Tiere. Weißt schon, wie man das bei uns sagte.»

«Wer alle?»

«Na, alle. Wir standen da an der Telefonzelle an, stundenlang, um zu fragen, wie es Charlie geht. Wegen eines roten Plastikaffen standen wir in der langen Schlange.»

Meine Mutter erzählt immer dieselbe Geschichte, wir hatten ja nichts, aber dass der Affe rot und aus Plastik war, höre ich heute zum ersten Mal. Mühsam setzt sie sich hin, neben mich auf die Decke. Lässt ihren Körper nieder, sie überlegt, wie genau, erst abstützen, erst die Knie beugen, das Becken. Das war das Leben, das sie einmal hatte, in dem sie stundenlang für ein Telefonat anstand, und heute ist das Hinsetzen eine Aneinanderreihung vom Schmerzen. Sie blickt zum blauen Wasser, hält Ausschau nach den Enkeln.

«Können wir Pommes?»

«Ja, könnt ihr.»

«Ich gehe», sagt meine Mutter, verkrümmt sich wieder, um aufzustehen.

«Bleib sitzen. Das können sie wirklich selbst.»

«Nein, ich hole. Du weißt nicht, was für eine Freude es für mich ist, für euch Pommes zu holen.»

Nein, das weiß ich nicht. Ich habe mir den Affen immer braun vorgestellt, mit Fell. Einen weichen Kuschelaffen, wie ich ihn aus Deutschland kenne. Mein Sohn hat so einen schon zur Geburt bekommen, Affi ist sein phantasievoller Name.

Ich sehe meine Mutter alt. Ihre grauen Haare, Stoppeln eher, eine graue Bandage um ihr Bein. Eine geblümte Bluse, ihre Hand, die nach meiner Schulter greift. Mich streicheln möchte, ihre Hand vergewissert sich, dass ich ihre Tochter bin, dass ich da bin, neben ihr. Sehe meine Mutter heute, sehe, wie sie sich nach einer Zeit sehnt, in der sie vielleicht mehr meine Mutter war.

Ich sehe meine Mutter stark. Sie sitzt der Schuldirektorin gegenüber, einer Frau im Kostüm. Ich sitze neben meiner Mutter, wünsche mich überallhin. Habe sicherlich etwas Feines an, vielleicht eine Bluse. Kann nicht in die Zukunft sehen, weiß nicht, dass dieser Moment alles entscheidet. Kann nur aus dem Fenster blicken auf einen leeren Schulhof, weil alle gerade im Unterricht sind. Ich soll auch bald in den Unterricht gehen an dieser Schule.

«Sie spricht Englisch», sagt meine Mutter.

«Aber sie spricht kein Deutsch», widerspricht die Schuldirektorin. Sie will mich in diese Klasse stecken, in der alle Ausländerkinder versammelt werden, um Deutsch zu lernen. Damals, in den Neunzigern, sagte man das noch so: Ausländerkinder. Ich gebe der Schuldirektorin recht, in allem, einfach weil sie die Direktorin ist, an einer deutschen Schule.

Heute sehe ich meine Mutter stark. Ich sehe meine Mutter auf diesem Stuhl, sehe, wie ihre linke Hand ihre rechte knetet, dann andersherum, vielleicht, vielleicht auch nicht. Vielleicht konnte sie ihre Hände damals stillhalten, vielleicht sind das Bilder von heute, vielleicht hat das die Zeit mit ihr gemacht, vielleicht auch ich, was ich geworden bin. Sehe sie unnachgiebig, sehe sie mutig. Sehe sie, wie sie widerspricht, schäme mich wieder an der falschen Stelle, schäme mich, bin heute erst beeindruckt, bin zu spät dankbar. Sehe sie betteln, als die Argumente nichts bringen: «In

Russland hat sie nur fünf, Mathematik fünf, Englisch fünf, Russisch fünf, Geschichte fünf.»

Die Schuldirektorin starrt sie an, weiß nicht, dass Fünf die beste Note im sowjetischen Bildungssystem ist. Meine Mutter verbessert sich: «Eins. Bei uns ist fünf wie eins. Sie hat nur eins!» Die, die nur Fünfer hatte, blickt angestrengt aus dem Fenster, wünscht sich in ein Leben zurück, in dem es Fünfer für auswendig gelerntes Wissen gibt. Hat noch nicht gelernt, dass Auswendigwissen und Verstehen sich häufig widersprechen, hat noch nichts gelernt.

«Bitte, bitte, sie probiert normale Klasse!», oder so ähnlich. Sie kämpft für mich, in einer Sprache, die aus Lücken besteht.

Sehe meine Mutter vor der Schule auf mich warten, in einer Bluse, die auf der einen Seite schwarz, auf der anderen Seite mit Blumen bedruckt ist. Erinnere mich nicht mehr an die Antwort der Direktorin, erinnere mich nur, wie meine Mutter mich in diese «normale Klasse» schickt, in die ich zur Probe gehen darf. Der Klassenlehrer spricht Schwäbisch, verstehe kein Wort, meine Mutter schubst mich ins Klassenzimmer hinein. Mittags steht sie vor der Schule, um mich abzuholen. Am Wochenende gehen wir auf einen Flohmarkt, aber da werden keine Flöhe verkauft. Da gibt es alles in «nicht teuer», möglicherweise sogar ein Kuscheltier für mich. Ein blaues Nilpferd, handgroß, mit einer roten Schlinge oben, weil man es normalerweise ins Auto an den Rückspiegel hängt. Auf fünfzig Pfennig heruntergehandelt, ich sage nicht, dass ich von einem großen Tier geträumt hatte, einem, das neben mir auf dem Kissen liegt.

Abends nach dem ersten Schultag Kindermigräne. «Trink, trink den schwarzen Tee, der hilft dir», ich übergebe mich in einen blauen Plastikeimer, den mein Vater aus dem Zimmer trägt und im Flur an der Tür zur Sammeldusche damit wartet, bis er dran ist. Ich kralle die Finger in den kalten braunen Stahl der Stockbettleiter.

«Willst du noch einen Tee, dann geht es dir besser.»

Hilflose Worte von unten, ich sehe meine Mutter nicht, halte die Augen geschlossen. Licht tut mir weh, wenn ich Migräne habe. Migräne habe ich, wenn ich aufgeregt bin.

Später fragt man mich, wie es kommt, dass ich Deutsch akzentfrei spreche, immerhin, ich war schon elf Jahre alt. Immer noch fragen sie das, obwohl ich seit beinahe dreißig Jahren akzentfrei Deutsch spreche.

Weil ich in eine normale Klasse kam, erkläre ich dann, da konnte niemand Russisch. Blieb mir nichts übrig, als Deutsch zu lernen. Wobei, als Erstes lernte ich Schwäbisch, füge ich hinzu. Damit bringe ich sie zum Lachen, diejenigen, die von mir wissen wollen, warum ich akzentfrei Deutsch spreche.

Wenn sie nervös ist, knetet meine Mutter ihre aufgedunsenen, schwer beweglichen Finger. Ich sehe nicht hin. Tut sie das auch, wenn ich nicht da bin, tut sie das, wenn sie meinem Vater gegenübersitzt, in ihrer kleinen, zur Stille verdammten Küche? Tut sie das, wenn sie auf der Couch sitzen und ihnen ein Moderator im Fernsehen auf Russisch etwas erzählt? Sie tut das bestimmt, wenn sie im Zug sitzt, auf dem Weg zu mir. Ich mache meine Mutter nervös mit meiner Angst, nicht mehr ich sein zu dürfen. Obwohl sie laut und deutlich zu mir sagt: «Ich bin stolz auf dich.» Und mich, beinahe schüchtern, fragt: «Wie bist du nur so geworden?» – «Wie, so?» – «Stark.»

Sie sitzt im Auto neben mir und knetet ihre Finger. Als hätte sich in den Fingern alles gesammelt, Wasser, das Leben, alle, die verstorben sind, der Schmerz. Wir sitzen im Auto, wir fahren die Kinder zum Schwimmkurs.

Die Kinder sitzen hinten und hören «Die drei ???». Sie sehen nicht, wie ihre Großmutter ihre Finger knetet, wie ich wegblicke. Sie lieben sie abgöttisch, ihre бабушка, ihre Oma. Manchmal verteidigen sie sie vor mir.

«Deine Kinder wissen auch nicht, was Familie ist. Wir sind nichts für sie», sagt meine Mutter, «sie rufen so selten an.» Ich sage nichts. Erzähle ihr nicht, wie der Kleine Familie aufzählt, die Großeltern, die Patchwork-Familie, alle Menschen, die er gerne umarmt. Ich sage ihr nicht, dass es ihre Stärke ist, die ich in mir trage.

In meinem Schrank steht ein Brief, von meiner Mutter geschrieben. Auf weißem Papier, DIN-A5-Blätter, drei Stück an der Zahl. Ich habe ihr vor ein paar Jahren ein Set Briefpapier geschenkt, weil ich dachte, vielleicht, wenn wir uns Briefe schreiben, wenn die Worte aufs Papier gebracht werden müssen, mit der Hand, Buchstabe für Buchstabe, vielleicht, wenn wir uns aussuchen, welche Worte wir auf dieses Papier packen, dachte ich, dass wir eine Straße aus Buchstaben bauen können, damit wir aufhören können, uns immer wieder zu sagen: Du verstehst mich nicht. Ich weiß nicht, was meine Mutter mit diesem Briefpapier-Set gemacht hat, sie hat mir nie Briefe geschrieben.

«Du weißt nicht, wie alt ich geworden bin. Wie schwer es mir fällt, die Finger zu bewegen. Das ist nichts mehr für mich, Briefe schreiben.» Ich hörte nicht mehr hin, hatte ja gehört, dass ich nicht weiß. Ich schrieb ihr auch keine

Briefe, aber viele Karten von Lesereisen. Gewöhnte es mir an: Wenn ich aus dem Zug aussteige, erst mal einen Kaffee kaufen und eine Karte für meine Mutter.

In meinem Schrank diese drei Seiten, und jede der Zeilen auf diesen Seiten beginnt mit: «Ich liebe dich.» Es ist ein Versprechen, das in meinem Schrank steht neben einer der ersten Ausgaben von Anna Achmatowas Gedichten. Ich liebe dich, auch wenn, ich liebe dich, obwohl, ich liebe dich für immer, ich liebe dich. Ich weiß nicht mehr, warum meine Mutter mir diesen Brief schrieb. Hatten wir uns gestritten, hatte ich aufgelegt, hatte sie aufgelegt, hatte ich wieder gedacht, hatte sie wieder gesagt, hatten wir vielleicht zu angestrengt geschwiegen? Ich, weil ich einen Vorwurf zu hören meinte, was soll ich denn erzählen, mein Leben ist nichts, ist leer, nur noch Krankheiten, oder sie, weil ich schwieg, stur wie ein pubertierendes Kind. Ich erzähle nur, wenn ich will, und ich tue auch nur, was ich will, jedenfalls: Nun steht er da, dieser Brief, ein Versprechen.

Blaue Buchstaben, die Anrede nicht mein Name, sondern ein Kosewort, so nennt mich sonst niemand. Es hätte keine Buchstaben gebraucht, dieses Versprechen. So viel Mühe gebe ich mir, wenn es um meine Kinder geht, die Dinge anders zu machen, als das in meiner Kindheit üblich war: Seid ihr selbst, Schule ist nicht wichtig, trau dich, geh alleine, du schaffst das, sei, wie du bist. Tadelnde Blicke meinerseits, wenn meiner Mutter den Enkeln gegenüber einer der Sätze herausrutscht, mit denen die Kinder in der Sowjetunion aufgewachsen sind: «Wenn du das nicht aufisst, ist die Oma sehr traurig.» Das «... dann kommt die Oma nicht mehr» verkneift sie sich, das hat sie, das habe ich früher gehört. «Wir machen das anders», ich, stur, zu meiner Mutter. Wenn man mich aber fragt, was ich den Kindern am liebsten mitgeben möchte, dann ist es dieses Wissen um das, was meine Mutter mir auf drei Seiten schrieb, und dass sie diese Buchstaben eines Tages genauso wenig brauchen wie ich.

Ich habe ihr auch einmal einen Brief geschrieben, er begann mit denselben Worten. Ich weiß nicht, wo sie ihn aufbewahrt, zwischen meinen Postkarten wahrscheinlich, den Gedichten, die ich als Kind für sie schrieb, und den Postkarten, die ich von den Lesereisen schicke. Ich bin gerade in Göttingen angekommen, es regnet, ich denke an dich, wie geht es deiner schmerzenden Hand?

Ich krame nach einer Erinnerung, die alles erzählt. Bei meinem Vater ist es einfach: Es ist das große und, weil wir in der Sowjetunion waren, auf keinen Fall weiche Handtuch, in das er mich wickelte, nachdem er mich gebadet hatte, nachdem er mir im Bad Witze erzählt und Lieder vorgesungen hatte, Lieder über Soldaten, die ihre Mütter und ihre Angebeteten vermissten. Andere Lieder, Kinderlieder kannte er nicht, und ich lernte, ohne etwas zu fragen, die Soldatenlieder zu lieben. Er trug mich in diesem Handtuch in mein Zimmer, und wenn ich so durch unseren dunklen, engen Flur getragen wurde, sauber, dampfend, mit tropfenden Haaren, war ich nicht nur ins Handtuch gewickelt. Das Versprechen meines Vaters klingt nach Liedern, die von Siegen und Sehnsucht erzählen, es duftet nach Seife. «С лёгким паром!», rief meine Mutter. «Wünsche dir einfachen Dampf», was im Deutschen keinen Sinn ergibt, man aber im Russischen sagt: Man beglückwünscht jemandem nach einem guten Bad, weil sie oder er sauber, frisch und glücklich aus der Banja kommt.

Mein Vater ist es, der mir, wenn ich als Kind krank bin, Medikamente nach, wie wir es nennen, Karlssons Art bringt: mit Kekskrümeln und Schokostückchen auf einem Löffel zerdrückt. Meine Mutter ist es, die an meinem Bett sitzen bleibt, auch nachts, wenn das Fieber nicht nachlässt. Und meine Mutter ist es, die das Licht ausknipst, wenn ich Migräne habe. Die Migräne habe ich seit einem Sturz im Kindergarten. Zehn, zwölf Kinder in einem Krankenhauszimmer, ich bin die Jüngste, der Kopf schmerzt, immerzu bringt jemand Tabletten. Ich halte die Augen geschlossen, irgendwann stürzt meine Mutter ins Zimmer, obwohl Eltern die Kinder auf der sowjetischen Krankenhausstation nicht besuchen dürfen, der eingeschleusten Bakterien und Viren wegen. Wen hat sie bestochen, wen angefleht, mal wieder, für mich? Sie fragt: «Welche Tabletten haben sie dir gegeben, wie viele?», redet auf die Schwestern ein, ich höre im Flur ihre Stimme. «Wie kommt denn deine Mutter hier hinein?» und «Hat sie dir Süßigkeiten mitgebracht?», wollen die anderen Kinder wissen. «Geh nicht», flüstere ich, «nimm mich mit.» Die Hand meiner Mutter, am nächsten Tag wieder da, nimmt mich mit, gegen Empfehlungen der Ärztinnen und Ärzte, die Schwestern fauchen bei der Entlassung. Zu Hause wird die Wohnzimmercouch ausgezogen, auf der sonst meine Eltern schlafen, ich darf nicht lesen, nicht fernsehen, nur Schallplatten hören, meine Mutter, die mich ans Trinken erinnert und daran, Mittagsschlaf zu halten. Ich krame, finde kein Bild, finde ein Wissen. Sie kämpft darum, obwohl wir zu wenige Beziehungen für so etwas haben, dass ich in Leningrad auf eine Schule gehe, in der man Englisch lernt, und in Deutschland darum, dass ich nicht in eine Förderklasse komme. Geht viele Jahre später nachts ans Telefon, wenn ich mit Liebeskummer über den Atlantik anrufe. «Weiß sie denn nicht, wie viel Uhr es hier ist, kann sie nicht rechnen?», höre ich meinen Vater im Hintergrund schimpfen. «Psst», meine Mutter zu ihm, «es geht ihr nicht gut.» – «Das kann sie dir auch zu einer anderen Uhrzeit erzählen.» Stelle ich mir vor, dass sie antwortet: «Sie ist doch meine Tochter», доченька, dotschenka, Töchterchen, oder sagt sie das wirklich? Ihre Sicherheit und Geduld, ihre Stärke, auch wenn ich kämpfe, gegen sie.

ONKEL, TANTEN, ALLE

Erinnerst du dich nicht, wie das war?», fragt meine Mutter. Als gäbe es bei der Erinnerung eine Wahrheit.

«Erinnerst du dich nicht? Du hast vergessen, was Familie ist.»

Das ist ein Vorwurf, den meine Mutter da speit. Er liegt zwischen uns, von uns beiden zerkaut. Erinnerst dich nicht an das, was wir einmal waren? Früher, als alle noch lebten, deine Urgroßmutter, in einem weißrussischen Schtetl, als ich noch ein Mädchen war, als ich noch einen Bruder hatte, als meine Eltern noch lebten, die deine Großeltern waren, weißt du noch, deine Großeltern, erinnerst du dich? Als wir noch eine richtige Familie waren, meinte sie damit.

Es ist ihre Geschichte, die sie da erzählt. Es ist auch nur eine Geschichte: Meine Mutter wurde in Petersburg geboren, sie hat dieses weißrussische Schtetl genauso wenig gesehen wie ich. In diesem Schtetl wurde meine Großmutter geboren, Babruisk, was in meinen Ohren jiddisch klingt, obwohl es möglicherweise ein sehr weißrussischer Ortsname ist. In diesem Schtetl trug mein Urgroßvater Schläfenlocken, und die Brüder meiner Großmutter hießen David und Nathan, der sowjetischen Religions- und Judenfeindlichkeit zum Trotz. Ein Kidduschbecher steht jetzt in meinem Hängeschrank in Deutschland, er hat einmal diesem Urgroßvater gehört, von dem meine Mutter erzählt, dem mit den Pejes.

Vielleicht die größte Angst von allen: dass sie recht haben könnte, dass meine Erinnerung lügt. Das ist eine Geschichte von uns allen. Sie werden von mir erzählt, verschwiegen, verkürzt, übersetzt, falsch und gar nicht verstanden, beweint und verraten. Es gibt keinen Grund, diese Geschichte zu erzählen, außer dass es auch meine Geschichte ist.

Aus Babruisk kommt die Familie meiner Großmutter, einer für russische Verhältnisse kleinen Stadt in Weißrussland. Hundertvierundvierzig Kilometer südöstlich von Minsk entfernt, 2004 hatte es 220 823 Einwohner, lese ich nach. Meine Mutter spricht vom Schtetl, ein echtes Schtetl, es schwingt Stolz in ihrer Stimme, wenn sie das sagt, als wären wir damit richtige Juden. Mein Urgroßvater trug Pejes, Schläfenlocken, auch das sagt sie so, in breitem Jiddisch, für das sie sich in Russland geschämt hatte, auf das sie in Deutschland stolz ist. Es gibt kein Bild meines Urgroßvaters mit diesen Schläfenlocken, aber die langen Haare meines Sohnes kräuseln sich, wenn sie nass sind, ebenfalls zu Schläfenlocken, bei dem Sohn, der nach meinem Großvater heißt.

Als meine Mutter klein war, sprachen ihre Mutter und ihre Großmutter Jiddisch miteinander, damit sie, das Kind, nicht alles verstand. Vermutlich sprachen sie über sie, über Erziehungsmaßnahmen und die mit den Jahren zunehmenden Sorgen. Sie wussten nicht oder ignorierten, dass sie dennoch alles verstand. Sie schämte sich, erzählt meine Mutter, schämte sich ihrer Großmutter und deren Jiddisch, schämte sich des Kidduschbechers, des jüdischen Honigkuchens, den sie jetzt nachzubacken versucht. Sie wuchs in Leningrad auf, der großen, weltlichen Stadt, sie wünschte, ihre Großmutter hätte das Schtetl hinter sich gelassen, ungebildete Provinz. Als ließe sich dieser Geruch ablegen, der nach Zuhause duftet, nach allem, was unsere Vorfahren einmal waren, der nach dem stinkt, dem wir zu entrinnen versuchen, meistens erfolglos. Dass ich anfangen muss, diese Zeilen zu schreiben, um die Parallele zwischen meiner Mutter und mir zu erkennen: Wir haben uns beide für unsere Familien geschämt. Sie kann das vielleicht besser erzählen als ich, denn die, für die sie sich geschämt hat, leben schon lange nicht mehr.

Jetzt schäme ich mich für die eigene Scham. Für mich ist nicht viel Jiddisch übrig geblieben.

«Schlag mim Kopp an die Wand», sagte бабушка, wenn ich mich über Langeweile beklagte.

Und «ein gesund'n Kopp», den wünschte sie mir auch in regelmäßigen Abständen. Meistens, wenn ich etwas sagte, mit dem sie nicht einverstanden war. Oder wenn ich Löcher in meine neuen Jeans schnitt, in der Küche.

Für mich sind die Geschichten übriggeblieben. Sie werden auf Russisch erzählt, da fehlt jeglicher jiddischer Akzent, und ich bin es, die die Geschichten in deutsche Sätze kleidet. Ich weiß nicht, wie viel zwischen den Sprachen verloren geht, wie viele zarte Andeutungen ich übermale, wie viele Fragen hindurchrieseln zwischen den lateinischen Buchstaben. Schreibe sie auf, als hätte es sie nicht schon in hebräischen und nicht schon in kyrillischen Buchstaben gegeben.

Бабушка hatte zwei Brüder, Nathan und David, solche

Namen kannte ich in Petersburg nicht. Nathan war der Ältere und David der Kluge gewesen, und manchmal, wenn sie mich als Kind lobten, sagten sie, dass ich nach David komme, und бабушка fügte hinzu, schön sei er auch gewesen, so schön. Die Brüder blieben im Krieg, für mich sind die Geschichten übrig geblieben.

Погибли на войне. Es gibt keine gute Übersetzung für diesen Satz, ums Leben gekommen im Krieg, würde das Wörterbuch sagen, aber das Wörterbuch weiß nicht, wie sich погибнуть (pogibnut), ums Leben kommen, durch die Familien zieht. Das Wörterbuch hört nicht die Seufzer, hört nicht das Schweigen, hört nicht, wie ich als Kind in die Stille hineinspreche, um sie zu verscheuchen, wie ich Räume verlasse, hört nicht, wie dieses Verb hinter mir herrennt. All die Namen derer, die im Krieg ums Leben gekommen sind, schwarz-weiße Bilder mit gezackten Rändern in Wohnzimmerschränken, rote Nelken, Massengräber, viel Schuld, weil man ohne sie weiterlebt, lacht. Viel kollektives Erinnern, es setzt sich zusammen aus vielen einzelnen Geschichten. Das Gefühl von Schuld wird angestrengt weitergegeben, wird in Verantwortung übersetzt. Wenn du schon lebst, so musst du ihnen die Ehre erweisen.

«Iss noch einen Löffel Suppe. Einen für Mama, einen für Papa, einen für Großmutter, einen für Großvater – und einen für den Großonkel, der ist im Krieg gefallen für dich.»

Ich bezweifle, ob ich ihnen die Ehre erweise.

«Sie passen alle auf dich auf», sagt meine Mutter, bis heute, am Telefon, wenn sie mich besucht, wenn sie weint, «oben, im Himmel, sie beten für dich.» Бабушка, дедушка, Großmutter, Großvater und all die anderen, die ich nie kannte, David, Nathan, weitere Namen. Ich sage meiner

Mutter nicht, dass ich da lieber nicht dran glaube. Nicht, weil ich nicht daran glauben möchte. Sondern weil ich nicht will, dass sie mich so sehen, wie ich lebe: Ich befürchte, sie würden das vielleicht nicht als Ehrerbietung verstehen.

Eine der Geschichten, die für mich bleibt, geht so: David, der Kluge, der Schöne mit den Locken – obwohl: Dichte ich ihm die Locken gerade an, oder habe ich sie tatsächlich einmal auf einem Bild gesehen? –, bekam in ebendiesem Krieg die Nachricht überbracht, dass seine Frau, Fanya, soeben eine Tochter zur Welt gebracht habe. Um Heimurlaub habe er gebeten und sich sofort auf den Weg gemacht, um das neugeborene Mädchen zu sehen, um die kleinen Hände seiner Tochter in seine zu legen, um seine Frau zu küssen, die schöne Fanya. Um zu erfahren, welchen Namen das Mädchen trägt, dessen Augenfarbe er nicht kannte, dessen Duft. Durch Wälder ging er, Winter und Schnee, stampfende Schritte, Stiefel, die er aus den Schneewehen zog. Meine Tante wurde im Dezember geboren, endlose Kilometer, Angst und Hunger und dieses neue Gefühl im Bauch, das Wissen, dass es einen neuen kleinen Menschen gibt. Es ist klar, dass diese Geschichte nur traurig enden kann. Sie erschossen ihn. Irgendwo in einem dieser Wälder, auf diesem Marsch. Irgendwo auf diesem Weg, er zitterte, während er so lief, vor Kälte, vor Glück, stellte sich seine Frau vor, ein weißes Bündel in ihren Armen. In diesem Bündel ein Gesichtchen, kleine Äuglein. So hat er nie erfahren, wie seine Tochter hieß. So hat er nie erfahren, ich traue mich gar nicht, das aufzuschreiben, weil es so unerträglich kitschig klingt, dass seine Tochter Liebe heißt. Любовь, Lyubov.

Любовь, meine Tante, lebt heute in New Jersey, wie ihre Mutter Fanya, die tatsächlich immer noch lebt, eine beinahe hundert Jahre alte Frau, an die ich mich als klein und zart und immer bestimmt und zärtlich und liebend und blondiert erinnere. In New Jersey steige ich, wenn ich in den USA bin, aus dem Bus, der mich aus New York durch amerikanischen Vororte zu ihnen bringt, da stehen sie an der Bushaltestelle: klein, kleiner als beim letzten Mal, dünn und faltig und mit gebeugten Rücken, Mützen auf den Köpfen, die Hände in den Taschen versteckt, bestimmt schon zu lange stehen sie hier, damit ich, die Nichte, nicht auf sie warten muss. So gebeugt, dass ich sie am liebsten sofort aufrichten würde, ganz sanft, sodass sie die Berührung gar nicht merken, dass sie mein Aufrichten mit Streicheln verwechseln: meine Tante, die Liebe heißt, und ihr Mann, mein Onkel. Ich falle ihnen um den Hals, wie ich selten Menschen um den Hals falle, lasse sie nicht mehr los.

«Ich liebe euch», rufe ich, «so, so sehr.» Rufe ich sofort, auf Russisch. Я Вас так, так люблю!

«Dass sie immer noch so zart ist, so emotional wie ein Kind», sagt meine Tante zu meinem Onkel, tadelnd. Sie warten vielleicht auch immer noch darauf, dass ich eines Tages eine Frau werde.

Ну да, «Nun ja», sagt mein Onkel, was er meistens sagt, wenn er etwas sagt, er spricht selten. Es ist meine Tante, die Liebe, die immerzu redet. Sie beginnt mit Beschwerden, beschwert sich, meist über ihre Kinder, von denen das eine in Kanada und das andere in einem sechs Flugstunden entfernten amerikanischen Bundesstaat lebt. Ich kann gar nicht genug von ihren Beschwerden über meine Cousine und meinen Cousin kriegen, mir ist, als hätte sie schon damals, als ich auf dem Boden ihres Petersburger Wohnzimmers spielte, damit angefangen und bis heute mit diesem Redeschwall nicht aufgehört. Nicht genug von dieser nörgelnden, liebenden Stimme, mein Onkel dazwischen, ganz leise, pianissimo, ну да, nun ja, ну я не знаю, nu, das weiß ich nicht, vielleicht übertreibst du ein wenig. Nicht genug von ihrer Hand, die über seine Worte wischt, weil es immer noch dieselbe Bewegung ist wie damals. Von dem Tee, den sie mir einschenken, den Bagels aus der Plastikverpackung, die sie бублики nennen, weil es auch in der Sowjetunion einmal ein Gebäck gegeben hatte mit einem Loch in der Mitte, das so hieß, бублики. Bubliki.

Ich beiße mich an diesem russischen Wort in New Jersey fest, an den rötlichen, kurzen, stoppeligen Haaren meiner Tante, an dem Frischkäse, den sie mir reichen, um die amerikanischen бублики zu bestreichen, an der Liebe zu mir.

«Ist dir nicht kalt in dieser Jacke?»

«Denkst du, dass es gut ist, in New York zu übernachten? Wo du doch bei uns übernachten könntest, wir sind hier ja fast in New York.»

«Und womit verdienst du dein Geld? Dein Vater macht sich Sorgen.»

«Deine Mutter übrigens auch, aber dazu später mehr.»

«Леночка», Lenotschka, sagt mein Onkel, Lenotschka, und es wird niemand anderen auf der Welt geben, der meinen Namen so ausspricht. Dass ich ein Kind und nie im Leben eine Frau werden möchte. «Nu, erzähl uns mal, wie es dir so geht.»

«Warte, lass mich sie etwas fragen. Trägst du denn gar keinen Schal? Ich kann dir einen von mir mitgeben, warte», unterbricht meine Tante und taucht halb in den Schrank, um nach Schals für mich zu graben.

«Spielen Sie noch Klavier?», will ich von meinem Onkel wissen, der das Geld, das er in einer Fabrik verdient, in der sie kleine Plättchen herstellen, die auf der Zunge zerschmelzen und Kaugummis ersetzen sollten, beiseitelegt, um ein-, zweimal im Jahr die Metropolitan Opera besuchen zu können.

«Spielen Sie was für mich?»

«Sie», sage ich, weil wir im Russischen ältere Menschen siezen, eine Selbstverständlichkeit aus Respekt, bis mich deutsche Freunde erstaunt fragen, warum mein Vater meine Großmutter, seine Schwiegermutter, sieze. Ich hielt inne, um nicht zu sagen: Warum denn nicht? Und meine Eltern, die jahrelang von ihrem Schwiegersohn gesiezt wurden, bis sie alle drei nicht mehr wussten, wie sie dem entkommen, dem Sie, und mein Vater eines Morgens, im Vorbeigehen, im Flur, als sie aneinander vorbeigingen, hinwarf: «Sagst du einfach du.» Im Vorbeigehen legte er sie ab, diese russische Höflichkeit, als hätte sie keine Bedeutung.

«Ach, Lenotschka, ich spiele schon noch, ich kann natürlich nicht jeden Tag üben, aber –» Das sind eine Menge Worte für meinen Onkel, so am Stück, aus seinem Mund, bis meine Tante Liebe ihn unterbricht:

«Ach, er kann doch gar nicht spielen, erzähl uns lieber von dir. Was du machst. Deine Eltern machen sich Sorgen, weißt du das eigentlich? Weißt du, wie schlecht deine Mutter schläft?»

Ich lasse beim Erzählen alles weg, was wichtig ist in meinem Leben, um ihnen keine Sorgen aufzubürden. Ich küsse sie stattdessen auf ihre weichen Wangen, auf die Sommersprossen meines Onkels, fahre meiner Tante durch die roten Haare.

«Sie ist noch genau so wie ein Kind!»

Wie Wellen sind die Falten meiner Tante im Gesicht, wie die meiner Großmutter, bestimmt wird die Beschaffenheit von Falten vererbt.

Ich erinnere mich an den letzten Kuss meiner Tante am Bahnhof in Petersburg, kurz bevor ich in den Zug nach Deutschland gestiegen bin. Ein paar Monate bevor sie nach New Jersey ausreisten.

«Komm her, lass dich zum letzten Mal küssen! Wir wissen ja nicht, ob wir uns jemals wiedersehen!» Lippenstiftspuren blieben auf meiner Wange. Jetzt bin ich es, die sie küsst.

«Ich liebe ja die бублики mit Mohn, magst du lieber die ohne?», fragt mein Onkel.

Sie waren vier Geschwister, die beiden Brüder, meine Großmutter und ihre kleine Schwester. Die heiratete einen, der kein Jude war, aber ein wirklich guter Mensch. Ein Mensch mit Herz, sie wurden nicht müde, das zu wiederholen. Ich nannte ihn дедушка Жора, Opa Zhora, obwohl er mein Großonkel war, und fragte nie, warum sie das immerzu wiederholten: wie groß sein Herz war. Und ein Mensch mit einem Großbuchstaben am Anfang, obwohl man im Russischen die Nomen kleinschreibt. Was aus dem russischen Wort das jiddische Wort «Mentsch» machte, das für alles stand, was man erreichen konnte im Leben. Meine Großmutter sagte das, «a Mentsch», und wenn sie es tat, so reckte sie das Kinn in die Höhe, wie um Respekt zu erweisen.

Человек с большой буквы, sie sagten: «Er ist kein Jude,

aber ein Mensch mit einem Großbuchstaben am Anfang.» Als würde das eine das andere ersetzen. Ich wunderte mich, saß auf seinem Schoß, schmiegte mich an ihn. Er schnitzte Holzlampen und hatte viele Medaillen aus dem Zweiten Weltkrieg. Die Schwester meiner Großmutter sang, wenn sie ein wenig getrunken hatte, Wodka aus kleinen Bechern, gerne jiddische Lieder, und alle zischten sie an. Ob sie nicht wisse, dass die Wände Ohren hatten. Ich mochte ihre Stimme, die von einem Vejgele sang und «Bej mir bist du shejn», und «Ich hob dich tsuviel lieb», und obwohl ich die jiddischen Worte nicht verstand, glaubte ich ihr beides. Und den anderen glaubte ich nicht, dass die Wände Ohren hatten.

«Mej Bubale», sagte sie zu mir, mein Kind, küsste mich auf den Scheitel. «Wie David bist du.»

So wie sie mich alle auf den Scheitel küssten, blieb mir nichts anderes übrig, als brav zu sein und klug.

«Sie macht die Hausaufgaben immer alleine, schreibt nur Fünfer, macht sich selbständig Mittagessen nach der Schule, und wenn ich Kopfweh habe, bewegt sie sich auf Zehenspitzen durch die Wohnung. Man muss sich gar nicht kümmern um dieses Kind», erzählte meine Mutter.

DED

Mein Sohn kommt nach Hause. Er hat ein paar fremdländische Münzen auf der Straße gefunden. Er weiß, dass sein Opa, sein дедушка, Münzen sammelt, auch Briefmarken. Dass дедушка Essen sammelt, unten im Keller, weiß er noch nicht. Der Keller meiner Eltern ist mit Regalen ausgebaut, er sieht aus wie eine Supermarktwand. Dosen, Nudeln, Reis, Kisten mit Mineralwasser, alles, was sich einigermaßen lange hält.

Блокадный ребёнок (blokadnyj rebjonok): ein Blockadekind. Sagt meine Mutter über ihn, dann wissen alle, die aus der Sowjetunion stammen, was gemeint ist, warum die Regale im Keller überquellen. Die Blockade um Leningrad, als die Wehrmacht die Stadt einkesselte, um die Bewohner:innen auszuhungern. Neunhundert Tage, eine Zahl, die jedes Petersburger Kind kennt, so lernten wir die Zahlen: eins, zwei, drei, vier, fünf, zwei plus zwei ist vier, neunhundert. Neunhundert Tage haben unsere Großeltern ausgeharrt, gelitten, waren Heldinnen und Helden, so wie die Stadt ein Held ist: «Leningrad – die Heldenstadt» steht auf dem Obelisken, der an der mehrspurigen Stadteinfahrt harrt. Der Hunger, der Tod, die Angst, die Geduld, die Träume von Brot, die Leichen auf den Straßen, all diese Geschichten. Hundertfünfundzwanzig Gramm Brot, das weiß jedes Leningrader Kind, wie groß, wie klein das Stück ist, das haben sie uns jedes Mal gezeigt, wenn wir etwas nicht aufessen wollten, wenn der Brei mal wieder nicht geschmeckt hat oder die Milchhaut einen Würgreflex verursachte.

«Weißt du, wie viel wir damals in der Blockade hatten? Hundertfünfundzwanzig Gramm Brot jeden Tag. So ein Stück? Weißt du, wie viel das ist, hundertfünfundzwanzig Gramm?»

Weiß ich, wurde mir schon gezeigt. Haben sie mir schon vor die Nase gehalten, wovon die Milchhaut nicht besser schmeckte, auch nicht der Brei. Sage ich nicht, sage das, was sie von mir erwarten: «So wenig für einen ganzen Tag?» Meine Großmutter erzählt diese Geschichte, in der ihre Schwester die Brotration verlor, es aber niemandem in der Familie sagte, damit niemand das Brot mit ihr teilen musste. Erzählt diesen Tag, an dem ihre Schwester beinahe starb. Ich stelle sie mir vor, es fällt mir schwer: Als ich Kind bin, ist ihre Schwester füllig, herzlich, singt zu laut jiddische Lieder. Ich stelle mir die zerbombte Stadt vor, die Hausruinen, meine Großtante, wie sie zwischen Betonblöcken kauert, hungrig. Esse den Brei auf, den kann man leider nicht unter den Tisch zum Hund schmuggeln, der sabbernd wartet, den Kopf hungrig auf meinem Schoß.

Diese Angst, von der mein Sohn nichts weiß, die Angst vor dem Hunger, mit der mein Vater groß wurde, seine früheste Erinnerung wahrscheinlich. Ein Blockadekind, sein Großvater, ein kleiner Junge, der seinen vier Jahre jüngeren Bruder durchbringen musste, weil die Mutter rund um die Uhr arbeitete, um die Söhne zu ernähren. Wenn mein Sohn seine Großeltern besucht, geht er nicht in den Keller. Er geht nur auf den Speicher. Auf den Speicher geht er äußerst gern: weil бабушка da die Spielsachen aufbewahrt, die sie für die Kinder auf Flohmärkten kauft, damit sie bei den Großeltern etwas zum Spielen haben. So wie mein Großvater für mich früher auf dem Zwischenboden Spielzeug lagerte; aus dem Zwischenboden ist ein Speicherraum geworden, aus dem durchsichtigen Plastiksack Boxen, aus Tscheburaschka Playmobil-Figuren, aber das Prinzip ist immer noch dasselbe. Die Enkel, das Glück.

Mein Sohn kommt jedenfalls eines Tages mit den fremdländischen Münzen nach Hause.

«Die will ich Opa schicken», sagt er. «Für seine Sammlung.» Ich gebe ihm eine Karte, die er in seiner krakeligen Schrift beschriftet, auf ehrliche, kindliche Weise: «Lieber Opa! Hier sind Münzen für dich. Ich habe sie auf der Straße gefunden.» Er steckt die Karte und die Münzen in den Briefumschlag und wirft diesen auf dem Weg zur Schule ein, hat ihn vermutlich in dem Moment vergessen, in dem der Umschlag in den gelben Kasten fiel.

Mein Vater nimmt eine Sprachnachricht auf, er spricht Deutsch: «Lieber Enkelsohn», sagt er, dann seinen Namen, er hängt kein russisches Ende daran, wie meine Mutter das tut, «vielen Dank für deinen Brief. Ich habe mich sehr gefreut. Das sind neue amerikanische Münzen. Solche habe ich noch nicht. Ich wünsche dir viel Erfolg und liebe dich. Dein Opa.»

Wenn mein Vater, äußerst selten, Nachrichten oder E-Mails schreibt, so unterschreibt er diese mit «Ded», der Abkürzung für Djeduschka. Ded, schreibt er, auch an mich, er ist ein Großvater geworden. Der Großvater wünscht seinen Enkeln «viel Erfolg in Sachen Schule», auf Geburtstagskarten und auch zwischendrin, umarmt sie so fest, dass sie in seinen Armen verschwinden, zaubert Bratkartoffeln.

Ich höre die Nachricht ab, die er an meinen Sohn schickt, wundere mich über das Deutsch, wo die Kinder doch Russisch verstehen, seufze bei dem Wort Erfolg, natürlich. Die erste Frage meines Vaters, wenn es um seine Enkel geht: «Wie sind die Erfolge der Jungs in der Schule?» Ich kann ihm nicht von ihren Erfolgen erzählen, die Rutsche falsch herum hochgeklettert zu sein, obwohl die Großen sie besetzt hatten, oder die Jacke nicht in der Schule vergessen zu haben. «Alles gut», antworte ich, die Zeit hat die Bedeutung der Worte verschoben, was ist schon Erfolg, was Glück.

«Sind wir noch eine Familie?», fragt meine Mutter, manchmal klingt es vorwurfsvoll, oder vielleicht bin ich es, die vorwurfsvoll ist, die ihr einen Vorwurf aus der Frage macht. Vielleicht fragt sie einfach nur hilflos, weiß keine Antwort. Fragt, ob wir Worte noch gleich definieren.

Nachmittags spiele ich die Nachricht meines Vaters meinem Sohn vor. «Lustig, Opas Akzent», sagt er.

Opa weiß, dass seine Enkel seinen Akzent lustig finden. Ich weiß nicht, warum er manchmal Deutsch spricht, vielleicht, weil sie auf Russisch immer recht kurz angebunden antworten, sie sprechen seine Muttersprache nicht oft. Er hört diesen Satz nicht, «Lustig, Opas Akzent», hört nicht die Liebe in der Stimme des Kindes, für den der Opa einfach nur das ist, дедушка. Der Enkel hat als kleineres Kind дедушка die Haare auf dem Kopf rasieren dürfen, «mit einer Maschine», und дедушка ist es, der das Eis kauft, bevor die Kinder zu einem Besuch eintrudeln, viele Sorten, für die er im Tiefkühlfach Platz freiräumt, geduldig. Er schimpft abends, wenn sie nicht aufräumen möchten, auch weil бабушка sagt, sie mache das schon, sie seien ja müde, die Kleinen. Sie sind nicht mehr klein, widerspricht дедушка. Räumt selbst auf, sagt er, ihr könnt das nicht die бабушка machen lassen. Die Kinder meckern, werfen sich theatralisch aufs Bett, doch, sie sind sehr, sehr müde. Дедушка versucht, Schach mit ihnen zu spielen, lässt sich manchmal auch zu einem Kartenspiel herab, bei dem man nicht denken muss. Vergisst nie, das zu erwähnen, «man muss ja gar nicht denken bei dem Spiel», und zur großen Empörung der Kinder schummelt er bei den Spielen, bei denen man nicht denken muss. Macht Witze mit ihnen, von denen sie nur die Hälfte verstehen, weil sein Russisch zu kompliziert für sie wird, ich versuche, die Witze zu übersetzen, taumle zwischen den Sprachen. Sie sind Kinder, nehmen hin, dass sie ihn eben manchmal nicht verstehen, wollen ihn löchern: Er war jahrelang auf einem sowjetischen U-Boot stationiert, auf einem echten. Ich muss ihnen die technischen Details übersetzen. Werden sie ihn sich so merken, wie er auf der Couch sitzt, den Hund krault, von einem U-Boot erzählt, werden sie sich seine Arme merken, in denen sie verschwinden, oder bin ich es, die diesen Anblick liebt? Er schenkt jedem ein kleines Briefmarkenalbum, in die er, eine Pinzette in seinen zitternden Händen, ein paar Briefmarken aus seiner Sammlung steckt, vermutlich doppelte. Als sie von den Großeltern zurückkommen, zeigen sie die Alben stolz vor, stecken sie zärtlich in ihre Geheimschubladen, vergessen sie dann.

Er schenkt ihnen Taschenmesser in einem Alter, in dem ich sie noch zu jung dafür finde.

«Siehst du, ich habe dir doch gesagt, du hättest sie fragen sollen», zischt meine Mutter ihm zu.

«Wieso muss ich sie fragen, wenn ich meinen Enkeln was schenken will?», zischt mein Vater zurück, mal wieder entmündigt.

«Ist doch alles gut, sie sollen die Taschenmesser behalten!», sage ich. Strahlende, erleichterte Kindergesichter, mein Vater geht in die Küche, um die Spülmaschine so dicht einzuräumen, wie es seiner Meinung nach außer ihm niemand in der Familie kann. Vielleicht strahlt er, während er die Gabeln und Messer in den Besteckkasten steckt, vielleicht denkt er auch verkrampft daran, immerzu fragen zu müssen. Vielleicht hat er das alles längst vergessen, obwohl die Taschenmesser bis heute so heißen, «das Taschenmesser von Opa».

«Ich verstehe sie schlecht, sie reden so schnell», sagt mein Vater über seine Enkel. Stellt das fest, klagt nicht, hat nicht gelernt zu klagen.

«Hast du dein Hörgerät drin?», fragt meine Mutter. Die Kinder spielen im Wohnzimmer, sprechen von Bands, Ninjas und Harry Potter, werfen mit Begriffen um sich, die meine Eltern nicht kennen, sprechen nicht schnell und nicht langsam, ein schwirrender Fremdklang in meines Vaters Ohren, ein Lied, das er nicht kennt. Er macht Bratkartoffeln für sie, brät erst die Zwiebeln, dann die Kartoffeln an. Die lieben sie sehr, Opas Bratkartoffeln.

Meine mögen sie nicht. «Die sind nicht wie bei Opa.» Diesen Satz müssten sie mal ganz langsam, laut aussprechen, damit er ihn hört.

«Sie verstehen mich auch schlecht», fügt mein Vater hinzu, während er die Zwiebeln schneidet. Die Kinder haben umgekehrt dasselbe Problem. Das feine, gewählte Russisch meines Vaters, ein Fremdklang.

«Geht euch die Hände waschen, die Kartoffeln sind fertig», das verstehen sie. Das ist dieser Graben zwischen meinem Vater und seinen Enkeln: den Kindern, weil sie eben Kinder sind, reichen die Bratkartoffeln als Thema. Sein Geruch, wenn er sie umarmt, sein Gutenachtkuss, auf den alle Beteiligten Wert legen, und die morgendliche Begrüßung: «Na, bist du schon wach? Hast du gut geschlafen?» Wie sie die Arme zum Abschied um seinen Bauch schlingen, und die Hand, mit der er ihnen die Cola einschenkt, die die Eltern ihnen nicht erlauben würden.

Und die Hand, die abwinkt, wenn die Eltern was sagen: «Warum dürfen sie nicht? Lass sie doch trinken.» Die Frage ist keine Frage, sieht er das Grinsen in ihren Augen? Sehen sie, dass seine Hände zittern, wenn er die Cola einschenkt, sehen sie die verschütteten Tropfen? Sehen sie, dass die Muttermale, die von Alter und Krankheiten zeugen, bei jedem Besuch größer werden, fällt ihnen auch auf, dass er mittags jetzt länger schläft? Wissen sie, dass er einer der klügsten Menschen ist, die sie jemals kennenlernen werden, ahnen sie seinen Humor? Fragt er sich das, vielleicht? Der Kleine erzählt ihm gerne Witze, andererseits: Er erzählt sie jedem, der nicht bei drei auf dem Baum ist. Das, denke ich, würde mein Vater nicht verstehen: dass jemand bei drei auf dem Baum sein soll. Die Redewendungen, die nicht übersetzbaren, stehen um den Graben.

Ich rufe meine Eltern an, mein Vater geht ans Telefon, was selten passiert. Das Telefon meiner Eltern hat einen enervierenden Klingelton, eine Kaufhausmusik ohne Pause, die

Telefonstation steht auf dem Arbeitstisch, das tragbare Gerät liegt in der Küche. Meine Mutter eilt hin, selbst aus dem Bad eilt sie, Kontakte, Worte, die warten, Fragen, die gestellt und beantwortet werden müssen, Menschen mit einem Anliegen. Aufgaben für sie. Mein Vater geht nur ans Telefon, wenn sie nicht zu Hause ist. Wie er sich fühle, frage ich meinen Vater, sie sollen ja nicht hinausgehen in diesen Tagen, sie sitzen alleine in ihrer Küche; worüber sprechen sie, wenn sie miteinander zu Mittag, zu Abend essen, über uns, über ihre Kinder, über ihre Enkel, über all das, was sie nicht über uns wissen, über die Ahnungen von meinem Leben? Beugen sie sich, wenn ich ein Bild von den Kindern schicke, gemeinsam über ein Handy, zoomen sie es mit ihren alten Händen größer, um die Gesichter ihrer Enkel, die sie nicht mehr sehen, nicht mehr drücken, nicht mehr füttern, nicht mehr verwöhnen dürfen, besser sehen zu können?

«Wie fühlst du dich?», frage ich meinen Vater.

«Wie eine frische Gurke», antwortet er, eine russische Redewendung. Man denkt an frisch, an gut, an grün denkt man auch. Ich frage mich, ob mein Vater die dicken grünen Gurken, die auf der Datscha wachsen, vor seinen Augen hat, die mit den Stacheln. Oder ob er bereits eine deutsche Gurke sieht, eine lange, glatte, wässrige.

«Wie eine Gurke!», wiederhole ich.

«Na, wie soll ich mich sonst fühlen», erwidert mein Vater. «Doch nicht wie eine Tomate.»

Ich fühle mich selten wie ein Gemüse. Mein Vater ärgert sich, dass er nicht einkaufen gehen soll, die Einkaufstüten, die mein Bruder ihnen pflichtbewusst vor die Tür stellt und die mich eifersüchtig machen, weil ich nicht da bin, um das zu tun, erinnern ihn daran, was er ist, alt nämlich, zerbrechlich, gefährdet. Er versteht nicht, was so schlimm daran sei, einkaufen zu gehen, in der Früh, wenn noch keiner da ist, meckert er, bevor er sein Fazit zieht: Es geht uns allen doch gut. Wir sind ja nicht im Krieg, sagt das Blockadekind zu mir. Er zum Beispiel fühle sich wie eine Gurke, sagt mein Vater. Ich lege auf, fest entschlossen, mich auch öfter wie eine Gurke zu fühlen.

«Die Kinder verstehen mich ja auch nicht», sagt mein Vater. Er hat recht, sie ahnen nicht, dass man sich wie ein Gemüse fühlen kann, und er hat unrecht. Weiß nicht, dass er unrecht hat. Er kann nicht hören, was nach den Redewendungen, zwischen den Sprachen geschieht.

Kann nicht hören, wie die Kinder nach ihm fragen, in jenen Tagen voller Sorge. An einem dieser langen Tage, die immer gleich sind, schicke ich die Kinder hinaus: Geht in den Hof, nehmt eure Fahrräder, ja dann eben eure Roller, irgendwas, geht einfach mal raus. Sie gehen hinaus, verpassen einen Anruf von einem Freund.

«Ich habe schlechte Nachrichten», sage ich, als sie wieder zurückkommen, und meine den verpassten Anruf.

«Hat Opa Corona?», fragt der Ältere, wie aus der Pistole geschossen, und erstarrt dabei, die Schnürsenkel haltend. Auch so eine Redewendung, die mein Vater nicht verstehen würde, aus der Pistole geschossen. Er kann die Stimme seines Enkels nicht hören, nicht die Angst darin, sieht nicht, wie alles um das Kind einfriert.

«Nein», sage ich schnell. «Es ist nicht so was Schlimmes, ihr habt nur einen Anruf verpasst.»

Wo die Liebe liegt, hinter den Redewendungen vermutlich. So still, dass sie nicht zu hören ist, unter den Sprachen begraben.

Ded, unterschreibt mein Vater seine seltenen Nachrichten an mich, obwohl er mein Vater ist. Zwei-, dreimal im Jahr schreibt er mir, auf jeden Fall, um mich an den Reifenwechsel und die Steuererklärung zu erinnern. Einmal lasse ich die Kinder bei meinen Eltern, weil ich eine Lesung in ihrer Nähe habe. Spätabends kehre ich zurück, die Kinder noch wach, sind aufgeblieben, um auf mich zu warten. Ich werfe mich auf das Bett meiner Eltern, strecke die Arme aus wie ein Schneeengel, bin einfach nur müde. Die Erleichterung, nicht mehr auf der Bühne zu sitzen, betrachtet zu werden. «Willst du einen Tee?», fragt meine Mutter, «ich mache dir einen Tee», sagt meine Mutter, verschwindet in der Küche. Die Kinder springen in ihren Pyjamas auf dem Bett auf und ab, kleine Bälle. Ich kitzle sie, höre sie juchzen, muss nichts mehr sein. Mein Vater steht im Türrahmen, schaut uns zu. «Hier ist dein Tee», aus den Augenwinkeln sehe ich, wie meine Mutter die Tasse abstellt, ihr Handy holt, um verschwommene Fotos von uns dreien zu machen, die sie, wenn wir wieder weg sind, wenn wir wieder in ein Leben gehen, das sie aus der Ferne zu erahnen, schärfer zu zeichnen versucht, anschauen kann, immer und immer wieder.

«Wollte sie überhaupt Tee?», fragt mein Vater.

Mein Vater steht im Türrahmen. Die Kinder drehen auf, japsen nach Luft, versuchen, mich zu kitzeln. «Pass auf», ruft meine Mutter, wenn einer dem Bettrand näher kommt, «wenn du da runterfällst!» Neben dem Bett steht der Heimtrainer, auf den mein Vater sich täglich eine halbe Stunde lang setzen soll, der Cholesterinwerte wegen. Auf den Bildschirm vorne, der die Zeit und vermutlich verbrauchte Kalorien misst, legt mein Vater ein Sudoku-Heft, so kann er während des ungeliebten Sporttrainings denken.

«Pass doch auf, sie fallen gleich hin, und dann gibt es Tränen!», ruft meine Mutter.

Dann, mein Vater, aus dem Nichts: «So, jetzt reicht es! Beide, jetzt geht ihr ins Bett.» Raunzt die Enkel an, der дедушка, sie drehen sich erschreckt zu ihm um mitten im Lachen. Meine Mutter und ich ebenfalls, so ein Raunzen ist das, das uns alle innehalten lässt.

«Was ist denn jetzt los?»

«Nichts.»

«Aber was soll denn dieser Ton plötzlich?»

«Na sehen sie denn nicht, wie müde ihre Mama ist? Seht ihr nicht, dass sie schlafen muss, sie ist doch gerade müde von einer Lesung gekommen?» Entrüstet sagt mein Vater das. Sieht in all dem Gespringe, in diesem Lachen nur die müden Augen seiner Tochter. Der Vater, der gegen den Großvater gewinnt. Ich weiß nicht, was ich sagen soll, schicke die enttäuschten Kinder zum Zähneputzen. Lasse es zu, dass meine Mutter mir den Tee ans Bett bringt, lasse die beiden das sein, Eltern. Schlafe innerhalb von Sekunden ein, vermutlich schneller als die Kinder.

WIEDERSEHEN IM FREIEN

Der Aufzug im Haus meiner Eltern ist eng, sobald ich einen Koffer dabeihabe, wird es zu einer geometrischen Aufgabe, ihn und mich gleichzeitig hineinzupressen. Ich schließe die graue Tür, drücke mich an die Wand, neben den Koffer. Von oben bellt der Hund, aber nein, halt, der Hund bellt nicht mehr. Der Hund wurde eingeschläfert, im April war das, dass meine Eltern, beide Risikogruppe, eine Frau, die sie nicht kannten und die einen Zettel mit Hilfsangebot in der Nachbarschaft aufgehängt hatte, anriefen und sie baten, den Hund zum Tierarzt zu bringen. Er war so krank, so alt, hat nichts mehr gefressen, konnte kaum noch aufstehen. Winselte, hatte Schmerzen, sie trugen ihn mehrmals am Tag und in den letzten Wochen auch in der Nacht hinaus. «Ein paar Schritte hat sie heute gemacht», sagte meine Mutter an den guten Tagen, bis es keine guten Tage mehr gab und sie mir eben am Telefon erzählte, wie sie sich an der Wohnungstür von dem Hund verabschiedeten, dass sie nicht bei ihm sein konnten im letzten Moment. Ich saß auf dem Fahrrad, während sie mir das erzählte, es regnete, ich weinte vielleicht, oder war es der Regen, als ich mir meine Eltern vorstellte: wie sie den Hund vorsichtig in die Tasche betten, meine Mutter, wie sie die Tasche aufhält. «Sachte», sagt sie, und dann, zur Hündin, «всё хорошо, наша маленькая, наша хорошая, любимая собачка.»

Alles gut, unsere Kleine, unsere Gute, unsere geliebte Hündin. Und nichts davon klingt im Russischen übertrieben, es ist einfach die Liebe, in Worte gelegt. Stelle mir nicht mehr vor, wie sie sich an der Tür von der Frau verabschieden, die die Tasche mit dem Hund in den Händen hält, die Tür schließen, wer von den beiden, und was danach geschah. Gehen sie gemeinsam in die Küche, ins Wohnzimmer, bleiben sie stehen, halten sie sich fest? Räumen sie die Hundedecke weg, oder lassen sie sie noch liegen, wie lange noch, Stunden, Tage?

Jedenfalls: Ich im Aufzug, und der Hund bellt oben nicht, als ich im ratternden Aufzug nach oben fahre. Ich stelle mir das vor, was ich jahrelang vermieden oder zeitlich beschränkt habe, jetzt stelle ich es mir sehnsüchtig vor. Wie ich meine Eltern besuche, der Aufzug bringt mich nach oben, da stehen sie in der Tür.

«Gib her», sagt mein Vater und reißt mir den Koffer aus der Hand, «was hast du denn da drin, Steine? Der ist doch viel zu schwer, und dann noch der Rucksack.»

«Lass sie doch erst mal reinkommen», ermahnt ihn meine Mutter, beeilt sich, mir die Jacke abzunehmen, aufzuhängen, bietet mir Hausschuhe an, obwohl sie weiß, dass ich keine anziehen werde, schleust mich in die Küche, um mir Essen anzubieten, will die Minuten mit der Tochter nutzen, die Zeit. Mein Vater, kopfschüttelnd, immer noch, über meinen schweren Rucksack.

«Willst du nicht einen Computer kaufen, der leichter ist? Wie viele Bücher hast du denn da drin?»

Stelle mir sehnsüchtig vor, obwohl ich nicht umhinkann, mir auch die nach oben hüpfenden Zahlen auf der Waage vorzustellen, wie meine Eltern mir alles auftafeln, was sie in den vergangenen Tagen und Stunden zubereitet haben, damit ihre so lang nicht gesehene, nicht gefütterte Tochter endlich mal «gut isst».

«Nu», beginnt mein Vater schicksalsergeben, «Suppe nimmst du wahrscheinlich nicht?» Er ist älter geworden, er kennt mich gut. «Schau sie dir doch mal an, die Suppe, sie ist wirklich sehr gut geworden. Vielleicht magst du sie ja», meine Mutter führt mich zum Topf. Mein Vater hat recht: Suppe nehme ich nicht. Stattdessen und sehr gerne nehme ich all die russischen Salate, den Kartoffelsalat Olivie und den Hering unter dem Pelzmantel und den Salat Mimose, alles, was nach Mayonnaise, sowjetischer Kindheit und Geborgenheit schmeckt. Die, die es zu Festen gab, zu Neujahr, an Geburtstagen und Hochzeitstagen, und die mein Vater jedes Mal schmückte mit Dill, Erbsen, zu Gesichtern geschnittenen Karottenstückchen. Später, bei einem Besuch in Russland, mache ich das an seinem Geburtstag für den Sohn meiner Cousine, überzeugt davon, dass ein Geburtstagstisch so aussehen muss. Für meine eigenen Kinder mache ich das nicht, sie wünschen sich zu ihren Geburtstagen keine russischen Salate. Süßkartoffelpommes wünschen sie sich, und einmal Sushi. Meine Mutter neben mir in der Küche: «Soll ich dir helfen? Ich weiß gar nicht, wie man das macht mit dem Rollen.»

Ich nehme mir von den russischen Salaten gerne Nachschlag und auch von den Salzgurken, die mein Vater erst gestern eingelegt hat, weil ich sie so am liebsten mag: wenn sie noch nicht zu viel Dill und Salz und Knoblauch in sich aufgesogen haben. Nehme die Bratkartoffeln, Opas Bratkartoffeln, froh, sie nicht mit den Kindern teilen zu müssen.

«Ich geb dir noch mehr», sagt meine Mutter, hält schon den Löffel bereit, um auf meinen Teller zu schaufeln, was ich möchte, und was ich nicht möchte ebenfalls.

«Setzt euch doch hin», murmle ich zwischen den Bissen, «esst doch auch was.»

«Wir haben schon gegessen», antwortet mein Vater, und ich frage nicht, warum denn, warum habt ihr nicht auf mich gewartet, will nicht hören, dass sie so glücklich sind, mit mir hier an diesem Tisch zu sitzen, dass ihnen das reicht. Diesen Teil der Unterhaltung stelle ich mir lieber nicht vor. Stelle mir lieber vor, wie ich nach der Torte frage, meiner Lieblingstorte, die aus vier verschiedenen, einzeln gebackenen Böden und sehr viel Creme besteht. Die Torte wartet auf dem Balkon, sie hat nicht mehr in den Kühlschrank gepasst. Stelle mir die Torte vor, die mein Vater hineinträgt, meine Mutter, die das Messer holt. «Bleib sitzen», sagen sie zu mir, obwohl ich das zu ihnen sage, sie überhören mich. Stelle mir vor, wie sie mich überhören, stelle mir vor, wie mich das dieses Mal nicht nervt, stelle mir vor, wie mich gar nichts nervt, und diesen Cremegeschmack auf der Zunge. Stelle mir vor, wie ich meine Eltern wiedersehe.

In der Zeit, in der ich dies schreibe und meine Eltern nicht sehen kann, hole ich den gelben Aktenkoffer aus der kleinen Nische hinter dem Kachelofen hervor, in dem wir alle wichtigen Dokumente nach Deutschland brachten. Dann stehen wir mitten im Wohnzimmer. Wohin mit dir, frage ich den Koffer, aber der gibt natürlich keine Antwort.

«Wohin mit ihm?», frage ich meine Freundin.

«Stell ihn doch einfach oben auf das Bücherregal», sagt sie. Und holt schon einen Stuhl, nimmt mir den verdutzten Koffer aus den Händen und stellt ihn oben aufs Bücherregal.

«Sieht doch gut aus», stellt sie zufrieden fest, als sie wieder hinabgestiegen ist. «Ein *conversation piece* irgendwie.»

Ich stehe immer noch an derselben Stelle und blicke nun nach oben zum Koffer. Stelle mir vor, wie jemand mein Wohnzimmer betritt und fragt: «Was ist denn das? Ein Aktenkoffer auf dem Bücherregal?» Stelle mir vor, wie ich die Geschichte des Koffers erzähle, von dem Mann auf dem Berliner Gleis, der zu meinem Vater sagte, er hätte früher nach Deutschland ausreisen und nur diesen einen Koffer mitnehmen sollen, der nun da oben ragt wie ein Denkmal. Diese Geschichte, die wir uns nur gemerkt haben, um sie laut erzählen zu können. Stelle mir vor, wie ich diese Geschichte vielleicht gar nicht erzählen will, weil dieser Koffer kein *conversation piece* sein soll, weil ich nicht will, dass wir zu einer Geschichte werden, obwohl ich genau das tue, uns aufschreiben.

Stelle mir vor, wie ich abwinke: «Ach, das ist nur ein alter Aktenkoffer von meinem Vater.» Und dann würde dieser Satz da im Wohnzimmer stehen wie ich eben jetzt. Nehme das Handy, fotografiere den Koffer, schicke das Bild in den Familienchat. Hat jemand darauf reagiert?

An einem der Tage, an denen ich das hier schreibe, öffne ich doch noch die Anhänge in der Mail meiner Mutter, in der sie eingescannte Postkarten schickt, die sie früher mal von mir bekam. Sie hatte nicht hinzugefügt: «Damals, als wir mehr Familie waren.» Ich stelle fest, dass ich viele schlechte Geschichten und auf Teufel komm raus gereimte Gedichte geschrieben habe, eines davon auf Deutsch. Ich finde, wonach meine Mutter zu suchen scheint, finde dieses Mädchen.

Liebe Mama und Papa!
Ihr wart mal klein, so alt wie ich.
Da kanntet ihr euch noch nicht.
Dann, mit achtzehn oder zwanzig, habt ihr euch kennengelernt,
gingt ins Kino oder ins Ballett.
Dann fand auch 'ne Hochzeit statt;
am Sonntag, dem Fünften, und am Shabbat.
Dann kam ein dummer Junge auf die Welt,
er war zwar schön, aber gar nicht nett.
Neun Jahre später kam ich hinaus,
hab bei euch gewohnt im Haus.
Dann kriegten wir die Asta
(sie ist immer noch unsre, basta!).
Doch ließen wir sie zurück
(das war unser gutes Glück),
als wir hierherfuhren,
um uns hier auszuruhen.
Dazu kam es jedoch nicht hin
(die Sorgen waren anscheinend «in»).
Dann zogen wir um,
mit viel Glück und viel Ruhm.
Jetzt sind wir ja da,
glücklich und zufrieden, ja!
Uns fehlt ja gar nicht mehr viel:
ein Hund, ein Haus, Automobil,
Arbeit für euch und mehr ja nicht,
denn wir sind beieinander, so glücklich und dicht!

Der schönste Tag in der Pandemie ist, als wir in den Zug steigen, die Kinder und ich. Ganz früh, ohne Frühstück, kaufen am Bahnhof etwas wie immer bei Reisen. Wir steigen in den Zug, gespenstisch leer, angenehm still, wundervoll aufregend. Es fühlt sich beinahe wie frühere Zugfahrten an. Ich bin unruhig, sehe den Kindern beim Lesen zu, versuche, mich zu beschäftigen. Der Zug fährt, hält, fährt wieder. Als wir ankommen, rennen wir zur S-Bahn, halten nur einmal, um Blumen zu kaufen. «Welche sollen wir nehmen», fragte eines der Kinder, «die?»

«Nein», antwortete ich, «die, und die sind jetzt mal nur von mir. Von mir an meine Mama, weil morgen Muttertag ist.» In der S-Bahn, vier Haltestellen sind es zu meinen Eltern, sage ich, dass mein Herz vor Aufregung hämmert. Der Kleine erwidert, seines donnere sogar. Daraufhin der Große, sein Herz blitze, und regnen würde es vor Aufregung auch; dann schweigen wir wieder, bis die S-Bahn hält.

Wir stehen unten, vor dem Haus, auf der Straße. Ich habe tatsächlich vergessen, welches Fenster es ist, suche mit den Augen immer ein Stockwerk zu tief. Sehe das Haus, die graue Fassade, wir warten, ich weiß nicht, worauf wir warten.

«Los, gib mir dein Handy», sagt das Kind. Es will nicht mehr hier stehen, die Geduld hat sich davongeschlichen, er ruft seine Großeltern an. Um diesen einen Satz zu sagen, auf den er sich seit Tagen vorbereitete und freute, den er vor dem Spiegel und noch einmal im Zug übte: Er hatte sich für diese Uhrzeit mit бабушка zum Skypen verabredet. Ob es nicht um eine andere Zeit ginge, hatte sie gefragt, weil sie um elf mit einer Freundin spazieren wolle. Nein, hatte er gesagt und gut gelogen, weil dann nämlich alle weg seien und er alleine zu Hause, und er da etwas Angst hätte. Sie ist seine бабушка, also sagt sie den Spaziergang sofort ab. Natürlich, sagt sie und hängt an seinen Namen ein russisches «tschik» an, natürlich, wenn du mich brauchst. Nun ruft er an.

«Бабушка, mein Skype geht nicht, aber komm doch mal ans Küchenfenster», und dann die Ungeduld in seiner Stimme, und die Hand des anderen Kindes, die meine presst, «ja, komm ans Küchenfenster. Ja, an dein Fenster, jetzt komm.» Ich höre das Schluchzen, bevor ich sie sehe, weil meine Augen ja im falschen Stockwerk suchen, höre sie schluchzen. Und merke mir nicht, ob ich selbst weine. Mein Vater blitzt am Fenster nur auf, dann steht er schon unten vor der Tür, im T-Shirt, hat nicht auf den Aufzug gewartet, die Treppe genommen, will die Kinder umarmen, die ich zurückhalte wie einen Hund an der Leine, ich ziehe sie wieder zurück, lieber nicht umarmen. Mein Vater winkt ab und macht doch keinen Schritt mehr, und so stehen wir da, vor dieser Tür, stehen uns gegenüber. Grinsen vermutlich. Meine Mutter kommt langsam hinunter, oder mein Vater ist geflogen. Wir stehen, lächeln, ich überreiche ihr den Blumenstrauß, sie kann nicht mehr aufhören zu weinen. Drei Stunden im Hof, bevor wir uns wieder in den Zug setzen. Sprechen über alles, sprechen über nichts, über die Situation, dann wieder über alles. Die Kinder langweilen sich, beginnen, Stöcke zu sammeln, und meine Mutter trägt sie ihnen hinterher.

«Lass sie, das können sie ja wohl selbst», rufe ich, verschlucke die letzten Worte. Soll sie doch бабушка sein. Sollen sie Enkel sein heute, verwöhnte. Wir holen große Familienpizzas, zu viele, und essen sie im Hof auf der Wiese. Mein Vater bringt Wein und zu wenig Wasser für die

Kinder aus der Wohnung. Also läuft meine Mutter noch einmal hinauf. Sie wollen Bilder haben von diesem Tag, sie setzen sich auf eine Bank, die Kinder stellen sich hinter sie, und einer legt dem дедушка die Hände auf die Schultern, und meine Mutter schreit auf: «Nein, nicht den Opa anfassen!»

Im Zug zurück fällt alles ab, die Anspannung, die Sehnsucht, die Angst, die Freude, diese großen Gefühle, die Müdigkeit kommt wie ein Schlag. Ich will nicht lesen, nicht aus dem Fenster blicken, will nicht hier sitzen in diesem Zug. Will nichts, noch nicht einmal Bilder im Kopf, blicke ungeduldig auf die Uhr. Irgendwann hatte meine Mutter zwischen all den Dankeschöns geflüstert: «Danke dir, ich dachte schon, ich sehe euch nie wieder.» Спасибо.

Einmal, es ist schon etwas her, bin ich auf einer Bühne, und irgendwo im Publikum sitzt meine Mutter neben meiner Freundin, und ich werde irgendetwas nach der Vergangenheit gefragt. Ich antworte und blicke dabei nicht zu meiner Mutter, sondern in den Saal, in dem die Gesichter verschwimmen, in dem ich den Blick an Details heften kann, die nicht ich bin, auch nicht meine Mutter, die nicht die Vergangenheit sind, ich hefte meinen Blick an schwarze Brillengestelle und im Schoß gefaltete Hände. Nach der Veranstaltung steht meine Mutter am Rand, wartet, bis ich mit fremden Menschen gesprochen habe, winkt ab, als ich sie zu mir rufe, beobachtet mich, ist stolz, weiß nicht, wie sie manchmal sagt, wie ich das wurde, was ich bin. Was wurde ich, will ich fragen. «Durch euch», will ich sagen.

«Möchtest du einen Kaffee?», frage ich sie.

«Nein, aber ich kaufe dir gerne einen.» Und sie durchsucht sogleich ihre Handtasche nach dem Portemonnaie, hektisch, hofft, einen meiner Wünsche gefangen zu haben. Ich trinke einen Kaffee, und meine Mutter schaut mir zu, fasst einmal nach meiner Hand.

Алёнушка, Aljonuschka, sagt sie. Oder ich wünsche mir, dass sie das sagt, weil sie mich als Kind immer so nannte.

«Willst du wirklich keinen Kaffee? Irgendwas anderes?».

«Nein, nein, ich bin einfach glücklich, mit dir zu sein.»

Später, nachdem wir uns verabschiedet haben, erzählt meine Freundin mir, wie meine Mutter sich zu ihr beugte, um ihr auch von der Vergangenheit zu erzählen. Wie sie ihr erzählte, was sie mir nie erzählte, wie sie sich in dieser ersten Zeit in Deutschland im Aslyantenwohnheim Sorgen machte, dass ihr etwas passieren könnte, denn wer würde sich dann um mich kümmern, wie würde ich das schaffen in diesem neuen, fremden Land. Wie leid ich ihr tat, weil ich alleine war, alleine zur Schule ging, weil ich unsicher war, weil ich nicht mehr das Mädchen war, das sie mitgenommen hatte, am 2. Mai um 23.55 Uhr in den Zug nach Berlin, das einmal Klassensprecherin war und eine zu große Klappe hatte, das als Zehnjährige kurz mal verhaftet worden war.

Mir erzählte sie das nie, ihre Sorge, dass sie immer nur an mich dachte, dass sie dachte, mein Bruder würde es schon schaffen, neun Jahre älter als ich, auch mein Vater, und meine Großmutter, die hatte ihr Leben gelebt. Erzählte sie das nicht, oder hörte ich einfach nicht zu?

«Das ist deine Geschichte», sagt meine Mutter, als ich ihr diese Zeilen zeige.

Weitere Titel

Die Listensammlerin

Mehr Schwarz als Lila

Null bis unendlich

Unter dem Baumhaus

Wer wir sind